LA CONSULTA DEL FILÓSOFO

OMAR LINARES
LA CONSULTA DEL FILÓSOFO
Manual de instrucciones para crisis existenciales

temas de hoy

Corrección de estilo a cargo de Andrés Prieto

temas de hoy, un sello editorial de Editorial Planeta, S. A.
Avda. Diagonal, 662-664, 08034 Barcelona (España)
www.planetadelibros.com

Primera edición: enero de 2026
ISBN: 979-13-87869-46-5
Depósito legal: B. 22.902-2025
Composición: Realización Planeta
Impresión y encuadernación: Rotoprint
Printed in Spain - Impreso en España

PEFC Certificado
Este libro procede de bosques gestionados de forma sostenible
PEFC
PEFC/14-38-00305
www.pefc.es

A Leti, mi mujer, por ser mi hogar en este cosmos incierto.
A Aurora, mi hija, por mostrarme que la eternidad
está disponible en el momento presente.
A mis consultantes, por recordarme que la vida,
en sí misma, siempre es suficiente.

Olvide sus experiencias y sus logros, quédese desnudo, expuesto a los vientos y a las lluvias de la vida, y tendrá una oportunidad.

Sri Nisargadatta Maharaj

ÍNDICE

Prólogo. Bienvenido a tu crisis existencial 17

PRIMERA PARTE
INFINITAS FORMAS DE MIRAR LA VIDA

1. MI HISTORIA CON LA FILOSOFÍA 27

2. LA FILOSOFÍA COMO TERAPIA DEL ALMA 41
El despertar de la filosofía: Sócrates y la vida filosófica 43
La filosofía como *cura sui* 45
Transformados por la sabiduría 47
El diálogo filosófico 50
La práctica de los ejercicios espirituales 51
Las escuelas de filosofía helenísticas 54

La filosofía del placer: el epicureísmo 56
La secta del perro: los cínicos 62
La duda como forma de vida: los escépticos 66
Un platonismo diferente: la Academia de Arcesilao 68
La vida teorética de los aristotélicos 69
Ser el promontorio contra el que chocan las olas: el estoicismo 70
Cómo convertirse en un estoico 72

3. La sabiduría que hay en ti 83
Lo que crees define tu realidad 86
Experimentamos a través de las emociones 89
Juzgamos la vida 93
Cambiar el diálogo interno 95
La tendencia natural al crecimiento interior 99
Una sabiduría a tu alcance 102
La búsqueda de la verdad 104

Segunda parte
MI VIDA NO TIENE SENTIDO, ¿QUÉ HAGO?

4. Fundido a negro: el vacío existencial 113
La ruptura con la cotidianidad 115
La caída del proyecto vital 120
El derrumbe tras la experiencia límite 124
La conciencia de la muerte 125
Perder la fe 127
Cuando nada tiene sentido 128

La experiencia del desasosiego 130
El vacío existencial 133
El miedo que nos priva de la belleza de la vida 134

5. ¡Enhorabuena! Estás viviendo una crisis existencial 139
Aviso a navegantes: la necesaria convivencia entre filosofía y psicología 140
La medicalización de la vida 142
La psicopatologización del malestar vital 145
Una mirada humanista a la enfermedad mental 149
Entonces... ¿qué es estar sano? 152
Tu crisis existencial no es patológica 155
El temor metafísico a la vida 156
Acoge tu crisis existencial 157
La madurez filosófica 159
Romper la crisálida 161
La pregunta por el sentido 162

6. Cómo construir una vida de sentido (incluso si la vida no tiene sentido) 169
El sentido religioso de la vida 171
Hemos matado a Dios 174
La religión ya no es capaz de dar sentido a la vida 175
Espiritualidad y búsqueda filosófica 176
Sostener la pregunta por el sentido 180
El nihilismo como puente existencial 182
Habitar la nada 186
Esta podría ser tu última crisis existencial 189

No necesitas maquillar la vida 190
Lo que está por venir 192

7. La huida frente a la vida 197
La huida ante la angustia 199
La evasión digital 200
Consumimos la vida, pero no la vivimos 203
La alerta de la neurociencia 206
Impulso de huida *versus* mirada contemplativa 208
El virus neoliberal 210
Vencedores y vencidos: el concepto neoliberal de éxito 211
Eres culpable de no ser perfecto: crecimiento personal y autoexplotación 214
Anulados por un exceso de positividad 218
Desarrollo personal y negación de la vida 220
Volver a vivir 224

Tercera parte
TU TRANSFORMACIÓN EXISTENCIAL

8. Reconciliarnos con la vida 231
La vida duele 233
Somos la causa de nuestro sufrimiento 234
Las heridas biográficas 236
El presente ofrece todo lo necesario 239
Comprende tu herida 241
Supera hoy lo que te dañó ayer 243

	Lo más vulnerable que hay en ti	244
	La compasión como vía para el cambio interior	246
	El miedo al dolor	249
	La evasión intelectual	252
	El *bypass* espiritual	254
	Peregrinar el dolor	257
9.	Atrévete a ser quien eres	265
	Las tres transformaciones del espíritu	266
	Pero... ¿quién soy?	270
	No necesitas tener un propósito para vivir una vida plena	271
	Construye una vida que te devuelva tu reflejo	273
	Expresa lo que eres	275
	El temor al fracaso vital	280
	El valor de existir	284
10.	El arte de descubrir la realidad	291
	Los límites de la percepción	292
	Somos incapaces de comprender la realidad	298
	Trascender el pensamiento	301
	Mirar lo que es	303
	Somos polvo de estrellas	305
	Convivir con el misterio	309
	El miedo a la vida	310
	El acontecer del ser	313
	La mutua búsqueda del sentido de la vida	315

11. Vivir sin miedo a la muerte 323
Nada te obliga a temer la muerte 325
La sabiduría clásica frente al reto de la muerte 328
El anhelo de salvación 330
La búsqueda de la trascendencia 332
Inexpertos ante la muerte 336
Cómo acoger la muerte en nuestra vida 339
La vida es un regalo 344
El derecho a no vivir 347
Honrar la finitud 350
Libres frente a la muerte 353

Bibliografía 361

PRÓLOGO
BIENVENIDO A TU CRISIS EXISTENCIAL

> En algún momento de su vida, todo ser humano entra en una etapa de «oscura reflexión» durante la cual se pone en contacto con las preocupaciones existenciales básicas. Tanto la tarea del filósofo como la del psicoterapeuta es hacer que aflore lo que está reprimido, lograr que la persona se ponga en contacto de nuevo con nociones que han estado en su interior desde largo tiempo atrás y estimular al individuo a examinar mediante introspección su propia situación existencial.
>
> Irvin Yalom

Cuando empecé a escribir este libro, mi hija apenas tenía unas semanas de vida. Recuerdo una de nuestras primeras salidas en coche, con mi mujer al volante y yo detrás junto a la pequeña. Como padres primerizos, habíamos calculado mal los biberones que necesitaríamos para esa tarde y, de camino a casa, estalló el llanto que tanto temíamos. Cuando un recién nacido llora, lo hace con toda la fuerza del instinto. No busca simplemente llamar la atención, tampoco se comporta así por capricho, ya que lo que le impulsa es la lucha por la supervivencia. Su comprensión del mundo es de lo más primitiva, lo que convierte la aparición del hambre en una razón más que suficiente para temer por su vida y reaccionar al respecto. De esta forma, su llanto se torna un grito desesperado en busca de seguridad y cobijo, proferido desde una experiencia de abandono cada vez más punzante.

Así, mientras trataba de calmarla con caricias, gestionando mi propia ansiedad y calculando mentalmente el tiempo que tardaríamos en llegar a casa, volvió a mi mente una vez más la idea que me acompaña desde hace años y que vertebra mi enfoque filosófico. Recordé que, en cualquier momento de dolor, si fuéramos capaces de comprender lo que ocurre a nuestro alrededor, de superar los límites de nuestro entendimiento e ir más allá de ellos, para ver más y mejor, entonces nos reconciliaríamos con la vida, nos sentiríamos uno con ella y podríamos calmar nuestro sufrimiento.

Si en ese momento mi hija hubiera podido tener un entendimiento mayor de la situación que estaba viviendo, habría comprendido que se encontraba a salvo, arropada por dos personas que ya en ese momento estábamos dispuestos a dar nuestra vida por ella. De haber tenido la oportunidad, se habría dado cuenta de que lo que sentía en ese momento era solo hambre, algo que ya había experimentado otras veces, y que sería cuestión de minutos que volviera a recibir el alimento de su madre. Sabría que estaba acompañada por dos personas entregadas a su cuidado y que no había nada que temer. Sin embargo, esa comprensión no estaba a su alcance, y de ahí nacía todo su sufrimiento.

Llevo más de diez años ejerciendo la terapia filosófica, una disciplina de la que estoy enamorado y a la que a diario agradezco la oportunidad que me brinda de acompañar a otros en sus procesos de autoconocimiento. En este tiempo he realizado miles de sesiones con cientos de consultantes. Principalmente residentes en España, pero también en Estados Unidos, Inglaterra, Alemania, Francia y diversos países de Latinoamérica. Desde jóvenes recién entrados en la universidad hasta personas que llevan años jubiladas; desde emprendedores y altos ejecutivos de multinacionales hasta conserjes; desde políticos y entrenadores de fútbol hasta profesores y maestros; desde psicólogos, psiquiatras y médicos hasta camareros y dependientes. Por supuesto, también filósofos.

Cada uno de ellos, al margen de su edad, sexo, país de origen, orientación política, nivel de estudios o estatus económico, se sintió profundamente desolado en algún momento de su vida, cuando las grandes preguntas de la existencia humana llamaron a su puerta. Todos dispares, todos iguales ante la realidad, desnudos frente a la búsqueda de sentido, desarmados ante su propia muerte, expuestos a una existencia que no entendían y que en ocasiones sintieron que les superaba.

Las crisis existenciales surgen cuando menos las esperamos, y lo hacen para revolucionar nuestra vida. Toman todo aquello que dábamos por sentado, nuestra forma de otorgar orden a todo, esa que parecía ofrecernos seguridad y control, y la desmontan hasta dejarnos en la mayor de las orfandades. Poco importa tu cercanía o distancia con la reflexión filosófica, ya que irrumpirá en tu presente como un tsunami y lo dejará patas arriba. Sin embargo, estoy convencido de que las crisis existenciales aparecen en nuestra vida en el momento en el que más las necesitamos. Acontecen cuando nuestra manera de entender el mundo se nos ha quedado pequeña, y lo hacen para ayudarnos a dar el salto a una nueva comprensión, capaz de abrirnos a ámbitos de la realidad que antes no hubiéramos podido ni imaginar.

El problema es que no solemos experimentarlas así y es fácil que acabemos convencidos de que la pérdida de sentido que sufrimos o el temor a la muerte que nos atenaza suponen el fin de un camino en el que ya no hay lugar para nuevas preguntas ni posibilidad de alguna respuesta que nos calme. Limitados por esta falta de perspectiva, somos incapaces de ver en ellas el potencial transformador que las trae a nuestra vida. Por eso, cuando me ofrecieron la oportunidad de escribir mi primer libro, tuve claro que el tema central sería la comprensión y la superación de crisis existenciales.

Estas cuestiones no preguntan si hemos leído a Nietzsche o a Heidegger antes de aparecer en nuestra vida. Por ello, este libro está escrito en un lenguaje práctico y directo, con la intención de hacerlo asequible a cualquier lector. Abordaremos un fenómeno que, si es filosófico, lo es por su carácter profundamente humano, por lo que no presupongo conocimientos previos. Como afirmó el pensador español José Ortega y Gasset, «la claridad es la cortesía del filósofo». Toda la teoría necesaria para comprender tu experiencia existencial se explicará en estas páginas.

Al final de cada capítulo encontrarás un ejemplo práctico de consulta, que te ayudará a bajar a tierra los contenidos y a extraer de ellos un posible abordaje para tu situación. Se trata de experiencias reales, de las que solo he cambiado algunos datos personales de mis consultantes con el fin de preservar la intimidad y la confidencialidad que merecen aquellos que no solo han puesto sus historias de vida en mis manos, sino que me han concedido el regalo de permitirme compartirlas aquí y, además, han agradecido la oportunidad que tenían de ayudar a otros con sus vivencias. La única excepción será el primer capítulo, que estará dedicado íntegramente a un caso práctico que me he permitido relatar tal cual ocurrió, al tratarse de mi propia experiencia personal de crisis existencial: la compartiré contigo para que entiendas cómo esta me llevó al pensar filosófico y en qué sentido la filosofía podría ofrecerte lo mismo, si le das la oportunidad.

Cada uno de los capítulos gira en torno a un concepto clave para la comprensión de tu crisis existencial, por lo que es posible leerlos de forma independiente, como una obra de consulta. Sin embargo, te haré una confesión: este libro está pensado como un peregrinaje interior, una travesía en la que cada estación que visitamos dejará un poso concreto en el viajero, aportará algo nuevo a su perspectiva y le ofrecerá diferentes herramientas de introspección. Leído así, te darás cuenta de que el ánimo y la actitud con la que enfrentas tu vida van cambiando a medida que avanzas en su contenido. Aplicando estas ideas en tu día a día, irás experimentando una mayor claridad y serenidad, que poco a poco harán brotar en ti toda una experiencia de despertar hacia la vida. De esta forma, si te animas a leerlo de principio a fin, al cerrar el recorrido te verás de vuelta en el punto de partida, pero te sentirás por completo diferente. Regresarás a tu vida, totalmente renovado y preparado para poner en práctica lo aprendido.

Esta es una obra de divulgación, que por su formato deja fuera más de lo que incluye y que prioriza la sencillez del discurso frente a la erudición académica. A su vez, también es un ensayo filosófico, que propone una determinada teoría acerca de cómo encarar la vida y una puesta en práctica para llevarla a cabo. Sin embargo, este libro es, ante todo, un manifiesto que proclama la importancia de cultivar una existencia auténtica, basada en la búsqueda filosófica y la afirmación de lo que es, que defiende que siempre que nos atrevamos a preguntar por la vida y a vivirla tal y como se nos presenta, recibiremos a cambio mucho más de lo esperado.

Mi hija ha estado muy presente en el proceso de creación de este libro. Lo he planificado tomando notas en mi teléfono, mientras ella dormía sus siestas en mi pecho, para redactarlo después en las madrugadas y otros momentos «libres» que, como un funambulista, he logrado extraer de una cotidianidad en la que el cuidado de mi familia y las largas jornadas de trabajo en consulta lo copaban todo. Deseo de corazón que algún día ella quiera leer este libro. Si es así, y llega el momento en el que se encuentre a sí misma atravesando una crisis existencial, sabré que habré cumplido mi labor como padre, porque habré conseguido transmitirle el valor de una vida vivida en primera persona, la importancia de preguntar sin temor a la respuesta y el amor por una realidad que siempre va más allá de nosotros mismos.

Mientras ella crece y descubre el mundo, ahora este libro es tuyo. Espero que te aporte la claridad y la esperanza que andas buscando.

PRIMERA PARTE
INFINITAS FORMAS DE MIRAR LA VIDA

1
MI HISTORIA CON LA FILOSOFÍA

> Si quieres ser filósofo, prepárate para que se rían y se burlen de ti, para que digan: «¡Mira, de repente se nos ha hecho filósofo!», o bien: «¿De dónde se ha sacado ese gesto arrogante de la ceja?». Pero tú no levantes con arrogancia la ceja y aférrate a lo que parece ser lo mejor.
>
> EPICTETO

Mi historia con la filosofía no es la habitual. El camino que me llevó a ella no es el típico de alguien que sabe desde pequeño a qué se quiere dedicar, porque eso no lo descubrí hasta bastante más tarde. Yo nunca me sentí cómodo en el perfil del erudito, del ratón de biblioteca conocedor de cada uno de los detalles de las vidas de los grandes pensadores, ya que siempre busqué un conocimiento más práctico. La verdad es que llegué a la filosofía por necesidad, y no tanto por vocación. Un camino menos corriente, pero, como verás, igualmente edificante.

Si algo recuerdo de mi infancia es el poso de tristeza y angustia que sentí desde que tuve uso de razón. Sin un trauma a la vista que justificase su presencia, ese sentimiento siempre estuvo latente en mí. Parecía que estuviese ahí incluso antes que yo. En mis primeros recuerdos, ya me acompañaba: una mezcolanza de temor y desilusión que se me aferraba al estómago y me pesaba en el pecho.

Como yo mismo no lo entendía, nunca me molesté en compartirlo con nadie más. No hubiera sabido cómo explicarlo, pues no comprendía su origen ni si era algo diferente de mí mismo. Puede que yo fuese así y que, por lo tanto, solo me quedase adaptarme. Esa falta de comunicación propiciaba que me desconectara de los demás y, a su vez, provocaba una distancia, que utilizaba para protegerme de sus miradas. Vale que no entendiera mi dolor, pero tenía claro que no era algo que debía dejar que los otros vieran, ya que todo el mundo parecía estar muy bien y yo también debía aparentarlo.

Aprendí a disimularlo con humor e hice de la comedia una gran arma social. Siempre he sido gracioso. Alejaba a los demás de mi angustia, aliviaba momentáneamente mi sensación de vacío y hacía que otros se acercasen a mí para disfrutar y pasar un buen rato. Lo curioso es que, a pesar de ser un poco impostada, yo no vivía la risa como una falsedad; en el fondo, sentía que la vida merecía ser celebrada, que la sonrisa era en realidad la actitud más lúcida. Solo que yo no sabía dilatarla demasiado en el tiempo. Así, hacía reír, me reía, pero, a su vez, anhelaba que la fiesta nunca acabase, que la vitalidad de esos buenos momentos lograse inundar mis días.

Como suele ocurrir, la cosa no mejoró en la adolescencia. Lo que en mis primeros años viví como una falta de valía interna, en esa época tomó una forma más práctica: estaba convencido de que jamás llegaría a nada. Era la consecuencia lógica de esa desilusión, la certeza de que en algún momento fracasaría en mis estudios, mis amigos pondrían fin a nuestra amistad y acabaría solo, en mi cuarto de toda la vida, sin ningún tipo de amor, dependiendo de mis padres hasta el fin de mis días. Todo ello en una espiral de sufrimiento y sin capacidad para salir de ella. Sé que suena horriblemente dramático, pero te aseguro que, en esa época, me parecía tan claro como que dos y dos son cuatro.

Ante esa sensación de fracaso ontológico, de absoluta nulidad de mi ser, me limitaba a sobrevivir. Iba a clase, pero no estudiaba, por lo que los suspensos no tardaron en aparecer. Evitaba salir a la pizarra como si de un patíbulo se tratase, y cada vez me provocaba más angustia sentarme a hacer los deberes, ya que ponerme a ello abría la puerta a confirmar que no era capaz y que nunca me convertiría en alguien de provecho. Para eso, mejor evitarlo.

En una época en la que nadie hablaba de depresión ni de ansiedad, tuve que transitar estas experiencias internas sin herramientas, convencido de que expresaban la realidad de mi existencia y su destino inevitable. Para mí, lo que estaba mal no eran mis pensamientos o emociones, sino yo mismo. Me consideraba erróneo, insuficiente, y era cuestión de tiempo que esto saliese a la luz y lo arruinase todo.

Sin embargo, esta sensación, este síndrome del impostor, no eran permanentes. Había momentos en los que sí lograba conectar con la vida, en los que experimentaba una vitalidad que recorría mi cuerpo y me sacudía las entrañas. Espacios de lucidez que me permitían ver las cosas tal y como eran y, además, maravillarme con ellas. No eran muy frecuentes ni se extendían demasiado en el tiempo, pero todos tenían algo en común: provenían de una claridad mental fruto de la reflexión.

Nunca entendí la frase «piensas demasiado», ya que a mí el pensamiento me salvó de un final trágico. Cuando aparecía esa intuición de que la vida merece ser vivida, era la reflexión la que me permitía ampliarla y proyectarla sobre el mundo, abriéndome a él. Pensaba a propósito del sentido o sinsentido de la vida, de las implicaciones de la muerte, el milagro de la libertad, las posibilidades de la responsabilidad, la fuerza de la existencia misma... Conceptos que, lejos de recluirme en lo mental, me devolvían a la vida y me capacitaban para vivirla. Era como una demostración constante de que lo que se me mostraba como verdadero también era extremadamente bello.

Sin embargo, suspendí Historia de la Filosofía en segundo de Bachillerato. Lo sé, es casi inaudito que alguien con un doctorado en Filosofía diga esto, pero es lo que ocurrió. Te aseguro que no fue por incapacidad ni desinterés, sino por pura apatía. Para mí, esta asignatura era una más en un horario por el que me arrastraba semana tras semana. Nunca encontré el momento de sentirme atraído por sus textos, ya que, además, estaba demasiado ocupado sobreviviendo a mi crisis existencial y, todo hay que decirlo, no conté con el típico profesor de Filosofía que hace que vibres con ella (tampoco parecía gustarle mucho su trabajo).

Sin embargo, no hay mal que por bien no venga, y ese verano me encontré con un temario completo de Filosofía que leer y sin ningún intermediario para ello. Hoy por hoy no recuerdo cómo, pero sé que, de alguna forma, logré sentarme a mi escritorio, algo que casi nunca conseguía, y empezar a ojear sus lecciones. Y ocurrió el milagro.

Lo que en su momento me pareció una concatenación de señores enrevesados complicándose la vida desde la Antigüedad hasta hoy, se me reveló como una historia trepidante por la comprensión de la existencia. Veía en cada autor a un mártir de su causa, alguien que dedicó su vida a prepararse intelectualmente para afrontar el problema filosófico de su tiempo y desarrollarlo hasta donde le permitiesen sus fuerzas.

Todo estaba ahí, en sus obras, en mi temario, disponible para ser leído, comprendido e integrado en mi pensamiento. Entendí esa idea de Newton de que «caminamos a hombros de gigantes» —aunque Juan de Salisbury atribuyó la expresión a Bertrand de Chartres—, ya que me sentí literalmente elevado por los pensadores que me precedían.

Empecé a leer a intelectuales afines, como Friedrich Nietzsche, Albert Camus o los últimos estoicos, empapándome de sus formas de ver la vida. Estas lecturas me impulsaron a escribir ensayos breves sobre el sentido de la existencia, el valor de la introspección, el papel de la actitud, la indagación en la propia identidad, el peso del miedo, los obstáculos del pensamiento, etc. Publicaba mis escritos en un blog sin apenas visitas, pero me reconfortaba la sensación de compartir con otros reflexiones que a mí me habían aportado tanto. Así, la renovada fuerza de mi pensamiento me caló en la autoestima hasta mostrarme el error de años de autocrítica y desprecio. Empecé a sentir mi valía, lo que me permitió pensar, por primera vez en mi vida, que quizá sí que podría llegar a tener un futuro. Fue así como me planteé la universidad, pero —te pido paciencia— no tanto la filosofía como profesión...

La cuestión es que, aunque parezca incompatible con el pesar de mi infancia, yo siempre había sentido una vocación por ayudar a los demás. Puede que fuera el contacto lúcido con mis propias crisis o que me gustase escuchar, pero la realidad es que desde muy joven me convertí en el consejero y confesor de quienes me rodeaban. Y me fascinaba. Recibir la maraña de pensamientos y emociones de otros y ayudarles a clarificarla, de forma que se sintieran reconciliados consigo mismos y con la vida, me parecía increíble. Además, se me daba muy bien.

Por ello, cuando me planteé la posibilidad de una carrera universitaria, quise optar por una que me permitiese convertirme en terapeuta. No me imaginaba en otro lugar que no fuera sentado frente a alguien que quiere vivir de forma diferente, acompañándole en su proceso de crecimiento. Desde mi joven ignorancia, para mí eso solo lo ofrecía un itinerario, el de la psicología.

Sin embargo, la filosofía ya me había cautivado, así que llegué a un acuerdo conmigo mismo: estudiaría un primer año de Filosofía, para adquirir cierta profundidad existencial, y después me cambiaría a Psicología, para poder llevar a cabo el proyecto de una consulta propia. Era el plan perfecto, ya que este camino me permitía asimilar las herramientas filosóficas que necesitaba para guiarme a mí mismo y, *a posteriori*, convertirlo en un trabajo que ya existía, el de psicólogo. Todos ganábamos. Pero fui un iluso y mi plan no duró mucho.

Mis expectativas con la filosofía fueron más que acertadas, en ella encontré un enorme arsenal para la reflexión y el trabajo personal. Tanto fue así, que me di cuenta de que en un año no obtendría todo lo que quería, así que tenía que decidir si quedarme y recibir lo que siempre anhelé o renunciar a ello por mi vocación terapéutica. De todos modos, en aquel momento ya percibía que esos conceptos filosóficos eran los que me permitirían propiciar esos cambios de consciencia. Contra el consejo de todo el mundo, opté por quedarme en Filosofía, dando por hecho que ello implicaba despedirme de la posibilidad de trabajar en mi propia consulta, con el telón de fondo de que la única salida de esa carrera era la docencia, algo que no me interesaba en absoluto.

Aun así, no me arrepentí, ya que lo que recibía día a día en mis clases era realmente revolucionario. No me imaginaba una vida sin ese conocimiento, sin esa agitación intelectual. Aunque me preocupaba mi futuro laboral, la «fiesta del pensar» —que diría Heidegger— me llenaba plenamente, así que me entregué a ella.

Sin embargo, volvió a ocurrir el milagro. Un día cualquiera, de camino a la cafetería de la facultad, me encontré en un tablón de anuncios el cartel de una charla sobre *philosophical counseling* ('asesoramiento filosófico'). El corazón me dio un vuelco, pues, aunque aún no conocía de qué se trataba, podía intuirlo. En el fondo, siempre había sabido que aquello que me parecía tan trasformador de la filosofía podía llegar a conformar un método de autoconocimiento terapéutico. Lo sentía, pero tampoco lo había encontrado ni me había atrevido a esbozarlo, ya que no era más que un estudiante de tercer año. Rápidamente empecé a leer sobre los principales autores que estaban desarrollando esta disciplina. Y todo cambió.

Comprobé que mi intuición no era nada original y que ese formato de terapia filosófica contemporánea existía desde la década de los setenta, que había tomado forma en los ochenta de la mano de Gerd Achenbach en Alemania y que, en los noventa, se había popularizado a nivel mundial gracias al superventas *Más Platón y menos Prozac* (1999), del consultor filosófico canadiense Lou Marinoff. Conforme esa terapia de corte filosófico se extendía por Europa, iba adquiriendo más profundidad y desarrollo. En Francia, se dio a conocer gracias al trabajo de filósofos como Marc Sautet y Oscar Brenifier y, en España, de la mano de la filósofa Mónica Cavallé o el filósofo José Barrientos-Rastrojo —con Brenifier y Cavallé tendría el placer de formarme más adelante, y Barrientos fue uno de los miembros del tribunal que evaluó mi tesis doctoral—. La cuestión es que esta disciplina existía desde hacía cuarenta años, aunque era la primera vez que yo tenía noticia de ella.

No es difícil entender por qué esto supuso una revolución para mí. Había renunciado al trabajo de mis sueños, la consulta, por adquirir las herramientas filosóficas que sentía que necesitaba para ella. A pesar de ello, ahora se abría ante mí un camino profesional que aunaba ambas cosas, de pleno derecho. Todo mi mundo comenzó a girar en torno a la terapia filosófica. Devoré los libros que encontré en la biblioteca, como *The New Image of Person: The Theory and Practice of Clinical Philosophy* (1978) de Peter Koestenbaum, *Essays on Philosophical Counseling* (1995) de Ran Lahav, o *Philosophical Practice* (2006) de Lou Marinoff, hoy ya clásicos, y compré los que no estaban allí. Empecé a seguir la trayectoria de los pocos filósofos en el mundo que se habían atrevido a dedicar su vida a esta disciplina, a estudiar sus métodos y enfoques propios. En esa época empezaron a realizarse los primeros seminarios de formación de fin de semana en Madrid, a los que me propuse asistir.

Como no sabía si iba a ser capaz de convertirme en uno de esos pocos filósofos que lograban hacer de la consulta su profesión, me sentía mal pidiéndoles dinero a mis padres para algo que no tenía garantías de que fuese a llevarme a algún sitio. Por ello, mis primeros viajes a la capital fueron en el bus Granada-Madrid de la una y media de la madrugada, con el fin de viajar de noche y ahorrarles un día de hotel a mis mecenas. Llegaba sin haber dormido un solo minuto, pero no era nada que la ilusión —y el café— no pudieran compensar.

Al principio siempre era el más joven de las formaciones y, por lo general, solía encontrar en ellas a compañeros que se dedicaban a la docencia, a los que les fascinaba la consulta filosófica, pero que se habían convencido de que era imposible llegar a dedicarse a ello de forma profesional. La realidad es que muchos coqueteaban con la idea, pero casi ninguno llegaba a intentarlo de verdad. Yo temía que estuviesen en lo cierto, pero también tenía ante mí algunos referentes que lo habían logrado y a los que admiraba. Por eso, decidí apostarlo todo. Así, si no lo conseguía, dejaría atrás esta etapa satisfecho, sabiendo que había dado cuanto estaba en mi mano, y buscaría mi camino en otros ámbitos.

Cuando digo apostarlo todo, es todo. Nunca hubo un plan B. Seguí leyendo y formándome sobre todo cuanto rodeaba a la práctica y la terapéutica filosóficas, además de otras disciplinas afines, como continúo haciendo aún hoy. Al acabar la carrera, sentía que podía exprimir más el ámbito académico, por lo que decidí cursar un máster de investigación en Filosofía Contemporánea, con la intención de fundamentar teóricamente aquello que estaba experimentando en la práctica.

Ese año, me dediqué a nutrirme de las escuelas de filosofía de Grecia y Roma, profundicé en sus formas de concebir la vida, de afrontar las crisis vitales, y extraje sus técnicas y ejercicios. También en esta época, una vez que consideré que tenía el mínimo de formación y horas de consulta necesarias para poder mostrarme al mundo, abrí mi propia página web y comencé a trabajar con mis primeros asesorados. Desde el primer momento tuve claro que el proyecto se llamaría Thelos, un concepto de la filosofía griega que se refiere a aquello que hay en nosotros que es capaz de orientarnos e impulsarnos hacia nuestra versión más plena.

La teoría que había estudiado nutría mi práctica de consulta. A su vez, lo que me planteaban mis consultantes suponía un reto tras otro, que me llevaba de nuevo al estudio y la reflexión. Por eso asumí que subiría el último escalón académico antes de abandonar el camino universitario: el doctorado.

Con él no estaba buscando una plaza de profesor universitario, sino sencillamente alcanzar el conocimiento teórico que sentía que me exigía mi práctica filosófica. Aquellos años estudié los diferentes planteamientos sobre las crisis existenciales, así como las diversas propuestas que se podían desarrollar a partir de filosofías vitalistas, como la estoica. Hice estancias de doctorado, publiqué artículos y compartí mis avances en diferentes congresos nacionales e internacionales. Cuando llegó el momento, lo volqué todo en una monografía y presenté el texto, a la espera de defenderlo ante el tribunal.

Filosofía como terapia: la actitud vital estoica frente al malestar existencial no fue una tesis al uso, tanto por su contenido como por la forma de abordarlo. Sin embargo, recibió la calificación de sobresaliente *cum laude* por unanimidad, fue mencionada en diferentes medios de comunicación y hoy por hoy acumula más de doce mil descargas en la web de la Universidad de Granada. Todo un regalo de la vida, teniendo en cuenta de dónde venía yo. Algo me decía que estaba en el buen camino.

Desde entonces, he seguido apostando por mi pasión. Continúo creciendo como terapeuta y como filósofo, acumulando experiencia y horas de consulta y ampliando mi formación con otros modelos de terapia, autoconocimiento, sistemas de meditación... Tomo todo aquello que resuena con mi forma de comprender el acompañamiento y dejo en el camino lo que pienso que no aporta nada a mis consultantes. Con el paso de los años he ido desarrollando mi propio enfoque de asesoramiento filosófico, desde el que ofrezco un espacio en el que tengan cabida toda clase de bloqueos vitales. Un lugar en el que poder comprender los juicios y las creencias que nos limitan, así como acoger también las emociones que nos atraviesan, además de captar su sentido y mensaje. Entiendo esta práctica como un proceso de transformación de nuestra forma de estar en el mundo, que la torna más plena, profunda y radical, nos abre a la vida y arroja luz a cuanto hay en ella. Solo así es posible abordar nuestros proyectos existenciales, basándolos en la autenticidad y el autoconocimiento, a través de una reflexión filosófica que los conecta con lo más esencial que hay en nosotros.

Además de la consulta, imparto charlas y conferencias y divulgo conceptos de filosofía práctica en las redes sociales. También mentorizo a los aprendices de filósofas y filósofos asesores que se interesan por mi propuesta y que quieren desarrollarse profesionalmente en este ámbito. En definitiva, doy cuanto tengo para hacer de esta disciplina un espacio filosófico lúcido, profundo y comprometido.

Aquellos que me dijeron que era imposible se equivocaron, pero tenían razón al señalar la dificultad del reto. Me tomó mucho tiempo dar a conocer mi método y hacer que llegase a quienes podían estar interesados en él. En los primeros años tuve que compatibilizar la consulta con otros trabajos que, aunque sentía que también me aportaban mucho, implicaban jornadas laborales de diez o doce horas, si tenemos en cuenta que luego me tocaba afrontar las sesiones. Recuerdo con cariño esa época de formador, en la que pude coordinar diferentes proyectos de empleabilidad y emprendimiento, donde acompañaba a personas en riesgo de exclusión social a conectar con su valor y hacer de él una forma de vida.

Sin embargo, por muy originales que nos guste creernos a quienes nos dedicamos a la consulta filosófica, la verdad es que no hemos inventado nada. De acuerdo, el formato es novedoso y se adapta a las necesidades filosóficas y existenciales del presente —no hay mejor espacio para el autoconocimiento que el de la terapia individual—, pero lo que hemos hecho ha sido adecuar a la actualidad una enorme dimensión presente en la filosofía desde sus orígenes griegos. Hablo de la filosofía entendida como terapia de las pasiones, un arte de vida, cultivable solo a través de la verdad y el autoconocimiento. Pero esa es otra historia.

2
LA FILOSOFÍA COMO TERAPIA DEL ALMA

Tanto para Epicuro como para los estoicos la filosofía consiste en una terapia: «Nuestra única preocupación debe ser curarnos». Pero en este caso, la curación implica liberar al alma de las preocupaciones vitales y de este modo recuperar la alegría por el simple hecho de existir. El sufrimiento de los hombres proviene de su temor ante cosas que no deben temerse y su deseo de cosas que no es preciso desear, y que le son por lo demás negadas. De esta forma su existencia se consume en el desconcierto producido por sus temores injustificados y sus deseos insatisfechos. Se encuentran así privados del único y auténtico placer, el placer de ser.

Pierre Hadot

Por lo general, cuando uno se acerca a la filosofía, suele encontrar en ella una apariencia extremadamente teórica. Tendemos a pensar que los textos filosóficos son siempre complicados discursos sobre cosas bastante alejadas de lo cotidiano. «¿Existe una verdad absoluta o solo relativa?», «¿hay algo que podamos llamar alma humana o la conciencia es fruto únicamente de la actividad cerebral?». O más enrevesado aún: «¿Por qué el ser y no más bien la nada?». Son la clase de cuestiones filosóficas que podemos encontrar en los manuales de historia de la filosofía. Aunque te aseguro que son preguntas fascinantes, en ocasiones pueden no sonar muy apetecibles. En otras incluso nos resulta difícil comprender la pregunta, no digamos ya responderla.

Es fácil creer que la filosofía es una disciplina que se ha alejado de la vida. Una tarea para señores de barba blanca encerrados en sus despachos, que escriben tratados metafísicos sobre la realidad, sin dejarse empapar por ella. La teoría por encima de todo, y cuanto más oscura y complicada, mejor. Al menos, esto fue lo que pretendieron algunos autores en la Edad Media. Sin embargo, aunque se trate de un prejuicio bastante injusto, la filosofía no siempre prefirió el pensar abstracto.

Puede que te parezca sorprendente, pero desde sus inicios griegos y durante los siglos posteriores, la filosofía se entendió a sí misma como un arte de vida. Defendía que para que una teoría se considerase realmente filosófica debía dar respuesta a los interrogantes existenciales y vitales a las que todo individuo se ve expuesto. En esa época, el quehacer filosófico buscaba ante todo la transformación personal, y aceptaba el reto de elaborar herramientas intelectuales que permitiesen, a todo aquel que se acercase a la filosofía, entender su propio pensamiento, comprender la realidad y abrirse a un nuevo espacio de armonía basado en la coherencia entre mente, emoción y acción. Lejos de contentarse con definir qué es la vida, la filosofía clásica aceptó el desafío de comprender cómo debíamos vivirla.

El despertar de la filosofía: Sócrates y la vida filosófica

Aunque podemos encontrar ejemplos previos de esta intención terapéutica de la filosofía —el propio Pitágoras ya hablaba del poder sanador de la palabra—, es Sócrates el que inaugura verdaderamente esta tradición. Hijo de Fenáreta, partera de profesión (lo que hoy llamaríamos matrona), desde muy joven supo que se dedicaría a una labor muy parecida a la de su madre: si ella ayudaba a las mujeres a dar a luz a sus hijos, él acompañaría a hombres y mujeres a alumbrar la verdad que hay en ellos. Ese fue su legado.

Un proyecto filosófico profundamente social, ya que dedicó su vida a tratar de despertar del letargo de la ignorancia a sus vecinos atenienses, incitándoles a la reflexión y al reconocimiento de sus errores. Así, llevó el pensamiento a la ciudad y bajó el mundo de las ideas a sus mercados y calles, pues es en la vida cotidiana donde más impacto debe tener el pensar filosófico. Su afán fue tan grande, y se tomó tan en serio eso de incomodar a sus conciudadanos para que cuestionasen lo que daban por cierto, que acabaron por llevarlo a juicio y condenarlo a muerte, tras acusarlo de corromper a la juventud y de no rendir culto a los dioses de la patria. Por eso hoy lo consideramos un mártir de la filosofía.

Sócrates entendió el pensar filosófico como un saber ethopoiético, es decir, una disciplina centrada en la forja del carácter a través de la *areté*, el cultivo de la virtud. En otras palabras: para él, la filosofía debía ser un entrenamiento interno centrado en el autoconocimiento y el desarrollo personal. En oposición a la mayoría de los enfoques actuales de autoayuda, obsesionados con el pensamiento positivo y la búsqueda del bienestar, el proyecto de terapéutica filosófica inaugurado por Sócrates fue mucho más ambicioso, ya que pretendía lograr nuestra mejora interna a través del acercamiento a la verdad.

Para él, la figura del filósofo —o la filósofa, dado el profundo respeto que profesaba por figuras como Diotima de Mantinea o Aspasia de Mileto, entre otras— ocupa una posición intermedia entre el ignorante y el sabio, ya que la consciencia que el aprendiz tiene de su propia ignorancia le permite encaminarse hacia la verdad —luego no es un mero ignorante—, pero hace que esté en proceso, pues aún no ha logrado alcanzar la sabiduría. Su promesa fue que, si nos atrevíamos a elevar nuestra forma de pensar; si osábamos asomarnos a la vida para comprenderla y aceptarla tal y como es, reformando cuanto fuera necesario en nosotros para estar a la altura de tal contemplación, lograríamos la *eudaimo-*

nia, la felicidad entendida como florecimiento humano, solo alcanzable mediante el cultivo filosófico.

En manos de Sócrates, la filosofía dejó a un lado su empeño por comprender la naturaleza para hacer de la ética su tarea fundamental. La teoría filosófica, aunque necesaria, ya no era suficiente. Sócrates entendió que el discurso no es capaz por sí mismo de incitar una transformación interna, por lo que la erudición, a pesar de seguir siendo muy valorada, dejó de ser el canon de excelencia. Desde entonces, la aportación de cada teoría se evaluaría según su capacidad para fundamentar una opción vital, una postura filosófica ante la realidad. Filosofía entendida como acto existencial, en el que la reflexión solo sirve si es capaz de impactar en nuestra vida, y cambiarla.

La filosofía como cura sui

Si algo definió el quehacer filosófico de este periodo fue la analogía médica. El propio Cicerón, filósofo estoico del siglo I a. C., afirmó: «Existe, os lo aseguro, un arte médico para el alma. Es la filosofía, cuyo auxilio no ha de buscarse, como en las enfermedades del cuerpo, fuera de nosotros mismos. Hemos de procurar con todos nuestros recursos y todas nuestras fuerzas ser capaces de ejercer de médicos de nosotros mismos».

Para la filosofía helenística, la causa del sufrimiento humano reside en el mal uso del pensamiento, por lo que nos invita a corregirlo mediante la reflexión y el ejercicio filosófico. Cuanto más cerca nos encontremos de la verdad, mejor relación tendremos con nosotros mismos y con la vida. Dicho así, puede resultar chocante, ya que es difícil imaginarnos alcanzando una verdad universal, aceptable por todos. Sin embargo, sí que podemos aspirar a reducir los niveles de error y de ignorancia presentes en nuestro pensamiento, ¿cierto? Así fue como surgió esta concepción de la terapia filosófica aplicada a las creencias, pero también a las emociones, los valores y deseos que rigen la conducta humana, tomando como método la inmersión en nuestro discurso interno, para mejorarlo desde dentro.

¿Cómo sabremos que lo hemos logrado? Cuando percibamos que nuestro pensamiento refleja con la mayor precisión posible la realidad que representa. En el momento en el que, tras todo este proceso de ascesis filosófica, seamos capaces de captar y aceptar la realidad en un único acto. Por ello, es un trabajo relacionado con la óptica, porque se trata de pulir la lente a través de la cual percibimos la vida, con la intención de eliminar de ella toda impureza. La filosofía antigua siempre apostó por una inmersión total en la realidad. Solo así es posible alcanzar una serenidad basada en la búsqueda de la verdad y alejada del autoengaño, tan presente en el pensamiento humano.

Transformados por la sabiduría

A pesar de enfocarse en las dolencias del alma, la terapia filosófica nunca redujo a la condición de enfermo, en tanto que sujeto pasivo sin fuerza vital, a quien se acercaba a ella. Dedicarse a la filosofía exigía humildad, pues implicaba reconocer los propios sesgos, pero también ambición, por las altas aspiraciones que alentaba. Se trataba de una tarea humana, abierta a todos y todas, ya que entendía que todo individuo, por el hecho de ser racional, disponía de las herramientas necesarias para el cultivo de la sabiduría. Este será el fin de la terapéutica helenística: acompañar en la transición de enfermo a sano, de pasivo a activo, de ignorante a sabio. La filosofía se entendía entonces como un movimiento dinámico, constante, hacia la sabiduría, que nos transforma en el acto mismo de aproximarnos a ella.

Sabiduría como «ideal regulativo», un horizonte al que nos encaminamos, que revoluciona nuestro interior conforme avanzamos hacia él, pero que puede que nunca lleguemos a alcanzar. Y no pasa nada. No es necesario sentir que podemos hacerlo. Ni siquiera es imprescindible creer que otros maestros hayan alcanzado antes tal iluminación. La sabiduría no es algo que obtenga su sentido una vez conseguida, ya que su valor reside en su capacidad de alterar nuestra mirada, de elevar nuestra actitud ante la vida, a medida que nos comprometemos con ella. Mientras seamos cada día un poquito más sabios, poco importa que concluyamos o no la tarea.

La filosofía queda así definida como un proceso de conversión, un cambio de rumbo consciente, elegido voluntariamente, a través del cual el sujeto deja aflorar su propia esencia, capta todo aquello que pertenece a su ser y se aleja de eso con lo que se identificaba y que nada tiene que ver con él. Así, el deseo de sabiduría se convirtió en un ejercicio cotidiano en busca de la *ataraxia* (la serenidad y la independencia de ánimo) y la *autarkeia* (la libertad interna).

El ideal de sabiduría se postuló como la norma a seguir a la hora de trascender los límites de la propia individualidad e integrar en nosotros la auténtica vida filosófica. El sabio se consolida como el individuo capaz de mantenerse en su proyecto de vida sin necesidad de reconocimiento social, ajeno a las imposiciones externas y, sobre todo, siempre preparado para afrontar una adversidad que ha aprendido a —o al menos se compromete con intentar— dejar de temer.

La mirada en el cielo y los pies en la tierra, pues es la propia ascesis filosófica la que prepara al sabio para lo que pudiera ocurrirle. De nuevo, la práctica se impone a la teoría, ya que no tendría sentido pretender superar las afrentas de la vida mediante la erudición en teorías sobre desapego y resiliencia. Podemos memorizar y recitar como loros toda la literatura de superación personal escrita hasta la fecha sin que nada cambie en nosotros. El estudio impulsa, pero es el tesón cotidiano, el constante compromiso en afirmar la vida tal como es, lo que lleva al aprendiz de sabio a desprenderse de sus preferencias más primitivas.

Se trata de una mirada ética, casi estética, ya que en ella es crucial la contemplación. El sabio se reconoce a sí mismo como parte de algo mucho mayor y enfoca sus esfuerzos en vivir en coherencia con esa inteligencia, naturaleza, sentido, etc., que vertebran y orientan el mundo. Se compromete con una ampliación progresiva de la mirada que le permita acogerlo todo, abrir el diafragma, para que entre toda la luz posible sin llegar a cegarse, consciente de que estar en el mundo es a la vez contemplarlo.

La sabiduría griega nos dice que comprender es, en última instancia, admirar lo que acontece. Así es como el sabio reeduca su mirada para ver las cosas como son, no como le gustaría que fuesen. Trabaja sus creencias, valores, propósitos y proyectos para hacerlos compatibles con el curso de la vida. Para el sabio, la consciencia de sí implica a su vez la integración en un todo mayor que, lejos de desintegrarlo en él, lo hace partícipe de un espectáculo de belleza sin igual, el de la existencia misma.

Estudio, ascesis, esfuerzo y cultivo filosófico que, en última instancia, buscan emular la mirada del niño —a la que también nos invitará Nietzsche en *Así habló Zaratustra*—. Sacudir las telarañas de lo cotidiano, el chirrido de los prejuicios personales, para vivir cada evento, por repetitivo que resulte, como si fuera algo nuevo. Como diría Séneca, «ver por primera vez»: captar cada amanecer, cada abrazo, cada encuentro como si fuera el primero, exprimiendo su belleza y fulgor. Una experiencia de lo real accesible solo a aquellos capaces de empuñar un proyecto de transformación filosófica de tales dimensiones. Como comprobarás, la intención de este libro es que puedas experimentar esta sabiduría personal como resultado del periplo a través de tu crisis existencial.

El diálogo filosófico

¿Cómo logra la sabiduría proveernos de todo esto? Son muchas las herramientas de la filosofía como arte de vida para el autoconocimiento —unas te las mostraré aquí y otras en los próximos capítulos, conforme las vayas necesitando—, pero ninguna tan contundente como el diálogo filosófico. El propio término nos da algunas pistas de su orientación: *diá-logos*, «a través de la razón», un proceso de examen personal impulsado por el compromiso explícito con la verdad. Sin embargo, más que hablar con otros, el reto es ser capaces de conversar honestamente con nosotros mismos. El concepto de diálogo filosófico adquiere un mayor calado cuando lo enfocamos al diálogo interno. Requiere ser maestro y, a la vez, alumno. Intervenir en el discurso personal, siempre pujante, cambiante y libre, para proyectar sobre él el foco de la consciencia.

No es lo hablado, sino el hablante, lo que queda expuesto en el diálogo. No se trata tanto de alcanzar una mejor respuesta como de comprender quién pregunta. El diálogo filosófico es el estandarte de la vida examinada, sobre todo cuando logramos escuchar más allá de las palabras. No importa tanto la conclusión como el recorrido realizado y lo aprendido en él. No es tanto la verdad acumulada, que siempre es falible, como el desprenderse del error que cargábamos. Esa es la auténtica liberación.

Como podrás ver, doy mucho valor a la disposición y escucha que lanzamos a nuestro diálogo interno, ya que, en última instancia, es el lugar en el que nos lo jugamos todo. Si no conquistamos el discurso interior, seguiremos a merced de arrebatos emocionales, creencias erróneas, impulsos inconscientes, etc. En cambio, si tomamos las riendas del mismo, cambiará nuestra mirada, nuestra experiencia y nuestra vida al completo. Es por esto que, cuando le preguntaron a Antístenes, el fundador de la escuela cínica, qué le había aportado toda una vida de ejercicio filosófico, este respondió: «el poder conversar conmigo mismo». Por ello, no temas hablar a solas, sobre todo si tus intenciones son filosóficas.

La práctica de los ejercicios espirituales

Según el filósofo francés Pierre Hadot —uno de los mayores expertos en la filosofía como terapia del periodo grecorromano—, podemos definir el conjunto de prácticas que la filosofía helenística destinó al entrenamiento del sabio como «ejercicios espirituales». Su afirmación es valiente, ya que la espiritualidad no es un ámbito que esté bien visto por parte de la institución filosófica; a pesar de que, en la Antigüedad, no había distinción entre lo espiritual y lo filosófico. Sin embargo, el carácter integral de estos ejercicios permite que los denominemos así. Espirituales no por místicos, sino porque denominarlos éticos, intelectuales, cognitivos o anímicos sería tan cierto como incompleto.

Se trata de un conjunto de prácticas existentes desde tiempos inmemoriales, que fueron actualizadas por Sócrates, para ponerlas al servicio de la filosofía como arte de vida. Se basaban en la práctica de la gimnasia —recordemos aquello de *mens sana in corpore sano*— y se entendía el cultivo filosófico como un entrenamiento, que necesita de disciplina y repetición, con el fin de adquirir esa destreza existencial que las obras filosóficas proponían, pero cuya lectura no era capaz de evocar. Así, la finalidad de los ejercicios espirituales estaba clara: lograr el aprendizaje de vida a la que la teoría invitaba, pero no hacía disponible. Para ello contaron con diferentes formatos, como los *mneme* —ejercicios de memorización de aforismos o máximas—, la *melete* —meditación sobre diversas cuestiones, como la adversidad y el temor a ella, entre otras—, la *zetesis* —estudio de obras clásicas de la tradición filosófica— o la *skepsis* —examen en profundidad de lo vivido—, entre otros.

El objetivo de los ejercicios espirituales es la supresión de las pasiones. Aunque puedan parecer sinónimos, *pasión* no es lo mismo que *emoción*. Para estas filosofías, la pasión es la emoción negativa cuya intensidad se derivaba de un juicio erróneo, que podía ser el apego, la identificación con lo que no somos, el anhelo de lo que no nos pertenece u otros. Las pasiones son la consecuencia de un pensar errado, presente en individuos que buscan su felicidad ignorando su auténtico bien y que, por ello, precisan de un retorno a su centro.

Todo ejercicio espiritual implicará la vuelta al interior, un ejercicio de recogimiento personal en el que el yo se capta a sí mismo, separado de todo aquello que antes consideraba que lo definía. Supone un despertar, en el que nos damos cuenta de que no somos aquello que siempre creímos ser. Una toma de conciencia de nosotros mismos que implica un ejercicio de desprendimiento constante, al que invitan también algunas filosofías orientales, como el budismo, o el Vedanta. Así, el aprendiz de sabio tomaba distancia de lo que consideraba ser, de lo que los demás le decían que era y de lo que él mismo anhelaba llegar a ser, para liberarse de toda etiqueta que lo definiese y, por tanto, lo coartase.

A su vez, estos ejercicios espirituales exigen que nos separemos de las nociones de pasado y futuro con las que ciframos todo evento, por su vacuidad, para sumergirnos así en la profundidad del presente. También implican un alejamiento del cuerpo que, sin llegar a despreciarlo, invita tanto a despojarnos de exigencias estéticas como a desvincularnos de sus dolencias. A su vez, estas prácticas suponen un acto de relativización de los acontecimientos que rodean nuestra vida e incluso nuestro propio destino, para permitirnos ser en toda nuestra sencillez y autenticidad. Para esta inserción radical del sujeto en su presente, el ejercicio filosófico principal fue la *prosochê*, la vigilancia interna, a la que tanta importancia dio el estoicismo.

Esta conexión con el presente llevará al filósofo a la reflexión sobre la vida y, de ahí, a asomarse a lo que será la experiencia de su propia muerte, sin temor alguno. Para el sabio, la finitud humana no es una desgracia, sino más bien una condición existencial que en absoluto le impide aprovechar su vida. Pensar la muerte nos conecta con la totalidad, con el lugar que ocupamos en el cosmos, lo que nos permite aceptarlo y vivirlo. Veremos más sobre esta cuestión en el capítulo once.

Las escuelas de filosofía helenísticas

Te he hablado del origen de la filosofía como terapia y de lo intensos que nos ponemos los filósofos cuando nos referimos a la figura de Sócrates, pero aún no te he contado lo mejor. Aunque Sócrates puso en marcha esta concepción de la filosofía, ni lo hizo solo, ni esta se quedó ahí tras su muerte. Gracias a su proyecto surgieron una pluralidad de escuelas de filosofía que, aun manteniendo intacto el espíritu socrático, tomaron caminos diferentes a la hora de ponerlo en práctica. Diversas propuestas de transformación filosófica, siempre en diálogo y pugna, que hicieron del periodo clásico uno de los más vivos e interesantes de la historia de la filosofía.

Cada una de esas escuelas de inspiración socrática elaboró su propia *hairesis*, una actitud o forma concreta de plantear el camino hacia la *ataraxia*, la vida feliz carente de turbaciones, así como una manera de afrontar las inevitables fricciones de la vida cotidiana. Todas ellas tenían diferentes concepciones acerca del funcionamiento del pensamiento humano, la conexión entre razón y emoción o la dinámica de los deseos, que hicieron que cada escuela diseñase sus propios ejercicios filosóficos para entrenarse en el arte de vivir.

Por lo general, el formato escolar implicaba que los alumnos convivieran en el centro de estudios durante años, al estilo de las residencias intelectuales o los retiros permanentes. Sin embargo, estas escuelas impartían sus lecciones de forma pública, por lo que era posible asomarse a ellas sin que ello implicase un mayor compromiso, con solo un pago mínimo —unos dos óbolos al día, según el poeta Menandro—. Ajenos a nuestra obsesión actual por las titulaciones, los certificados y las acreditaciones, cualquier ciudadano ateniense podía elegir una escuela y cambiarse a otra cuantas veces lo desease, guiándose solo por lo que su instinto y sus inquietudes filosóficas le demandasen, tomando para sí los aciertos de cada una e ignorando aquello que no se le presentase como verdadero en sí mismo.

Aunque es una época muy lejana para nosotros, quiero invitarte a una pequeña panorámica de las principales escuelas socráticas y ofrecerte un escueto menú degustación de cada una de ellas. Como los buenos tráileres de cine, te mostraré los elementos más interesantes, pero me reservaré lo mejor para los capítulos en los que abordemos las claves de tu crisis existencial. Así que cálzate las sandalias y ajústate la toga, porque vamos a realizar una visita exprés a algunos de estos templos de sabiduría, para que puedas beneficiarte de sus lecciones filosóficas y aprender sus vías de transformación vital, saltándote los años de estudio e internamiento. Da igual que no dispongas de esos dos óbolos para pagar la asistencia: hoy es día de puertas abiertas.

La filosofía del placer: el epicureísmo

Para descargar tensiones, empecemos por el hedonismo, la filosofía del placer, y el desarrollo de la misma que Epicuro elaboró en su escuela. Probablemente, al escuchar el término *hedonista*, venga a tu mente la imagen de alguien entregado a sus más bajos instintos: frecuentador de orgías, amigo del alcohol y los banquetes, convencido de que el mayor bien es el placer inmediato. No es una visión tan tópica, ya que así fue el hedonismo cirenaico, fundado por Aristipo de Cirene, que antecedió al epicúreo. Sin embargo, Epicuro llegó a esta corriente filosófica para cambiarla por completo.

Aunque estudió con Pánfilo, un maestro platónico, y después con Nausífanes, discípulo de Demócrito y de Pirrón el escéptico, del que tomó muchos conceptos, no se dejó convencer por ninguna de estas escuelas y decidió crear la suya propia. Tras fracasar en la ciudad de Mitilene y obtener un éxito discreto en su segundo intento en Lámpsaco, se trasladó a Atenas con los discípulos que quisieron seguirle para fundar el Jardín —*Kêpos*—, nombre con el que llamó a su escuela. La dirigió hasta su muerte, en el 271 a. C., aunque el centro siguió formando estudiantes y desarrollando el modo de vida epicúreo hasta el siglo II d. C.

A pesar de haber escrito más de trescientas obras, no nos han llegado más que algunas cartas, fragmentos y sentencias. Sin embargo, sabemos que su filosofía apostaba por una fusión entre *sophós* y *enérgeia*, entre la sabiduría y la actitud vital. Epicuro trató de elaborar un camino hacia el ideal de sabiduría, disponible para cualquier ser humano capaz de comprometerse con la vida filosófica: «Que nadie, por joven, tarde en filosofar, ni, por viejo, de filosofar se canse. Pues para nadie es demasiado pronto ni demasiado tarde en lo que atañe a la salud del alma». Queda así definido su compromiso con la filosofía médica y la superación del sufrimiento humano.

Epicuro entenderá al sujeto como centro de dolor y placer, y elaborará toda su propuesta a partir de esta idea. Consideró que, si el individuo se esmera por obtener un conocimiento cada vez más adecuado de la realidad, entonces comprenderá lo que es bueno para su crecimiento y lo que no, y podrá orientar su vida hacia un desarrollo pleno. De nuevo, nos propondrá un examen interno contra las creencias erróneas, así como una ascesis de los deseos y una dietética de los placeres.

No imagines a Epicuro disfrutando de una vida de excesos, como dicta el tópico hedonista, ya que su teoría fue mucho más compleja y elevada. Centró su vida en la cuestión del placer, sí, pero con el fin de librarnos del dolor, y concluyó que dejarnos llevar por nuestros impulsos más bajos, que erróneamente consideramos naturales, es lo que más nos aleja de la felicidad y de la comprensión de lo que somos. Son sorprendentes los escritos que nos hablan de la extrema austeridad del día a día de Epicuro, que rara vez rompía, excepto cuando alguna visita le traía un pedazo de queso, por petición suya, ya que era su «debilidad». Si el placer es el principio y fin último de la vida feliz, este autor verá en la mesura, en la gestión adecuada de nuestros deseos e impulsos, el camino hacia la virtud.

Para Epicuro, aunque la felicidad es inherente al ser humano, no todos los placeres nos llevan a ella. Distinguió los *placeres cinéticos*, fruto de la embriaguez, la saturación y el exceso, de los *placeres catastemáticos*, procedentes del equilibrio interno y la armonía personal, pero también de la disminución del dolor. A partir de ahí elaborará su concepto de felicidad como *aponía*, la ausencia de dolor físico y turbación intelectual.

Puedo imaginar lo que estarás pensando ahora mismo, y será algo así como «oye, está muy bien esto de los placeres catastemáticos, enfocarnos a lo que nos hace bien y demás, pero tampoco creo que una cervecita de vez en cuando vaya a impedirme ser más sabio...». Pues tienes razón. Epicuro no niega la experiencia de placer de actos como el alcohol, el sexo o la buena comida. De hecho, tampoco los prohíbe, pero sí que nos alerta del peligro —y la extrema facilidad— de que se genere una relación de dependencia con esos hábitos.

No es lo mismo disfrutar en ocasiones de ese placer primario, del que no tenemos por qué avergonzarnos, que darnos cuenta de que somos incapaces de vivir nuestra vida sin una concatenación constante de gratificaciones inmediatas. Si tu día a día te resulta insoportable sin algún hábito concreto, entonces ya se ha tornado vicio, adicción, se ha adueñado de ti y te ha privado de una vida libre y plena. Veremos más de esta cuestión en el capítulo siete, cuando analicemos el ritmo de vida de la sociedad en la vivimos, sus nocivas consecuencias y las diferentes vías de emancipación filosófica al respecto.

La búsqueda del placer y la evitación del dolor son elementos instintivos que rigen tanto la conducta humana como la animal. Es algo que nos viene dado, un impulso evolutivo ancestral hacia la homeostasis, el equilibrio interno. Sin embargo, es fácil confundirnos y considerar que, si algo nos sienta bien en el momento en el que lo experimentamos, se debe a que es bueno para nosotros. Por eso, Epicuro invita a la reflexión sobre la naturaleza de cada uno de los placeres de nuestra vida, para que evaluemos si nos acercan a ese equilibrio natural al que todos tendemos o, por el contrario, nos alejan del mismo.

Para Epicuro, la batalla está en la gestión de nuestros deseos. Ahí nos lo jugamos todo. Si logras dominar tus deseos, serás libre —como también señala la filosofía budista, entre otras—, y para eso necesitas saber qué tipos de deseos hay en ti y cómo orientarte entre ellos. Para él, principalmente son tres.

Los primeros son los placeres naturales y necesarios, aquellos relacionados con los aspectos más básicos de la vida, como el hambre, la sed y el frío, entre otros, con los que estamos obligados a convivir y cuya satisfacción siempre producirá un placer catastemático, de restitución del equilibrio. Aunque parezcan muy básicos, debemos comprender que somos seres biológicos, corporales, sujetos a necesidades específicas que debemos cubrir para nuestra supervivencia y bienestar. Como señalará la filósofa Simone Weil siglos después, la privación material extrema puede aplastar el espíritu humano y anular la capacidad de reflexión profunda, por lo que debemos tenerla muy presente.

El segundo tipo de placeres serán aquellos que, aunque naturales, no son necesarios. Son los que obtenemos de una satisfacción excesiva de los primeros, que, más que calmar una necesidad básica, acaban por embriagarnos con ella. Es natural alimentarnos, pero no hace falta comer hasta el empacho. De igual forma, es adecuado buscar nuestra comodidad, pero tampoco nos aporta nada obsesionarnos con maximizarla o con evitar hasta la más mínima fricción con la vida. Si Epicuro insiste en la atención de estos placeres naturales, aunque innecesarios, es porque reconoce en nosotros una tendencia al exceso, que debemos ser capaces de reconocer, acoger y reorientar.

Por último, encontramos los placeres que no son naturales ni necesarios. En este grupo, Epicuro incluye todas las gratificaciones derivadas de una falta de comprensión de la vida y de la identidad personal. Son la búsqueda de la fama, el reconocimiento y los honores, o el anhelo de riqueza, entre otros. Placeres que solo buscamos por razones equivocadas, cuando nos vemos arrastrados a ellos por creencias erróneas y sesgos de juicio.

Para salvarnos de todo ello estará la filosofía, entendida como *phármakon*, medicina del alma, la única disciplina capaz de procurarnos las herramientas para sanear nuestros juicios y reorientar nuestros deseos hacia fines más elevados, más propios y auténticos: «Nuestra única ocupación debe ser curarnos», llegará a decir Epicuro en las *Sentencias vaticanas*. Por ello, el aprendiz se entrenará en el arte de percibir con claridad lo que le rodea, para que sea el reconocimiento de la verdad lo que oriente sus acciones y modele su pensamiento.

Aunque pueda parecer una filosofía muy terrenal por centrarse en corregir algo tan cotidiano como los hábitos y el dominio de los deseos, en el fondo, su propuesta es profundamente existencial. La *ataraxia* que propone el epicureísmo va más allá de la regulación emocional, ya que apunta a la relación que tenemos con la vida. Para Epicuro, el sabio es aquel que logra construir su proyecto vital en torno al placer más elevado: el placer de la existencia.

Es necesario un profundo compromiso filosófico para alcanzar esta sensibilidad, para desarrollar la capacidad de vernos embriagados, fascinados e impactados por el hecho mismo de estar vivos. Implica un acto contemplativo de enorme trascendencia, ya que atraviesa la cotidianidad y hace resaltar la belleza presente en cada uno de sus detalles. En el capítulo diez del libro abordaremos todo lo relacionado con esta mirada filosófica, para que puedas hacer tuyos sus conceptos y aprendas a llevarla a la práctica.

La secta del perro: los cínicos

Sigamos nuestro recorrido por las escuelas de filosofía de la antigua Grecia y acerquémonos al grupo más punk y *underground* de toda la historia del pensamiento occidental: los cínicos. Lejos de representar lo que hoy entenderíamos con este término, es decir, alguien que actúa con falsedad, el término viene de *kynikós* —la forma adjetiva de *kyon*, 'perro'— y dio lugar a la «secta del perro», en palabras del filósofo español Carlos García Gual. Algunos estudiosos consideran que el nombre de esta escuela deriva de *Kynosarges*, 'el perro raudo', ya que este era el nombre del gimnasio ateniense en cuyas cercanías empezó a impartir sus lecciones Antístenes, fundador de la escuela y discípulo de Sócrates, en el siglo IV a. C. Sea como fuere, la realidad es que vivían como perros callejeros, y eso es digno de mencionar.

Más de dos mil años antes de que Rousseau defendiese la bondad latente en la naturaleza humana y elaborase desde ahí su crítica a las prácticas sociales —argumentando que son los excesos y errores de la vida social los que corrompen al ser humano—, los cínicos fueron no solo defensores de esta tesis, sino, además, quienes desarrollaron un modelo de vida radical orientado a purgar en nosotros las consecuencias de la vida inauténtica a la que nos empuja la sociedad.

Para la filosofía cínica —igual que para el resto de las escuelas de filosofía helenística—, la clave para la liberación del sufrimiento humano radica en la vuelta a la naturaleza. Una naturaleza de la que nos hemos desconectado y cuyos mandatos ignoramos, por hallarnos envueltos en dinámicas sociales que nos obligan a buscar metas que son contrarias a nuestro propio florecimiento.

La *hairesis* o actitud filosófica de esta escuela se centrará en la libertad, tanto de acción y de palabra como de pensamiento. Este será el eje de la vida cínica, la defensa de la propia autonomía, cueste lo que cueste. Créeme, no exagero al decirte esto, ya que, con tal de no verse atados a nada que los limitase, aceptaron una vida de indigencia. Literalmente, eran vagabundos, y lo eran por puro convencimiento. No creían en la posibilidad de codearse con la banalidad y la superficialidad sin verse afectados por ella, por lo que renunciaron voluntariamente a todo lo que hoy consideraríamos básico y se entregaron al más duro de los monacatos.

En términos actuales, tomaron la famosa pirámide de las necesidades humanas del psicólogo norteamericano Abraham Maslow y la redujeron a un mero trapecio, ya que reconocían únicamente el primer estadio fisiológico, el que es relativo a las necesidades físicas, como el alimento, el sueño o la higiene, esos placeres naturales y necesarios que defendía el epicureísmo. Para los cínicos, cualquier sacrificio que podamos asumir es mínimo en comparación con el placer de estar disponibles para la vida, de ser quienes realmente somos, de librarnos del influjo de los tejemanejes sociales que nos alejan de nuestra verdadera identidad. La ascesis vital de la escuela cínica es la apuesta filosófica más radical que encontrarás en la historia de Occidente, pero, aunque pueda resultarte excesiva, esconde una mirada tan lúcida como transformadora.

La escuela alcanzó su máximo esplendor en su segunda generación, gracias a Diógenes de Sínope, discípulo del ya mencionado Antístenes. Sí, es el mismo filósofo que da nombre a la discapacidad psicosocial conocida como «síndrome de Diógenes», cuyos afectados se ven envueltos en dinámicas de acumulación de desperdicios y abandono de su propio autocuidado. Sin embargo, como ya habrás notado, esto poco o nada tiene que ver con la figura del Diógenes histórico. Me temo que quienes bautizaron este trastorno se dejaron llevar por la estampa de alguien andrajoso, ignorando los fundamentos filosóficos que justificaban ese estilo de vida. Los cínicos jamás acumulaban nada, ya que eran conocedores de la corrupción moral que se deriva del apego a nuestras propiedades.

Por eso se contaba que Diógenes poseía solo un viejo manto para resguardarse del frío, un cuenco para beber y alimentarse —del que dicen se deshizo tras ver a un niño bebiendo agua directamente de sus manos— y una pequeña bolsa o alforja en la que guardaba algunos mendrugos de pan. Por excesivo que pueda parecernos su estilo de vida, era su propia concepción del autocuidado y desarrollo personal la que llevaba a los cínicos a ello, luego no hay rastro de abandono de sí, sino todo lo contrario.

Una de las anécdotas sobre Diógenes más comentadas refiere al momento en que su fama como filósofo hizo que el mismísimo Alejandro Magno quisiera conocerlo. El emperador lo encontró tomando el sol, y cuando este le dijo que podía pedirle lo que quisiera, la respuesta de Diógenes pasó a la historia: «Aparta, que me tapas el sol». Tal era la apuesta vital de los cínicos.

La de los cínicos compartía con las otras escuelas muchos de sus ejercicios filosóficos, pero había uno en concreto que solo ellos practicaban. Se trataba de la *athupia*, la falta de pudor, mediante la cual se lanzaban a situaciones de ridículo social, con la intención de liberarse del peso de la reputación y a la vez servir de ejemplo a sus conciudadanos, mostrando la necesidad de romper con las dinámicas enajenantes del ego, más de dos mil años antes de que Sigmund Freud, médico austriaco fundador del psicoanálisis, comenzase a hablar de ello.

La escuela cínica ofreció un camino de transformación filosófica basado en una vida desprovista de preocupaciones y deseos vanos, cultivada a través del examen personal y la austeridad radical. Un trabajo diario de diálogo interno, de purificación de creencias y deseos, en el que todo el mundo era bienvenido. Y cuando digo «todo el mundo», me refiero literalmente a todo el mundo, ya que la escuela cínica fue de las primeras en permitir el acceso a las mujeres, al entender que el requisito principal para esta apuesta de vida era la racionalidad, presente en cualquier individuo.

Gracias a esta apertura, encontramos a figuras como la de Hiparquía de Meronea, famosa filósofa cínica, no por ser esposa de Crates, también pensador cínico y discípulo de Diógenes, sino por la calidad de sus argumentaciones en debates filosóficos y su férrea defensa de la igualdad entre hombres y mujeres. De nuevo, esto sucedió más de dos mil años antes de la publicación de *Vindicación de los derechos de la mujer* (1792) de Mary Wollstonecraft, considerada la obra fundacional del movimiento feminista, con permiso de *El segundo sexo* (1949), de la filósofa francesa Simone de Beauvoir.

La duda como forma de vida: los escépticos

La cuestión de la verdad fue algo que preocupó mucho a todas las escuelas, pero a ninguna tanto como a la escéptica. Fue fundada en el siglo IV a. C. por Pirrón de Elis, filósofo griego que había viajado a la India con el ejército de Alejandro Magno y había quedado impactado con las filosofías orientales, principalmente con las de los ascetas o gimnosofistas, los yoguis. Fruto de ese mestizaje entre filosofía helenística e india nació el escepticismo. Se les llamó *skeptikós*, literalmente, por ser practicantes de la *skepsis*, la suspensión del juicio y el examen detenido sobre lo observado. Estos pensadores tomaron la duda crítica de Parménides y Heráclito y la llevaron a su estadio más radical, al desconfiar del contenido de nuestros sentidos y, a su vez, renunciar a la posibilidad del conocimiento de la verdad, lo que anticipó la duda hiperbólica de Descartes.

Su práctica principal fue la *epochê*, el desapego de todo discurso filosófico, aunque esto suene paradójico por el hecho de ser en sí mismo un discurso filosófico.

Su enfoque terapéutico se basaba en la suspensión del juicio, ya que consideraban que tomar por verdad lo que no lo es y vivir en una incertidumbre constante es causa de frustración y sufrimiento. Por eso defendían la posibilidad de una vía contemplativa en la que afirmar la vida no implicaba comprenderla ni conocer nada concreto sobre ella.

Se cuenta que Pirrón llevó su doctrina al absurdo, e incluso llegó a necesitar la ayuda de sus amigos para las actividades cotidianas, al no dar jamás crédito a sus propios sentidos. Sin embargo, más allá de estas cuestiones —más anecdóticas que filosóficas—, la importancia del escepticismo radica en su invitación a reflexionar sobre el impacto de las creencias erróneas en nuestra vida, lo que a su vez esboza la posibilidad de una existencia sin certezas. Quizá no necesitemos conocerlo todo para ser felices, o sabios, sin que ello implique una apología de la ignorancia.

Su receta para la tranquilidad del alma será la descripción neutral de la vivencia, teniendo cuidado de no añadirle nada que no pueda ser demostrado. Experiencia desnuda de realidad, contemplativa y no reflexiva —o reflexiva en un sentido deconstructivo—, que busca reinstaurar el equilibrio natural que el ser humano perdió cuando comenzó a abrazar dogmas y otros marcos teóricos erróneos que lo alejaron de la vida y del contacto directo con la misma.

Un platonismo diferente: la Academia de Arcesilao

Otra escuela que merece una mención especial es la Academia de Platón. Al pensar en este autor puede que te vengan a la cabeza sus *Diálogos*, en los que encontramos a un Sócrates volcado en largos debates —que más bien parecen monólogos—, con la intención de depurar los conceptos utilizados hasta el punto de lograr conectar con las ideas que vertebran la realidad. Sin embargo, Platón defendió que la filosofía debía ser, ante todo, una preparación para la muerte. La dialéctica platónica era mucho más que una actividad lógica, ya que lo que esas obras representaban eran la entrega total de los interlocutores a la búsqueda de la verdad, su inclinación a desprenderse de toda creencia errónea y su compromiso de vivir según el *logos* o razón. Por ello, la propia filosofía platónica ya implicaba, por sí misma, un esfuerzo constante de acercamiento a la vida filosófica.

Su identificación con la filosofía médica fue total cuando la dirección de la Academia se le encomendó a Arcesilao en torno al siglo III a. C. Este reformuló todo el plan de estudios, que hasta la fecha había sido eminentemente teórico, y lo orientó a la práctica de la elección vital socrática (empapada de escepticismo, por otra parte). De nuevo, el diálogo filosófico por excelencia volvió a ser el diálogo interno.

La confianza socrática que todas estas escuelas compartían —la tesis de que todo individuo es bueno por naturaleza y, si hace el mal, se debe a que lo considera erróneamente un bien— permitió en este caso el desarrollo de todo un programa centrado en el florecimiento de las virtudes humanas. Reconocieron en el sujeto una capacidad de decisión digna del existencialismo del siglo XX, y dejaron caer sobre él el peso de sus decisiones, además de entregarle la responsabilidad de gestionar su propia vida. Filosofía como arte de vida en su máximo esplendor.

La vida teorética de los aristotélicos

Si entráramos a alguna de las clases de Aristóteles en su Liceo, no tardaríamos en percatarnos de que, a pesar del volumen y la complejidad teórica de sus obras, en ellas latía una auténtica invitación a la vida filosófica. No te dejes engañar por los seis tomos de su *Lógica*, o los catorce libros de la *Metafísica*, ya que toda la filosofía aristotélica se orienta al *bíos theoretikós*, la vida teorética, en cuyo estudio el filósofo aprende a liberarse de las preocupaciones cotidianas y a gestionar sus emociones mediante la elevación de su pensamiento. De nuevo encontramos que la contemplación es el objetivo del sabio, la captación de la realidad tal cual es, una mirada reservada aquí a la divinidad, pero cuyo cultivo supone la transformación constante del aprendiz.

La ética aristotélica ofrece toda una compleja teoría de la praxis, de la elección racional, que allana el camino para la vida filosófica y facilita la renovación del compromiso vital que exige el cultivo de la sabiduría. Es así como Aristóteles nos regala sus directrices para el despliegue de la *proaíresis*, el ejercicio de un pensamiento libre, encaminado hacia la virtud, que permite el máximo desarrollo del potencial humano.

Ser el promontorio contra el que chocan las olas: el estoicismo

Llegamos así a la última parada en nuestro viaje por las escuelas de filosofía helenística. Prepárate para refugiarte del calor ateniense bajo la Stoa Poikile (en castellano, «pórtico pintado»), el lugar donde comenzaron las lecciones de los que, en mi opinión, han sido los pensadores con la propuesta filosófica más lúcida, profunda y versátil de todo el periodo clásico: los estoicos.

Puede que te suene el término por algún vídeo inspiracional que alguien te haya enviado, en el que un *coach* musculado y extremadamente motivado, te explicase con contundencia ideas de superación personal que poco o nada tienen que ver con esta filosofía. Es lo malo de que algo se vuelva conocido, el sistema acaba absorbiéndolo y, en vez de divulgarse, se vulgariza. Sin embargo, te aseguro que, más allá de sus posibles malos usos, el estoicismo es una filosofía muy cuidada, repleta de herramientas para atravesar nuestras crisis existenciales, a pesar del paso de los años.

En el siglo IV a. C., Zenón de Citio, un comerciante de origen fenicio, procedente de lo que hoy es Chipre, se dedicaba a su actividad profesional, el comercio. Su historia sería muy común en nuestra época. Había heredado el negocio y dedicaba su vida a él sin darse la oportunidad de preguntarse qué es lo que realmente quería hacer con su vida. El emprendimiento crecía y requería cada vez más tiempo y preocupaciones. Lo normal.

Sin embargo, en torno al 312 a. C., su barco sufrió un naufragio frente a las costas de Atenas. Zenón logró llegar a la playa, se sentó en la orilla y vio cómo su única forma de vida se hundía en el mar. Quedó devastado, aunque surgió en él una pizca de consciencia. Comenzó a preguntarse si tenía sentido que su serenidad interior dependiese de elementos externos, como las propiedades o el dinero. Se sintió vapuleado por las circunstancias y consideró que no podía seguir viviendo en esa intemperie moral. Vagó por las calles de Atenas y en una librería encontró los *Recuerdos de Sócrates,* la obra en la que Jenofonte ensalza la figura de Sócrates. Supo que esa era la clase de maestro que necesitaba y preguntó al dueño dónde podía encontrar personas así. En ese preciso momento Crates de Atenas —el filósofo cínico, marido de Hiparquía— pasaba por allí, el librero le señaló y Zenón salió tras él, dispuesto a dejar atrás su vida de empresario y a entregarse al arte de la filosofía.

Han pasado demasiados siglos desde este evento como para saber con exactitud cuántos adornos se han ido colocando a la anécdota. Probablemente muchos, aunque, en el fondo, no es nada relevante. Lo que sí lo es, es que esta experiencia llevó a Zenón a embarcarse en años de estudio y práctica filosófica, que desembocaron en la creación de su propia escuela. Una corriente que defenderá, tal y como experimentó su fundador, que es posible superar cualquier adversidad y hacer de ella un motor de cambio y transformación personal.

Zenón inició un movimiento espiritual —como lo denominó el filólogo alemán Max Pohlenz— que difundiría sus enseñanzas durante más de cinco siglos e influiría profundamente en el humanismo, la filosofía moderna y contemporánea, así como en la psicología actual. ¿Su propuesta? El hecho de que entrenarnos en el despliegue de la racionalidad que nos constituye, y que a su vez vertebra el universo, nos hará trascender todo sufrimiento. El estoicismo nos invita a afirmar la vida incluso en las peores circunstancias, recordándonos nuestra capacidad para asentir lo que nos ocurre e ir más allá de los eventos cotidianos. Nos muestra que la realidad es como es y que, afortunadamente, disponemos de todo cuanto necesitamos para vivir en coherencia con nosotros mismos y con la existencia.

Cómo convertirse en un estoico

El desarrollo filosófico que el estoicismo nos propone para tan elevado fin se basa en el cultivo de tres disciplinas internas, aplicadas al juicio, el deseo y la acción, respectivamente.

La disciplina del juicio —también conocida como «disciplina del asentimiento»— es la encargada de lograr que todo cuanto ocurra en nuestro pensamiento lo haga de forma armoniosa con la realidad. Nos adiestra en el acto de tamizar nuestros juicios, para que comprendamos cómo se forman y así podamos intervenir en ellos. Su objetivo será la *phantasia kataleptike* o representación adecuada.

Según la epistemología estoica, la percepción es un proceso mediante el cual los objetos externos impactan en nuestra sensibilidad a través de las sensaciones (*aisthesis*) y producen una imagen interna (*phantasia*) de los mismos. Dicho esto, la tarea de la disciplina del asentimiento será encargarse de que el juicio que se deriva de nuestras experiencias cotidianas sea el más adecuado, es decir, que no añada ni sustraiga nada a lo percibido. Como ves, el compromiso estoico con la verdad es casi una cuestión científica.

Para el estoicismo, no importa lo que ocurra a nuestro alrededor, ya que no puede afectar a lo que somos. Esto, lejos de suponer una invitación a la enajenación mental, viene presentado como el mayor de los empoderamientos humanos. Marco Aurelio, famoso emperador romano y autor de las *Meditaciones*, considerado uno de los últimos grandes estoicos, nos dirá que esta inmunidad se debe a la actividad del *hegemonikon*, el principio rector del pensamiento, sede de nuestra más pura identidad, en la que reside tanto lo que somos como lo que nos posibilita serlo, nuestra libertad.

Para proteger esa «ciudadela interior», como también la denominó, deberemos atender a los juicios de valor que, presentes en nuestro discurso interno, obstaculizan el libre ejercicio del *hegemonikon*. Juicios sobre aquello que consideramos que no debería ocurrir, que está de más en el mundo, que necesitamos y no tenemos, que tendría que haberse dado de otra forma... Para el estoicismo representan preferencias que imponemos a la realidad y con lo que tratamos de diseñarla, en vez de acogerla.

Así, la disciplina del asentimiento buscará la desnudez de lo real para captarla en sí misma. Reconocer la realidad tal cual es, sin ningún tipo de aderezo personal que deforme su silueta natural. Solo así queda garantizada la autonomía del discurso interno. Una libertad que no debe usarse para inventarse la realidad, sino para profundizar cuanto sea posible en lo que nos rodea. Aquí encontramos uno de los indicios del vitalismo estoico: la idea de que no hay mayor gozo al que podamos aspirar que sea comparable al que la sabiduría nos ofrece cuando contemplamos la realidad en sí misma. Es decir, que el hecho de ver las cosas tal y como son, y afirmarlas bajo la forma en que se nos presentan, puede llegar a ser una fuente inagotable de placer.

Una experiencia estética que entronca con lo metafísico, ya que esa belleza de lo real que nos invitan a captar los estoicos emana a su vez de la propia realidad. Según el estoicismo, la vida siempre nos va a ofrecer más verdad y belleza que la que nos muestran nuestras preferencias y cavilaciones, por lo que la entrega a la vida filosófica dejará de verse como un camino de sacrificio, para reconocerlo como la vía directa al más auténtico de los placeres. Aquí es donde Epicuro y Zenón se dan la mano.

Fieles a su herencia socrática, los estoicos consideraron que el ser humano siempre tendería a su propio bien. Sin embargo, entendieron que las personas no siempre estamos en la mejor disposición para saber cuál es nuestro auténtico bien. De hecho, es fácil que nos encontremos persiguiendo cosas que en el fondo no hacen más que dañarnos y alejarnos de lo que somos. Para evitar este fenómeno, el estoicismo desarrolló la disciplina del deseo. Su eje principal será el desapego —lo cual acerca de nuevo esta práctica a la filosofía budista—, ya que consideraron que la causa principal de sufrimiento es el apego, el sentir que necesitamos vivir experiencias que, en el fondo, no son necesarias para nuestra felicidad.

Indiferencia hacia lo indiferente: la cual no nos llevará al pasotismo, sino al amor por lo real. Es cierto que el estoicismo consideró que todo en la realidad estaba diseñado por la providencia, por lo que les resultaba más fácil confiar en la vida; así sucede cuando sientes que tras ella hay un Dios elaborándolo todo a tu medida. Sin embargo, como veremos en el capítulo seis, no es necesario creer en ninguna divinidad o diseño inteligente del universo para afirmar y celebrar la vida con absoluto convencimiento.

Tanto es así que el nivel máximo de la disciplina del deseo lo encontramos en lo que Nietzsche —que no era muy amigo de la religión que digamos—, inspirándose en el estoicismo, denominó *amor fati*, el amor al destino, a los hechos, la voluntad de querer cuanto ocurra por el mero hecho de que ha ocurrido, dejando a un lado preferencias personales y otros anhelos individuales. Así se conjuga vida y alegría de vivir, al margen de lo que vertebre la realidad.

Hasta ahora, todo lo dicho ofrece una imagen bastante quietista del estoicismo, que podría hacernos pensar que es una filosofía estrictamente meditativa, pues se despliega en nuestro interior, aparentemente sin devolver nada al mundo. Sin embargo, se trata de todo lo contrario. El estoicismo tuvo un claro propósito social, ya que el objetivo del crecimiento personal era convertirnos en mejores ciudadanos: personas lúcidas y sabias al servicio de su tiempo y de las necesidades de sus congéneres. De hecho, las dos disciplinas ya mencionadas no son más que la preparación para una tercera, la de la acción. Si la disciplina del asentimiento buscaba la vigilancia sobre nuestros propios juicios, con el fin de preservar nuestra libertad interior, y la disciplina del deseo nos invitaba a calibrar nuestro apetecer para que coincidiese con lo que ocurre, la disciplina de la acción será la encargada de extender la coherencia entre pensamiento, aceptación y deseo, para proyectarla sobre el mundo.

La disciplina de la acción recoge los beneficios procedentes tanto de los juicios conscientes como de las inclinaciones elevadas, para orientarnos al bien común —que también será el nuestro—. Buscará la *kathekonta*, la acción adecuada, guiada por la virtud y coherente con el todo. Una acción adecuada será todo acto virtuoso que se realice desde la consciencia del momento presente, desde la intensidad del instante, sabedora de que podría ser la última. Y es que, en el estoicismo, la conciencia de la muerte no es el preludio de la depresión, sino la mayor de las razones para vivir nuestra vida.

La acción adecuada es aquella que calibra la expresión del sujeto y lo lanza al mundo. No importa que nos sorprenda la muerte, ya que, cuando la intención moral es la adecuada, ninguna acción queda incompleta, pues actuar bien es un fin en sí mismo. Así, el estoico es capaz de enrolarse en toda clase de proyectos vitales, practicando el desapego de los mismos y siendo en todo momento quien realmente es, estando a su altura existencial.

El estoicismo fue consciente de que la vida está repleta de fracasos. Golpes que duelen, nos hunden y nos impiden seguir adelante cuando no somos capaces de encajarlos. Sin embargo, para esta escuela, la posibilidad del desastre no es razón para no intentarlo. El sabio estoico transita su vida paso a paso, concatenando acciones adecuadas, sin dejarse desviar por falsas representaciones de la vida ni por inclinaciones banales. Siempre disponible para la existencia, dispuesto a recibir lo que esta le traiga, comprometido con ser, ni más ni menos, quien realmente es. Poco importa el fracaso, el triunfo o el éxito cuando entregamos nuestra vida a la acción ética.

Con la visita a mi escuela de filosofía favorita, cerramos este recorrido por las diferentes enseñanzas de la Grecia clásica. Aunque he reservado algunos conceptos de estas escuelas para presentártelos en el momento exacto en el que nuestra travesía por las crisis existenciales lo requieran, espero haberte hecho ser consciente de la enorme abundancia de herramientas que estos autores desarrollaron para nosotros. Poco a poco irás viendo la vigencia y la actualidad de sus planteamientos, conforme avances en la comprensión de tu vida y reconozcas el valor y la utilidad de todo lo dicho. Ojalá sientas entonces la necesidad de saber más sobre ellos sin intermediarios, y te acerques a la sección de bibliografía del final del libro para lanzarte a sus obras. Te aseguro que no te dejarán indiferente.

Sin embargo, hemos dedicado mucho tiempo a hablar de las filosofías de otros, y es momento de que comiences a comprender la tuya propia. Puede que no lo sepas, pero hay una teoría filosófica en ti que llevas años elaborando, que explica cuanto te ocurre y que te hace experimentar la vida a partir de sus conceptos, aunque ahora quizá no sepas de qué te estoy hablando. Por ello llegó la hora de que comprendas lo que ocurre en ti, cómo funciona tu pensamiento, tu experiencia del mundo, para que puedas intervenir en ella e iniciar tu particular camino de sabiduría. Es el momento de que conectes con tu propia filosofía personal. Así que te pregunto: ¿eres consciente de la sabiduría que hay en ti?

EN CONSULTA

La sabiduría que nos libera del sufrimiento

Marco siempre tuvo clara la importancia de vivir según unos valores éticos sólidos. Su trabajo en una compañía multinacional le encantaba, pero cada vez era más consciente del maltrato que sufrían tanto él como sus compañeros. Como no sentía que sus jefes se preocupasen al respecto, optó por unirse a uno de los sindicatos mayoritarios. Sabía que su decisión no sería del agrado de sus superiores, pero consideró que era un imperativo moral que debía seguir.

En el entorno sindical encontró a personas con su mismo compromiso, pero también a muchos otros que estaban allí de forma instrumental e individualista, buscando conseguir un puesto vitalicio, totalmente ajenos a la lucha por los derechos laborales. A pesar de su frustración por tener que codearse con estos perfiles, su buen hacer le permitió ir ganando la confianza de los afiliados y, finalmente, salir victorioso junto a su equipo para un puesto electo en uno de los departamentos de la directiva. Sabía que, aunque no tenía la capacidad de sanear la organización, podría pelear contra la corrupción y la mediocridad que consideraba estaban corroyendo el único órgano capaz de proteger a los trabajadores.

Tras varios años de luchas, llegó a mi consulta sintiéndose abatido. Todos y cada uno de los esfuerzos por una gestión ética habían sido objeto de campañas de desinformación, que llegaban incluso a lo personal. Sus detractores no conocían límites, y lograron que muchos de sus compañeros lo identificasen con aquello que pretendía combatir: un sindicalista corrupto. Debido a su compromiso ético, esto le resultó devastador.

¿Es posible seguir adelante cuando te han derribado aquellos a los que pretendías vencer? ¿Cómo puedo vivir cuando he sido calumniado, y mis compañeros piensan que les he traicionado y me he convertido en aquello contra lo que me levanté?

En la sabiduría antigua encontramos las claves para afrontar este reto. Sócrates y los suyos estaban convencidos de que no podemos juzgar la carga ética de una acción por sus consecuencias, sino por la intención moral que le sirve de guía. Así, solo aquello que pretendemos conseguir puede utilizarse para evaluar nuestra conducta.

Marco llegó al sindicato para cambiar las cosas y acabó pagando un precio personal muy alto. Desde luego, fue necesario un trabajo profundo de clarificación mental y gestión emocional, ya que la situación era muy dura. Sin embargo, construimos un camino en el que pudo cobijarse en la altura moral de sus actos. A pesar de las habladurías, él iba a ser un ejemplo inspirador para cualquiera que se acercase a conocer la verdad de lo ocurrido. La realidad es que Marco entró dispuesto a pelear por los derechos de sus compañeros, y así lo hizo. Nada más importa. Toda la adversidad que se vio obligado a enfrentar le llevó a un sendero de aceptación del que aprendió mucho. Es duro no recibir el merecido reconocimiento tras tanto esfuerzo, pero comprendió que no podemos depender de algo así para hacer aquello que sentimos es justo. Entendió que es mejor orientarnos por nuestros valores, antes que por la imagen que los demás tienen de nosotros.

Marco reconoció un problema en su sociedad y se convirtió en parte de la solución. Quiso acabar con ello, pero tuvo que aprender a cultivar la paciencia, ya que el camino resultó ser más largo de lo que esperaba. Sin embargo, logró conectar con una satisfacción profunda por sus actos y se vio capaz de sostener nuevos aluviones de críticas infundadas. Aunque al principio se mostraba convencido de renunciar a su puesto antes del fin del mandato y de abandonar el sindicato para siempre, pasadas varias sesiones decidió que, tras un periodo de merecido descanso, volvería a preparar una nueva candidatura, esta vez a un puesto de mayor responsabilidad —a pesar de que ello implicase ser objeto de nuevas difamaciones.

Había mucho por lo que luchar, y se sentía con fuerzas para seguir volcando su inteligencia y energía en ello.

3
LA SABIDURÍA QUE HAY EN TI

> Seamos o no conscientes de ello, todos tenemos una filosofía propia que no vale gran cosa. Sin embargo, su impacto sobre nuestras acciones y vidas puede llegar a ser devastador, lo cual hace necesario tratar de mejorarla mediante la crítica.
>
> KARL POPPER

Es el momento de mirar dentro de ti. De que te detengas un momento y observes cómo funciona tu pensamiento, para que logres comprender justo eso, la forma en que comprendes todo. Suena engorroso, pero no lo es. Para el cultivo del autoconocimiento es fundamental la introspección, y esta exige que abordemos el contenido de nuestras creencias, emociones y juicios, pero también su forma de engranarse en nuestra cosmovisión. Necesitas saber cómo entiendes el mundo, para después intervenir en ese proceso y orientarlo hacia una comprensión más profunda de la vida. Puede que este sea el capítulo del libro que te resulte más teórico, pero para el reto que nos proponemos es importante que dispongas de toda la información. No desesperes, verás cómo iremos cogiendo ritmo.

Lo primero que necesitas saber es que todos tenemos nuestra propia filosofía, una forma concreta de comprender el mundo. Por muchas corrientes filosóficas que pueda haber, cada una con sus definiciones y concepciones sobre qué es la filosofía, en el fondo, todas remiten a lo mismo. Al final, la filosofía es eso, una forma concreta de explicar la realidad, y te aseguro que hay muchas formas de hacerlo. ¿Cuántas? —te preguntarás—, ¿tantas como filósofos y filósofas hay y ha habido en el mundo? No, muchas más. Diría que tantas como personas han existido en el planeta. Ha habido tantas filosofías como individuos han afrontado el reto de vivir y de comprender qué era eso en lo que estaban inmersos, la vida, y de entender cuál era su papel en todo ese tinglado. Cada ser humano que ha vivido y se ha preguntado por ello ha creado una filosofía propia, singular e irrepetible. Filosofar es inevitable, algo intrínseco a la experiencia humana. Vivir también es preguntarse o, al menos, tratar de hacerlo.

Dentro de ti hay todo un conjunto de teorías metafísicas, ensayos éticos, tratados lógicos... a los que probablemente no tengas acceso ahora mismo —ya que, si te pregunto por ellos, puede que no sepas qué responderme—, pero que te aseguro que están ahí, operando, dando sentido a tu mundo y definiendo sus límites.

Hay filosofías —en tanto que sistemas de pensamiento, con sus principios, conceptos y desarrollos propios— mejores que otras. Algunas son capaces de explicar cuanto ocurre de forma precisa y, a su vez, mantienen intacta su capacidad de asombro, de cuestionamiento, y muestran una voluntad de derrumbar sus principios, de ser necesario, para construir otros nuevos. Esas son las buenas filosofías, las que se adhieren a la vida y nos abren a ella. Sin embargo, hay filosofías peores, que niegan todo aquello que sus conceptos no logran explicar, y se cierran al aprendizaje y la adaptación. Así, bloquean cualquier posibilidad de apertura ante lo nuevo. Son teorías que sesgan la vida, que la coartan, que la limitan a una escueta parcela de sí misma.

Por algo Sócrates nos alertó de que «una vida sin examen no merece ser vivida». Si todos tenemos una filosofía interior, es algo urgente conocerla y mejorarla, ya que de ella dependerá nuestra experiencia del mundo. Nuestra filosofía interna va a moldear la capacidad que tenemos para comprender lo que nos rodea, pero también va a definir el contenido de nuestras emociones, los valores que nos impulsarán, los juicios con los que amaremos o rechazaremos lo que vivimos, etc. Si todo ello reside en nuestra cosmovisión personal, en la imagen que tenemos interiorizada del mundo, está claro que debemos volcarnos en ella para desarrollarla, y así mejorar nuestra forma de pensar y de vivir. Como ves, aunque parecía que habíamos dejado atrás el esfuerzo filosófico de las escuelas helenísticas, en el fondo seguimos caminando una senda de compromiso con la sabiduría.

En este capítulo vamos a profundizar en la idea de cosmovisión o filosofía personal, explicando cuáles son sus principios rectores y cómo operan sus dinámicas de funcionamiento, con una doble finalidad. La primera es que seas capaz de comprender cómo funciona tu propia comprensión existencial, que entiendas los matices de tu experiencia del mundo, del acto de explicar y dar sentido a cuanto te ocurre, para que seas testigo de cómo se forman en ti esas creencias, juicios, emociones y valores que definen tanto los límites de tu mundo como la experiencia que tienes del mismo.

La segunda será que, una vez que hayas integrado todo esto, dispongas de herramientas para comenzar a examinar y mejorar tu propia filosofía personal, ampliando las fronteras de tu realidad y empezando a sentir el aroma de la sabiduría, de esa vida diferente, más profunda y consciente, que desde hace tiempo sientes que es posible, pero que no siempre logras ver con claridad.

Lo que crees define tu realidad

Comencemos con el elemento más nuclear de nuestra vida mental. Una creencia es una porción de pensamiento que pretende ser un fiel reflejo del mundo. Cada creencia trata de caracterizar, con el mayor nivel de precisión posible, la porción de realidad que representa. Creer algo es, en cierto sentido, afirmar algo sobre el mundo. Cuando decimos «el cielo es azul», no estamos tratando de expresar una opinión. Al contrario, pretendemos señalar una propiedad objetiva del mundo, decir que algo es de una determinada manera, la cual queda perfectamente definida en nuestra creencia. Por mucho hincapié que esté poniendo sobre la importancia de conocer y revisar nuestras creencias en torno a la vida, o quiénes somos, no creo que logre remarcarlo lo suficiente. Cuesta llegar a comprender el enorme impacto que las creencias tienen en nuestro discurso interno y en la experiencia del mundo que este construye. Se trata de una tarea específicamente filosófica y, desde luego, no soy el primero en darme cuenta de ello.

El propio Platón ya nos advirtió de esto. En la *República* y en el *Menón* nos habló de la diferencia entre *doxa* y *episteme*. La *doxa* es la opinión basada en la percepción sensible, fruto de nuestras interpretaciones cotidianas y, por tanto, bastante falible. En nuestro día a día forjamos opiniones sobre multitud de cuestiones, que pueden ser más o menos ciertas, ya que suelen heredar los límites de nuestro pensamiento. Frente a la *doxa*, Platón situó la *episteme*, un conocimiento verdadero, capaz de atravesar la realidad y captar la idea pura que subyace a ella. De esta forma, fue de los primeros en señalar tanto las limitaciones de nuestra experiencia como el precio a pagar si no nos comprometemos con la tarea de estar constantemente disponibles a lo que la realidad pueda mostrarnos.

Para John Dewey, filósofo y psicólogo estadounidense, las creencias no son meros constructos teóricos, entidades internas capaces de coexistir sin contacto con la realidad. Al contrario, consideró que la creencia estaba directamente relacionada con la acción. Lo que pensamos sobre nuestro entorno define y moldea nuestra interacción con el mismo. De hecho, las creencias se forjan en ese diálogo. Son hipótesis que adoptamos para tratar de comprender el mundo, que ponemos a prueba día a día, de una forma más o menos eficiente.

Nuestro sistema de creencias representa el *software* que atribuimos a la realidad. Una representación, a escala mental, del universo al completo. Literalmente, creemos que la realidad encaja a la perfección con ella. Para nosotros, no hay mundo más allá de nuestro sistema de creencias. Todo lo que no esté incluido en él no existe. Para alguien que no cree en Dios, todas las religiones, teologías y grupos de creyentes se enfocarán en algo que no existe. Puede que otros crean en ello y que, por tolerancia, respete su creencia, pero nunca llegará a pensar que su fe refiere una porción real del mundo.

De igual forma ocurre con aquellos que niegan el cambio climático, por ejemplo. Su sistema de creencias no es capaz de reconocer los patrones que muestran el impacto del ser humano en la naturaleza, lo que les lleva a rechazar los argumentos de cualquier discurso ecologista por considerarlo falso, carente de verdad. Todos damos por hecho que las cosas son tal y como nosotros las creemos porque, de no ser así, ¿cómo íbamos a creer en ellas?

Por ello, las deficiencias en nuestro sistema de creencias conllevarán limitaciones en nuestra experiencia del mundo. Las consecuencias de esto no son solo teóricas, sino también existenciales. Como ya nos advirtió Protágoras con su sentencia del *homo mensura*, la creencia es la medida de toda experiencia. Es la que define su cadencia, melodía y aroma. Es la que decide si algo nos gusta o nos disgusta, si merece o no formar parte de la vida. Las creencias moldean nuestra relación afectiva con la vida. No solo vemos según lo que creemos, sino que sentimos según lo que creemos. Por ello, ahora es momento de que veas cómo tus emociones están dirigidas por tus creencias y las vías de las que dispones para intervenir en ellas.

Experimentamos a través de las emociones

Históricamente, las emociones se han entendido como el opuesto de la razón. Sin embargo, hoy sabemos que es totalmente inviable tratar de comprender nuestra vida interior desde el convencimiento de que estos conceptos son antagónicos. De hecho, ni siquiera podemos decir que razón y emoción sean dos caras de la misma moneda, ya que la razón es profundamente emocional, así como la emoción es racional en su núcleo. ¿Cómo lo sabemos? Porque, de lo contrario, no podríamos comprender ni alterar el contenido de nuestras emociones.

Y claro que podemos. Esta es la premisa que moviliza toda la terapéutica helenística en general, la filosofía estoica en particular y la multitud de modelos psicoterapéuticos contemporáneos que se derivan de ellos, como el de la psicología cognitiva o la terapia racional emotivo conductual. Obviamente, también los diferentes enfoques de asesoramiento filosófico comparten esta intuición.

La huella de la racionalidad en las emociones radica en las creencias que la vertebran. Sentir una emoción es tener creencias sobre el mundo. Las emociones no son meros sentimientos, sensaciones físicas que se limitan a informarnos sobre el estado de nuestro cuerpo. Tampoco son simples estados de ánimo. Lo que define el carácter de la emoción es la creencia que la provoca, ya que esta inicia la cadena causal que da lugar a nuestra experiencia.

Puede que, en tu día a día, sientas que la emoción es algo que antecede a la creencia, ya que te ves sorprendido por toda clase de sentimientos antes de que puedas ser consciente de ellos. De esta forma, creerás que no tienen relación con tu pensamiento, porque no las «has pensado» a propósito. Sin embargo, un mínimo ejercicio de autoconocimiento y escucha interna te hará ver que tu reacción emocional se basa, y ha sido provocada, por un juicio o creencia que se ha puesto en funcionamiento en ese momento.

Quizá te cueste conectar tu emoción con la comprensión que la impulsa, sobre todo porque a veces son nuestros sistemas de defensa internos los que lo impiden, como comprobaremos más adelante. Pero verás que, con la práctica, irás adquiriendo la destreza necesaria para protagonizar este pequeño cuestionamiento socrático, que te llevará de la emoción que estás sintiendo al discurso interno que la provoca.

«Una emoción remite a lo que significa. Y lo que significa es la totalidad de las relaciones de la realidad humana con el mundo.» Con esta sentencia, el filósofo existencialista francés Jean-Paul Sartre nos advertía de la profunda conexión de la emoción con la vida. La realidad es demasiado compleja como para comprenderla desde el pensamiento conceptual. Por supuesto, las emociones cumplen un papel evolutivo, social y adaptativo innegable, pero no me refiero a eso. Lo importante aquí es que comprendas la fuerza existencial de tus emociones, su capacidad para proyectar tus juicios y creencias en el mundo y hacerte interactuar con él a partir de ellas. La comprensión profunda requiere de la capacidad de afección: comprender la vida exige que nos veamos afectados por ella, y ahí entran las emociones.

Las emociones son la forma afectiva que tenemos de relacionarnos con el mundo. Son la herramienta que utilizamos para sumergirnos en la experiencia, para conmovernos con ella. La emoción nos saca de la teoría mental, encarnando la creencia, somatizándola, haciéndola algo propio que nos impacta. Cada emoción nos impulsa de un modo diferente a la acción. Si nuestro sistema de creencias define las reglas del juego, nuestras emociones propondrán una estrategia para jugar la partida.

Tradicionalmente, hemos considerado que las emociones eran un filtro a través del cual veíamos el mundo. Así, hemos creído que, cuando estamos tristes, «proyectamos» nuestra tristeza al mundo, haciéndolo más triste de lo que es. También, que cuando estamos alegres, «maquillamos» el mundo con nuestra alegría y le otorgamos una belleza que, en realidad, no le pertenece. Podría poner más ejemplos, pero en todos ellos ocurriría lo mismo: la emoción se concebiría como un impulso irracional que nos aleja de una percepción objetiva, neutral, científica, de la realidad. Sin embargo, esta visión es muy limitada, y nos impide comprender la fenomenología emocional que nos impulsa en el día a día.

Sin duda, en toda la historia de la filosofía, quien más ha aportado a la comprensión fenomenológica de la experiencia humana ha sido el filósofo alemán Martin Heidegger. En su obra *Ser y tiempo* (1927) nos ofreció una mirada a la afectividad en clave existencial. Según él, cada emoción nos abre a la realidad de una forma diferente y única. Al definir las emociones como «estados afectivos», defendió que cada una de ellas nos revela una verdad del mundo a la que no podríamos acceder sin su participación.

Por ello, en la tristeza no decoramos el mundo con nuestra pena, sino que alcanzamos la disposición necesaria para captar la tristeza del mundo, lo triste de él, para vernos afectados por ella. De igual manera ocurre con la alegría, el estado afectivo que nos capacita para percibir lo alegre del mundo. Con ella no maquillamos la realidad, y la llenamos de una belleza y fulgor ajenos a ella. Al contrario, es justo el estado afectivo de la alegría el que nos permite percibir la verdad de ese hecho, la presencia auténtica de lo alegre en el mundo, que antes nos estaba vedada y ahora se nos muestra clara y distinta, gracias a nuestra emoción. Podría hablarte ahora de lo que Heidegger consideraba que se mostraba en el aburrimiento, o la angustia, pero me lo reservo para la segunda parte del libro, por su valor para comprender los factores emocionales de nuestras crisis existenciales.

Las emociones nos insertan en la vida. Son el puente experiencial que une lo que somos con la vida que habitamos. El acontecer en nosotros de cada emoción nos permite preguntarnos: «¿Con qué fenómenos del mundo me conecta esta emoción?, ¿a qué me abre?, ¿qué me impide ver?, ¿qué dice de mi sistema de creencias?». Todo ello se produce gracias a su profundo significado. Cada experiencia emocional posee una resonancia que, como si de un sónar se tratase, nos permite asomarnos a los recovecos de esas partes íntimas a las que la mirada no siempre puede acceder y nos da la oportunidad de conocernos mejor.

Así, el contacto emocional con la vida la vuelve bidireccional. Por una parte, nos abre a diferentes espacios de la realidad, con los que solo podemos conectar de forma afectiva. Por otra, nos permite captar fragmentos de nuestra filosofía personal, en la medida en que esta se muestra en nuestra experiencia bajo la forma de creencias, apegos, rechazos, inquietudes, preferencias, etc.

Juzgamos la vida

Si antes veíamos la importancia de la creencia, por su capacidad para definir la realidad y generar una experiencia emocional al respecto, ahora necesitamos atender al papel de los juicios para entender su movimiento interno. Nuestra forma de comprender es hermenéutica. Esto significa que es mayoritariamente interpretativa.

Juzgamos constantemente. No lo tomes como una crítica, ya que es sencillamente un hecho. Nos pasamos la vida juzgando porque no podemos evitarlo. No me refiero a los juicios que hacemos sobre aquello que rechazamos de forma prematura, sino sencillamente al movimiento interno de evaluación que se produce ante cada estímulo que recibimos. Es difícil vivir sin juzgar, aunque ello no tiene por qué llevarnos a la intolerancia, sino más bien a todo lo contrario, siempre y cuando adoptemos el hábito de someter nuestros juicios a examen.

Para que se genere un juicio necesitamos una creencia sobre el mundo y una interpretación determinada sobre cómo nos afecta. Toda creencia, emoción y juicio son autorreferenciales, y se dan en un plano en el que el yo se coloca en el centro. Así, cada experiencia toma la forma de un «para mí», de ese eje referencial desde el que experimento todo. No es que nos sintamos el centro del mundo, es que nuestra experiencia fenomenológica requiere que así sea. No podemos evitar ser protagonistas de nuestra vida, ni que nuestras emociones evalúen lo que significa para nosotros aquello que vivimos.

Si un juicio está equilibrado, nos abrirá a la vida. Para ello será necesario que se base en creencias verdaderas, que a su vez provocarán emociones adecuadas que nos conectarán afectivamente con la experiencia. Cuanto más erradas sean las creencias de nuestros juicios, más nos alejarán de la vida. ¿Recuerdas lo que te conté en el capítulo anterior de la contemplación del sabio y de cómo este alineaba su pensamiento y emoción para conectar con la realidad? Pues es esto mismo a lo que debemos aspirar.

Cambiar el diálogo interno

De momento nos hemos adentrado en el funcionamiento de la filosofía personal, para que empieces a ver su operatividad y puedas examinarla y encauzarla de forma activa. Sin embargo, entender la dinámica de este discurso interior exige subir un peldaño más y preguntarnos por la experiencia del yo. No se trata solo de captar cómo se da nuestra experiencia del mundo, sino también a quien la vivencia. Atisbar eso que somos, desde donde se atestigua todo lo descrito anteriormente. Esbozar esa «conciencia testigo» de la que tantas tradiciones filosóficas y espirituales hablan, y hacerla asequible a nuestra comprensión. Aunque en este capítulo no aspiraremos a comprender el *qué* somos —para ello es mejor que leas a Nisargadatta, por ejemplo—, sí trataremos, al menos, de reconocer *cómo* lo vivimos.

Seguramente te habrás preguntado muchas veces quién eres. Es una de las grandes preguntas de la filosofía, y lo es porque nos interpela a todos y cada uno por el hecho de estar vivos. Al hacerla, probablemente te haya resultado difícil responder con un único concepto. Demasiado que abarcar, quizá. Impulsos dispares, diferentes niveles de consciencia, perfiles o roles en diversas situaciones que complican la tarea de definirte de forma unívoca. No te preocupes, si te cuesta es porque comienzas a captar la complejidad de tu ser, y eso te coloca en el camino del autoconocimiento.

Nietzsche apuntó a una gran verdad cuando, en *Ecce homo. Cómo se llega a ser lo que se es* (escrito en 1888 y publicado póstumamente en 1908), escribió: «No soy un hombre, soy dinamita». Con ello quiso apuntar al conflicto de fuerzas que latía en su interior. Y es que lo que constituye tu unidad es a su vez una multiplicidad. No eres uno, sino muchos. Lo cual no implica que carezcas de identidad o que seas una mezcla heterogénea de diversos impulsos humanos. Al contrario. Hay una perfecta armonía en ti, aunque vertebrada por una pluralidad de yoes.

En el *Fedro* (370 a. C.), Platón nos presenta la idea de un alma tripartita a través de la alegoría del mito del carro alado. Según él, nuestra alma está compuesta de tres partes: un caballo blanco, que representa lo más noble del ser humano, su tendencia al bien, la verdad y la belleza; un caballo negro, al que corresponden los impulsos más bajos del ser humano, sus pasiones más primitivas; y un auriga, el alma humana que debe tomar las riendas de ambos para dirigirse hacia su propio bien, que nos recuerda al *hegemonikon* estoico, del que ya hemos hablado. Una forma casi mítica de explicarlo, que demuestra que hace más de dos mil trescientos años, la filosofía ya era consciente de la multiplicidad del ser individual y de la necesidad de una correcta gestión de la misma para alcanzar la sabiduría y la *eudaimonia.*

En consulta, me gusta explicar esta cuestión de la multiplicidad del yo de la forma más sencilla posible, para poder reconocerla en nuestro día a día.

Imagina por un momento que en tu mente se encuentra la Junta Directiva de tu Ser. Como si de una empresa se tratase, puedes visualizar una mesa redonda en la que hay sentadas diferentes versiones de ti. Unas más calmadas y otras más vehementes. Unas más formales y otras más radicales. Unas más acertadas y otras más erradas. Todas piden la palabra y se impacientan a la espera de que les llegue el turno. Cada una de ellas ha diseñado una estrategia que considera la mejor para ti, y hará cuanto esté en su mano para que sea aprobada y puesta en marcha por la junta. Al no poseer todas la misma fuerza, habrá unas voces que se oirán más que otras. Tu tarea como conciencia será mediar entre ellas, escuchando cada intervención y esforzándote en dar voz a aquellas partes de ti que hayan sido reprimidas, cohibidas, invalidadas... Para encaminarte así a una coherencia profunda. Esta es clave en cualquier proceso de autoconocimiento.

La idea de que la identidad individual radica en una pluralidad de voces internas no solo ha estado presente a lo largo de la historia de la filosofía, ya que también ha dado frutos en algunas corrientes de la psicoterapia humanista y del desarrollo personal de las últimas décadas. En todas ellas se enfatiza el diálogo de voces presente en la consciencia individual, así como la importancia de reconocer y escuchar a cada una de ellas para lograr la total integración del individuo. En estos contextos, la fragmentación del yo nunca fue una razón para patologizar la vida interior del individuo, sino la única forma de explicarla de forma eficiente y de desarrollar herramientas para su aprehensión.

Seguro que, en muchos momentos de tu vida, te has sentido una persona muy contradictoria. Apuesto a que te habrás criticado, sin poder asomarte a ese fenómeno con curiosidad e impidiéndote sacar provecho de ello. Pues no, la realidad es que no eres contradictorio. O puede que sí, pero solo porque en ti operan diferentes lógicas que parecen chocar, pero solo en apariencia, ya que esto es solo así únicamente porque aún no has sido capaz de comprender su semántica, aquello que te muestran a varios niveles.

Las ganas de comer chocolate no operan en el mismo nivel que tu compromiso, más elevado, de cuidar tu salud. Las primeras buscan la gratificación inmediata, el falso ansiolítico, mientras que el segundo pretende un crecimiento mayor. Ambos consideran que sirven a tu autocuidado, pero lo hacen por vías diferentes. Así, lo que parecía un conflicto de lógicas internas no es más que un mismo objetivo, visto desde diferentes ángulos. Como comprobarás, cuando comprendas aquello que te moviliza, podrás orientarlo hacia lo que consideres mejor para ti de forma sencilla y natural.

Volviendo al experimento mental de la Junta Directiva de tu Ser, uno podría preguntarse si de verdad es necesario dar voz a todas y cada una de las partes implicadas. Sería fácil pensar que probablemente una de ellas posea los mejores argumentos y estrategias para nuestra vida y que, por ello, sería merecedora del puesto de dirección de nuestra existencia. Se lo entregaríamos a esta parte de nosotros y nos iría bien. Sin embargo, no es así, y la razón es lo que diferencia el diálogo interno de cualquier otra tertulia o debate de la vida real. El motivo por el que todas y cada una de las partes de nuestro discurso interior poseen una aportación de valor que debe escucharse y acogerse radica en el hecho de que cada una de ellas busca tu bien, aunque en ocasiones su propuesta esté tan desvirtuada que parezca un boicot a tu felicidad. Cuanto hay en ti tiene algo que decir que merece que lo escuchen.

La tendencia natural al crecimiento interior

Que el ser tiende al bien es una de las tesis más repetidas por multitud de filosofías ancestrales, de todos los orígenes y culturas. Para nuestro entendimiento occidental, esto puede resultar excesivamente ingenuo, casi místico, pero, aplicado a la cuestión del yo, es una idea filosófica profundamente reveladora.

Todo lo que somos tiende al bien. Cada una de las partes que nos componen se orienta a ello. Cada uno de esos yoes, de esas voces que resuenan en ti, posee una definición propia de tu bien. Todos ellos lo buscan, tratan de alcanzarlo y están dispuestos a hacer cuanto sea necesario por lograrlo. Por ti, por tu crecimiento, por tu bienestar. Sin embargo, la omnipresencia de la ignorancia del bien es algo de lo que nos alertaron nuestras queridas escuelas de filosofía griega, aunque solemos obviarlo con frecuencia. Buscamos el bien allí donde creemos que nos espera, pero constantemente nos damos de bruces con el error.

Imagina que una parte de ti está convencida de que no deberías hablar en público y que sus razones apuntan a que no dispones de las habilidades necesarias para hacerlo. De hecho, ese yo considera que eres un poco farsante y que, si te permites impartir esa charla, todo el mundo acabará dándose cuenta de ello. Por mucho que te esfuerces por explicarle cómo funciona el síndrome del impostor, solo de pensarlo, se aterrará. Esa parte está tan convencida de que su verdad es la única versión posible de los acontecimientos, que utilizará todos sus medios para evitar que subas al escenario. Ansiedad, sudor, tartamudez, tos, inseguridad, desilusión... Lo que sea necesario para protegerte del desastre. Tú lo llamarás autosabotaje y pensarás que hay algo negativo en ti que quiere destrozarte la vida, pero en el fondo será justo lo opuesto. Esa parte de ti te dañará, pero lo hará buscando tu bien y pretendiendo evitar lo que considera un mal mayor. Sin embargo, lo hace desde un planteamiento erróneo, que acaba generándote enormes cantidades de sufrimiento —y llega incluso a provocar aquello que más teme.

La respuesta a cuándo y cómo llegó esa parte de ti a esa conclusión errónea, a esa forma limitada de comprenderte a ti y a cuanto te rodea, está, sin duda, en tu historia personal. Acceder a la genealogía de nuestros bloqueos internos y reconocer la experiencia que los originó siempre es fructífero. Sin embargo, no es necesario. No hace falta psicoanalizarnos para poder liberarnos de limitaciones así, ya que la cuestión no es tanto cuándo surgió, sino cuál es la razón por la que aún te sigues aferrando a esa forma de pensar, sentir y actuar en el presente. Veremos más de estas cuestiones de terapéutica filosófica en el capítulo ocho.

En contra de lo que puedan defender autores como el filósofo inglés Thomas Hobbes o el fundador del psicoanálisis, Sigmund Freud, en tu interior no hay nada negativo que pretenda dañarte. Tu inconsciente no es una caja de Pandora llena de perversiones reprimidas, que dominarían tu ser en caso de permitirles escapar. Las diferentes fuerzas que hay en ti no entablan un conflicto entre el bien y el mal, sino entre bienes más auténticos y otros que no lo son tanto. Te aseguro que esto es tanto una tesis psicológica como una verdad filosófica.

Como veíamos antes, esta es la concepción del intelectualismo moral que Sócrates nos legó, la idea de que todos tendemos al bien y que, si optamos por el mal, lo hacemos por ignorancia del bien. No es que no actuemos mal a propósito, sino que, incluso cuando lo hacemos, siempre nos sentimos justificados para ello. La experiencia cotidiana nos da pruebas de ello.

Piensa en cualquier daño que puedas haber causado a otros. Si lo hiciste sin intención de dañar, entonces buscabas el bien y erraste en tu búsqueda. Pero, en caso de que causases ese daño a conciencia, buscando causar mal al otro, ¿acaso no lo hiciste sintiendo que tu venganza era justa?, ¿no consideraste que ese daño equilibraba la balanza?, ¿que suponía el cobro de una deuda que se originó cuando tú mismo fuiste dañado en el pasado? Tal es la fuerza del intelectualismo socrático, capaz de definir nuestros más bajos actos morales sin demonizarnos por ellos, pero, a la vez, evitando caer en blanqueamientos o justificaciones vacías.

Una sabiduría a tu alcance

No solo buscamos nuestro bien, sino que ese bien anhelado es eudaimónico —es decir, está orientado a nuestro florecimiento interior—, como dirían los filósofos clásicos. Buscamos el bien porque estamos llamados a crecer, de la misma forma que la semilla contiene en sí misma toda la plenitud del árbol en potencia. Todos pretendemos ser la mejor versión de nosotros mismos, sin que ello implique caer en el absurdo de las dinámicas de autoexplotación latentes en algunos de los movimientos de crecimiento personal contemporáneos, que analizaremos en el capítulo siete.

La sabiduría no es una meta como otra cualquiera. No es un objetivo semejante a ganar un oro olímpico o triunfar en un determinado ámbito profesional. Metas como estas nos pueden hacer crecer como personas —aunque también alejarnos de lo que somos—, pero no son intrínsecas a nuestra naturaleza. La tendencia hacia el saber, a ampliar nuestra mirada y vernos transformados por ella sí que lo es. En palabras de Aristóteles, es un *thelos* —por eso llamé así a mi consulta—, un principio que guía nuestro desarrollo, un propósito hacia el que tendemos, que nos orienta en el paso de la potencia al acto, en el despertar de cualidades potenciales que se actualizan en el despliegue de nuestra vida.

Nuestro discurso interno, las creencias que lo atraviesan, nuestra sensibilidad afectiva o emocional, la capacidad del juicio y el discernimiento... configuran elementos demasiado profundos y complejos como para tratarse de un sistema centrado únicamente en la supervivencia. Para ello, nos bastaría con mucho menos. De hecho, nuestra capacidad de reflexión existencial puede llevarnos a perder la vida por una causa determinada, algo totalmente contrario al instinto de conservación. No es que tengamos inteligencia de más, sino que todo cuanto hay en nosotros responde a unos fines de desarrollo y realización personal muy superiores.

Esta es una de las razones principales para lanzarnos al autoconocimiento. Si nuestra elevada capacidad existencial es semejante al pilotaje de un monoplaza de Fórmula 1, nos convendrá conocer los pormenores de su ingeniería, cada uno de los cálculos físicos y aerodinámicos de su diseño. En caso de no querer llegar tan lejos, como mínimo deberíamos aprender a conducirlo bien. Primero, por nuestra propia seguridad, para no estrellarnos. Segundo, para poder desplegar toda su capacidad y conseguir que nos lleve al lugar al que pertenecemos. Ese que siempre estuvo presente en nosotros, latente en nuestro *thelos*, interpelándonos para que expresásemos lo que somos. No tiene sentido limitarse a deambular por la vida cuando estamos capacitados para vernos transformados por ella.

La búsqueda de la verdad

He compartido contigo, de la forma más sencilla y escueta que me era posible, los conceptos básicos necesarios para entender la presencia de nuestra filosofía personal y su enorme influencia en la comprensión de nuestra identidad, de la existencia y de nuestro papel en ella. También hemos hablado del diálogo y la convivencia entre nuestros diferentes yoes, así como de la posibilidad de confiar en nuestro mundo interior, debido a su tendencia natural al bien. Hemos definido nuestro potencial perenne, esa inclinación a la sabiduría presente en todo ser humano, que nos impulsa al crecimiento y al desarrollo personal. Quedarían muchas cuestiones por presentar y en las que profundizar, pero cerraremos este capítulo con la pregunta por nuestra guía interna. Porque, si tenemos tanto que conocer y experimentar, ¿con qué vamos a orientarnos?

De nuevo, la filosofía antigua nos da la respuesta. A la hora de combatir el error de nuestras creencias, los sesgos de nuestros juicios y las tendencias personales de nuestras emociones, no tenemos por qué dejar todo a la lógica y la argumentación, ya que somos mucho más que lenguaje. Podemos —y debemos— reconocer una inclinación natural, de nuevo presente en todo ser humano, hacia la verdad.

Puede que te resulte chocante, y que esta afirmación traiga a tu mente multitud de ejemplos en los que la mentira campa a sus anchas por el mundo. Vivimos rodeados de *fake news*, de discursos que buscan manipularnos. De hecho, seguro que reconoces en ti o en otros la tendencia al autoengaño, a parapetarnos en sistemas de creencias cerrados que niegan todo lo que los refuta, que suponen una condena al bloqueo y la parálisis vital. La psicología actual ha estudiado mucho estos sesgos, y es enorme la cantidad de literatura filosófica relativa a falacias y errores de argumentación. Sin embargo, te aseguro que nuestra relación con la verdad es más íntima y natural de lo que podría parecer, y estoy seguro de que ya lo has experimentado.

Párate a recordar alguna situación en la que el malestar crecía en ti, en la que algo te incomodaba cada vez más, en la que aquello que no querías ver presionaba en tu mente, inundaba tu pensamiento... Hasta que decidiste rendirte a ello y bajaste las barreras que te protegían de una certeza que no querías ver, pero que sabías era cierta. Ese derrumbarse es un acto de liberación. En esa aceptación de la verdad hay una vuelta a casa, un actuar de forma acorde a nuestra naturaleza, porque somos hijos de la verdad, y estamos llamados a buscarla y a vivir a través de ella.

La verdad no es solo la consecuencia lógica de un silogismo bien formado. No se limita al resultado de un discurso coherente y cercano a los hechos. Es algo que nos moviliza e impacta. Que nos llama, nos sacude y nos despierta a la vida. El impulso hacia la verdad es lo que hizo salir al ser humano de la cueva de la ignorancia en el mito de la caverna de Platón, lo que le empujó a rechazar las sombras y a ascender hasta encontrar la luz, a pesar de verse deslumbrado por ella y de sufrir la incomprensión de quienes se aferraban a sus cadenas en el interior de la gruta, por no estar aún preparados para la verdad.

«¿Cuánta verdad puede soportar el hombre?», preguntaba Nietzsche en *Más allá del bien y del mal* (1886), con lo que apuntaba a la próxima parada de nuestro viaje. Nuestra respuesta será que podemos afrontar e integrar toda la verdad que habite en el mundo, porque nos pertenece por derecho propio, pero quizá a través de un ritmo pausado, sosegado, coherente con nuestros procesos de transformación internos, esos mismos que se ven impulsados por nuestra ascesis filosófica. Deberíamos querer toda la verdad, pero quizá lo mejor sea digerirla en pequeños sorbos.

Sin embargo, no siempre podemos decidir cómo ni cuándo afrontamos lo que nos viene, y en ocasiones la experiencia puede ser devastadora. Unas experiencias límite que nos colocan frente a la vida de una forma radicalmente nueva, sin herramientas para afrontarla, pero con todo lo necesario para desarrollarlas y hacer de esa situación de impacto una escalera para nuestro crecimiento. Pero, para eso, hay que comprender lo que estamos viviendo.

Ha llegado el momento de hilar un poco más fino y plantear la pregunta por la que iniciaste la lectura de este libro: «¿Qué puedo hacer cuando siento que mi vida ha dejado de tener sentido?».

EN CONSULTA
La libertad de dejar de huir

Julia había hecho del esfuerzo y el sacrificio una forma de vida. Tras crecer junto a una madre consumida por la depresión, algo en lo profundo de su ser decidió que ella conseguiría evitar ese destino, y que lo haría expulsando de sí misma toda emoción relativa a la tristeza o la vulnerabilidad. Concibió la existencia como una batalla continua, se convirtió en una guerrera y construyó una vida de éxito que la llevó a un puesto directivo en una gran empresa, donde soportó altísimos niveles de estrés, exigencia y acoso durante décadas. Logró lo que creía que buscaba, pero pagó un precio altísimo.

Como era de esperar, un ritmo de vida tan agónico supuso un caldo de cultivo para una enfermedad que no tardó en aparecer y la dejó totalmente fuera de juego. La filosofía de vida que llevaba, que durante años le había permitido alcanzar sus metas y alejarse de lo que tanto temía, la había llevado a postrarse justo ante lo que más le asustaba: verse frente a la incapacidad permanente absoluta y la depresión.

Llegó a la consulta en un momento en el que convivía con constantes chequeos para controlar la enfermedad. Siempre a la espera de nuevas intervenciones quirúrgicas, estaba aterrada por la posibilidad de perder aún más capacidades que redujesen su calidad de vida y la arrojasen a una existencia de sufrimiento que no se sentía capaz de soportar.

En las sesiones comprendió que presenciar la agonía de su madre frente a la depresión le llevó a cortar toda conexión con su parte emocional para evitar sentir y, por tanto, sufrir. Situada aún en ese paradigma, la recorría una profunda sensación de fracaso y culpabilidad, ya que no había logrado «salvar» a su madre, no había sido capaz de «convencerla» del valor de la vida, tras años de esmerada dedicación. Esos intentos fallidos le hicieron perder la confianza en su propia capacidad de vivir y contagiarse de aquello que pretendía purgar en su madre, convencida de que si permitía la aparición de la tristeza, ello supondría verse arrastrada a la mayor de las depresiones, sin escapatoria.

Poco a poco pudimos legitimar sus emociones al iniciar un diálogo con ellas, lo que le hizo comprender su mensaje, sin necesidad de huir ni verse derribada. Paulatinamente, fue recobrando la confianza en sí misma, lo que le permitió extenderla hacia la vida. Trabajamos esa confianza como si fuera un cultivo, sembrando ideas con absoluto mimo y cuidado, regándolas con conciencia en el día a día, aceptando que estas decidirán florecer solo cuando sea el momento adecuado.

Empezó a enfrentarse de forma diferente a las revisiones médicas, y a relacionarse de un modo radicalmente distinto con todo el dolor reprimido durante años. Al dejar de condenarlo, pudo reconocerle cierta legitimidad, por lo que fue liberándose de forma natural. Pudo mostrarse disponible a la vida, a cuanto había ocurrido en ella, pese a todo. Pasó de no permitir la simple existencia de la tristeza a celebrar la presencia de un dolor puro, que atravesaba con seguridad, al que daba la bienvenida y que dejaba ir, respetando el ritmo del proceso y entendiendo que ni ella ni yo poseíamos control alguno sobre él.

El trabajo de Julia es un gran ejemplo de lo que podemos llegar a lograr cuando ponemos nuestro autoconocimiento al servicio de la vida.

SEGUNDA PARTE
MI VIDA NO TIENE SENTIDO, ¿QUÉ HAGO?

4
FUNDIDO A NEGRO: EL VACÍO EXISTENCIAL

> Aproximadamente una tercera parte de los casos que trato no sufren debido a alguna neurosis clínicamente definible, sino a causa de falta de sentido y de propósito de sus vidas.
>
> CARL GUSTAV JUNG

Es momento de hablar de crisis existenciales, y te aseguro que no es fácil. A pesar de su importancia, la mayoría de las obras que las abordan lo hacen de forma tangencial, sin llegar a afrontar el fenómeno en sí mismo ni dejarse empapar por él. Es como si fuese un ámbito que el pensamiento evita, y al que pocos autores se han atrevido a asomarse en profundidad. Desde la filosofía, solo existencialistas como Sartre o el propio Kierkegaard han osado hacerlo, pero siempre desde planteamientos demasiado técnicos, casi crípticos, que alejan la cuestión de la experiencia de la vida en la que toma forma y sentido. Otros escritores más literarios, como Milan Kundera, Emil Cioran o el propio Miguel de Unamuno, parecen haberse dejado arrastrar por el anhelo de un sentido divino capaz de darles cobijo, sin llegar a explorar la posibilidad de una vida plena sin un sentido dado, o la oportunidad de una búsqueda filosófica y espiritual que no necesite certezas metafísicas para abrazar la vida. No digamos ya lo que afirma el crecimiento personal más plastificado, que suele atiborrarnos con soluciones simplistas y prefabricadas ante algo que, en el fondo, no las necesita, ya que nunca fue un problema —y si lo es, no lo es del mundo, sino tan solo de nuestra falta de comprensión del mismo.

Haré lo posible por ser sencillo y directo, pero de antemano te aviso de que no son pocos los obstáculos para ello. Es tal la radicalidad del ámbito al que vamos a lanzarnos que es fácil que uno se quede sin palabras para describirlo. El lenguaje no se ha diseñado para definir experiencias de este tipo, ya que se ubica en un marco de sentido, y es la pérdida del mismo lo que vamos a enfrentar. Sin embargo, lo que habita en el núcleo de las crisis existenciales posee una capacidad de transformación tan inmensa que merece todos nuestros esfuerzos.

Por ello vamos a dedicar toda esta segunda parte del libro a reflexionar en profundidad sobre este fenómeno, para que comprendas qué es y cómo se da en ti, su porqué y su para qué. Así, podrás reconocer las señales de su presencia, vivirla con plenitud y salir de ella totalmente renovado. En este cuarto capítulo comprenderás cómo surge la crisis existencial, cuál es su forma de presentarse en tu experiencia, pero también qué es la angustia existencial, el vacío y otros conceptos asociados a ella que seguro que te resultarán reveladores a la hora de arrojar luz sobre tu malestar.

Te adelanto que, aunque te voy a presentar ideas que pueden parecer devastadoras, el resultado de todas ellas será profundamente vitalista. Conforme avancemos, irás percibiendo cierto ánimo motivador en ti, que te irá reconfortando y envalentonándote para profundizar aún más en esta propuesta. Te pido paciencia, ya que ahora conviene empezar explicando estas experiencias tal y como las sentirás en tus momentos de mayor confusión y desolación, para que veas tu reflejo en ellas. Por ello es necesario que utilicemos descripciones a la altura de lo que estás viviendo, y puede que no sean del todo halagüeñas.

Comencemos por las que considero que son, según mi experiencia en consulta, las cinco vías más comunes de acceso a una crisis existencial.

La ruptura con la cotidianidad

Párate a pensar un momento en tu propia vida. Puede que más o menos encaje en esta descripción: cada día, suena el despertador y te resignas a salir de la cama. Te diriges al trabajo por el mismo camino de siempre. Aterrizas, aún somnoliento, abres el email y hablas con tus compañeros, sacas adelante tus responsabilidades y miras el reloj compulsivamente hasta que sus agujas deciden que puedes volver a casa. De nuevo de camino, en sentido opuesto.

Allí te esperan algunas labores del hogar. Limpias, cocinas e intentas que tu casa sea cada vez un poco más tuya, un lugar de paz. Solo, en pareja o en familia. Puede que antes de acostarte encuentres espacio para la lectura, o quizá alguna película o serie. Es probable que incluso vuelvas a prometerte a ti mismo comer más sano y ahorrar un poco, tras encontrarte de nuevo con las bolsas de comida a domicilio en la encimera de la cocina.

Los fines de semanas haces lo posible por divertirte, pasar tiempo en familia o con amigos. Unas veces lo consigues y otras no. Unas veces no hay plan, y otras, aunque intentas estar presente, el que no está disponible eres tú. Nada preocupante. Así, se suceden los días, las semanas y los meses. Tu vida te gustará más o menos, puede que la disfrutes o la sufras, quizá quieras cambiarla o, por el contrario, te aferres a ella deseando que todo siga como hasta ahora. Da igual. Lo importante es que crees entender tu vida. Sabes de qué va y cómo vivirla.

Comprendes la sociedad en la que te ha tocado vivir, sus protocolos sociales, el mundo laboral... o, al menos, has aprendido a improvisar hasta un punto en el que parece que tienes idea de lo que haces. Sabes moverte en diferentes ámbitos y has aprendido a aparentar ser una persona totalmente funcional. Es probable que, cuando te asalten algunas cuestiones existenciales, sientas vértigo, ante la incapacidad de responder por ti mismo, o puede que incluso pereza, y las rechaces para enfocar tu mente en algo más entretenido. No crees necesitarlo. Para ti, las cosas tienen sentido, y mientras uno no se pregunte mucho, todo seguirá en su sitio.

Sin embargo, un día cualquiera, ocurre algo en ti. No sabes bien qué, pero sientes que es algo importante. Falla algo, y tiene pinta de ser algo fundamental. Empiezas a mirar a tu alrededor, y nada parece igual. Todo te resulta extraño, ajeno, incluso te provoca cierto rechazo. Tu incomprensión es absoluta. No sabes quién eres, pero tampoco de qué va tu vida. De hecho, no sabes de qué va la vida en general. Las preguntas filosóficas que antes evitabas ahora se agolpan en tu cabeza, y no eres capaz de darles respuesta. Ya no las ves como algo accesorio, porque responderlas se convierte en tu principal necesidad.

Es como si alguien se hubiera llevado el suelo que antes pisabas, y todo se precipitase en el vacío. Lo que en su momento fueron certezas capaces de sostener toda una vida, ahora no son más que opiniones sin fundamento. Eso que dabas por sentado, que hacía que las cosas tuvieran sentido, ya no está. Ya no sabes lo que sabes, porque empiezas a dudar de todo. Miras tus anteriores creencias y te sorprende su ingenuidad. Te preguntas «¿cómo pude haber creído esto?», sorprendido por tu anterior inocencia. Ahora no te sientes capaz de responder de la misma forma. Además, las preguntas siguen multiplicándose: «¿Qué estoy haciendo con mi vida?», «¿para qué hacer nada, si voy a morir?», «¿qué sentido tiene levantarse de la cama?», etc.

Antes no sabías que tu vida tenía un significado, pero vivías como si lo dieras por cierto. Ahora te has dado cuenta de su fragilidad de la peor forma posible: perdiéndolo. Sientes que todo se derrumba. Aunque tratas de volver a tu antigua forma de pensar, lo que te ha ocurrido parece irreversible. El motor se ha calado y no hay forma de arrancarlo. Es como una de esas noches en las que te despiertas de madrugada en mitad de un sueño y tratas de dormirte de nuevo para volver a él. Lo pretendes, pones toda tu intención e incluso finges conseguirlo, inventándote el posible desarrollo de su trama, pero acabas por darte cuenta de que ya no está disponible para ti. Te has quedado fuera. Aquí ocurre algo semejante, solo que el lugar del que sientes haber sido expulsado es tu propia vida. Aunque no lo entiendes, acabas por aceptar la situación. Tu vida ha dejado de tener sentido, no sabes cómo ha ocurrido ni qué hacer a partir de ahora.

Desde esta descripción tan genérica te invito a ponerte en situación para que comprendas algo que probablemente ya has vivido antes o estás viviendo justo ahora: el inicio de una crisis existencial. Este arranque del sinsentido responde a lo que el escritor ruso Liev N. Tolstói llamó «interrupciones de la vida», momentos de extrema cotidianidad, sin nada especial en ellos que los haga destacar, pero que de forma inesperada se convierten en el escenario de la ruptura de la realidad tal y como la conocíamos. La experiencia de una pérdida total de sentido, de expulsión de tu propia realidad, de haber dejado de pertenecer a tu vida y verte incapaz de comprender todo cuanto te rodea.

Otra forma de describir esta experiencia, más representativa del desarraigo interno que supone para quien la sufre, la encontramos en la novela *El extranjero* (1942), de Albert Camus, filósofo de origen argelino y uno de los principales exponentes del existencialismo francés. El propio título de la obra nos ofrece matices imprescindibles para comprender esta experiencia de desarraigo existencial, aunque después la obra tome otros derroteros. Son dos las posibles traducciones de *L'étranger*, el término original en francés que da nombre al libro. La primera es «extranjero», y se refiere a la sensación de no pertenecer al lugar que se habita, la experiencia de proceder de otro lugar, de no encajar, de no llegar a comprender las dinámicas del sitio en el que vivimos. Es como si Camus tomase el drama de la migración —que conoció bien—, el impacto emocional y psicológico que han sufrido tantísimas personas a lo largo de la historia, y lo proyectase en el ámbito existencial. Además, en ciertas ocasiones, el relato migratorio también nos habla de la trágica imposibilidad de volver al lugar de origen. El peso del desarraigo, sin que haya forma de retornar al hogar. Una condena a la vida en la intemperie.

La segunda acepción podría traducirse como «extraño», y apunta a la desconexión radical de la vida cuando no nos sentimos parte de ella. En la extrañeza, la ruptura va más allá de las diferencias culturales, ya que sentimos la incapacidad de comprender aquello que presenciamos. Así, ambas acepciones capturan a la perfección la sensación de perplejidad y distancia del mundo tan características de la crisis existencial, cuando esta se inicia a través de la ruptura con la cotidianidad. Sin embargo, hay otras formas de llegar a este tipo de malestar.

La caída del proyecto vital

Esta segunda forma de entrar en una crisis existencial ocurre ante la experiencia de falta de sentido de nuestro proyecto de vida. Por lo general heredamos nuestra cosmovisión —recordemos, la imagen que tenemos del mundo— del entorno que nos rodea. Desde pequeños vamos apilando conceptos en nuestra mente, toda clase de referentes, ideales y valores con los que nos guiamos. Los tomamos de nuestra familia de origen, pero también de la sociedad o de nuestra cultura en general. Poco a poco vamos acumulando toda una serie de principios con los que nos orientamos en la vida. Un mapa interno que nos da algunas nociones acerca de qué es la realidad, así como ciertas ideas sobre cómo sobrevivir en ella. Además, el sistema en el que vivimos no cae en sutilezas a la hora de imponernos ciertos estándares de vida, por lo que es fácil que todos compartamos los mismos propósitos vacíos de triunfo profesional, acumulaciones de bienes, perfeccionamiento físico, etc.

A partir de estos principios elaboramos proyectos vitales con los que damos sentido a nuestra vida. Aunque no lo pensemos demasiado, dejamos caer en ellos todo el peso de nuestra existencia. Creamos una imagen ideal de nosotros mismos, de aquello en lo que nos queremos convertir, y, a partir de ahí, definimos la estrategia que nos permitirá alcanzarlo. Es algo típico de la infancia, cuando imaginábamos cuál sería nuestro trabajo ideal, donde viviríamos, cómo sería nuestra casa, la pareja con la que la compartiríamos... Una imagen mental que se vuelve más sofisticada con los años, pero que quizá nunca pierda su superficialidad inicial.

El ser humano es proyectivo, y este es un carácter de nuestra forma de existir que no es negativo. Entendernos como proyecto forma parte de nuestra naturaleza, así como lanzarnos al mundo para desarrollarnos. Sin embargo, es fácil que nuestros planes de vida lleguen a confundirse con la vida misma. El ritmo de la sociedad actual hace casi inevitable que nuestra cosmovisión se vea constreñida por nuestro proyecto existencial, y seamos incapaces de ver más allá de ella. Concebir la vida como la consecución de ciertos objetivos, y nada más. Esta mentalidad nos viene impuesta, y no vemos más realidad que aquella que nos empeñamos en construir.

Nos comportamos como un actor de teatro que ha olvidado que hay un mundo fuera del escenario, e interpretamos nuestro papel como si no estuviera en nuestra mano representar otro personaje o actuar en una obra diferente. Así, nos obsesionamos con ciertas metas, e ignoramos el enorme abanico de posibilidades que no estamos eligiendo, que declinamos pero que estarían igualmente disponibles si fuéramos capaces de plantearlas y comprometernos con ellas.

Cuando falla aquello que pretendíamos conseguir, suele ser muy doloroso. El descontento y la frustración nos atraviesan, y en ocasiones llegamos a necesitar transitar un duelo por la vida que nos propusimos y que nunca vivimos. Un proceso duro pero sanador, basado en la aceptación. Sin embargo, no siempre lo logramos. A veces, cuando el proyecto de vida cae, todo lo demás se viene abajo.

No lograr alcanzar la vida que deseábamos puede desencadenar el inicio de una crisis existencial que nos lleve a cuestionar el sentido de nuestra vida. Estábamos tan convencidos de que nuestro proyecto era el único adecuado, que cuando la realidad nos obliga a un cambio de rumbo, nos vemos incapaces de estar a la altura del mismo. Nos domina la apatía, y sentimos que cualquier intento de construir una vida diferente estaría condenado al fracaso, además de requerir un enorme esfuerzo por nuestra parte.

En consulta he podido acompañar a muchos opositores. Seguro que conoces a alguno que ha dedicado los mejores años de su vida a pelear por un trabajo fijo y estable. Puede que incluso sea tu caso, y hayas experimentado lo que es encerrarse en casa de tus padres, mientras tus amigos avanzan en sus vidas, y pausar la tuya por esta apuesta profesional. Día a día, eres consciente de aquello a lo que renuncias, pero lo haces convencido de que, una vez apruebes los exámenes, te esperará una vida idílica.

Sin embargo, los suspensos se acumulan, se suceden las convocatorias en las que no obtienes plaza, y decides renunciar a tu objetivo. El impacto es tan grande que te sientes incapaz de imaginar una vida diferente de la que habías planificado si hubieras aprobado la oposición.

No puedes imaginarte ganándote la vida de otra forma. De hecho, no concibes la posibilidad de ser feliz sin el puesto al que acabas de renunciar. Pierdes la capacidad de construir, de visualizar un futuro, y te quedas paralizado ante una realidad que sientes que te ha vencido.

Este es un ejemplo de inicio de crisis existencial por el fracaso de un proyecto de vida, pero también es posible que te sumerjas en esta experiencia cuando ocurre todo lo contrario. A veces, lo que nos destroza es conseguir justo lo que anhelábamos. Te sorprendería la de personas «exitosas» que llegan a mi consulta sintiéndose profundamente vacías; y precisamente por eso, por haber logrado cuanto se propusieron y haber comprendido, tras conseguirlo, que lo buscaron por razones equivocadas. Se dan cuenta de que la brújula que había guiado su vida durante esos años no reflejaba su propio norte y que otros la habían calibrado en su nombre, haciendo que apuntase a objetivos impropios.

Ejecutivos con enormes sueldos, empresarios que facturan millones de euros o incluso personas más corrientes que tienen la «desgracia» de llegar a la cima de sus metas tras una vida de esfuerzo, justo para comprobar que ese no era su camino, que la vida, *su vida*, no estaba ahí. Y se vienen abajo, ya que el sacrificio necesario para conseguirlo fue enorme. Sin embargo, todos tenemos la posibilidad de volver a reconstruirnos. La conclusión de estas crisis puede tornarse positiva, aunque el detonante que les hace iniciar este camino de autoconocimiento sea devastador.

El derrumbe tras la experiencia límite

Una vivencia de gran impacto emocional también puede ser el gatillo que inicie nuestra crisis existencial. En esta tercera vía de entrada es la pérdida de un ser querido o el surgimiento de un trauma —al que podríamos denominar mejor «herida biográfica», por razones que veremos más adelante— lo que hace romperse la estructura de la realidad. Aquello que considerábamos un pilar fundamental de nuestra vida, algo sin lo que nunca nos habíamos imaginado existir, recibe un duro golpe, que provoca que se resquebrajen los cimientos de nuestro mundo. La burbuja en la que vivíamos explota, comenzamos a vivir sin eso que nos sostenía, y buscamos respuestas para protegernos, con el fin de anticipar los próximos embates de la vida. Nos sentimos vulnerables y a la intemperie.

Tenemos una sensación similar a la que nos producen los lienzos del pintor del romanticismo alemán Caspar David Friedrich —echa un vistazo al *Monje a la orilla del mar* (1810) o el famoso *El caminante sobre el mar de nubes* (1818)—, donde nos percibimos como seres minúsculos frente a una naturaleza demoledora, en la que encontramos nuestro origen, pero que también tiene el poder de aniquilarnos. Esa necesidad de protección frente a las fuerzas de la naturaleza nos lleva a preguntarnos por la existencia misma, pero lo hacemos desde el miedo, por lo que el ansia de respuestas y la incapacidad de sostener la ausencia de las mismas hacen del malestar existencial algo realmente agónico. Pero, por supuesto, esta es una situación que puede enderezarse a través de una introspección filosófica adecuada.

La conciencia de la muerte

Esta cuarta forma de sumergirnos en una crisis existencial nos muestra cómo el contacto prematuro con nuestra propia finitud puede trastocar la forma que tenemos de comprender la vida. Hablo de «contacto prematuro», no solo porque la muerte no suela anunciarse de forma constante —si tienes la suerte de vivir en una región sin guerras ni condiciones paupérrimas—, sino más bien porque, por lo general, no solemos estar preparados para afirmar y afrontar la muerte. El modo en que solemos vivir nuestra mortalidad es, básicamente, no viviéndola. Fingimos que no está ahí, que no es algo que necesite pensarse e integrarse. Por ello, cuando tomamos conciencia de nuestro horizonte mortal, puede tratarse de un punto más en una larga lista de cuestiones existenciales a descubrir o constituir uno de los eventos más impactantes de nuestra vida.

Aunque la pérdida de un ser querido nos enfrenta de lleno a la cuestión de la mortalidad, la falta de herramientas para encarar esta experiencia puede hacer que tan solo la mera reflexión sobre la muerte nos lleve a una crisis existencial.

Una vez trabajé con un consultante que quería que lo acompañase en la resolución de un bloqueo vital en el que llevaba sumido varios meses, el cual se había iniciado simplemente a través del diálogo que mantuvo con una amiga tras una agradable cena, en la que apareció el hecho de la finitud humana, pero al que no pudo encontrar un lugar en la estructura de su mundo. Una conversación cotidiana, amistosa, sobre la vida y la muerte, que lo colocó ante algo para lo que no estaba preparado. La incapacidad de encajar este hecho existencial en su cosmovisión le llevó a tal parálisis vital que comenzó a incapacitarle para su vida cotidiana.

Debido a la falta de perspectiva de estos momentos de crisis es fácil que acabemos considerando que el hecho de nuestra muerte constituye un sumidero que necesariamente vaciará de sentido nuestra existencia. En estos casos, el discurso interno se escora en la idea de que «como voy a morir y todo se va a acabar, da igual lo que haga», y a veces cuesta encauzarlo. Nada que la toma de conciencia no sea capaz de reorientar, como veremos.

No quiero extenderme en esta cuestión, ya que en el capítulo once encontrarás algunas claves para llevar a cabo una reflexión sobre la muerte que te permita liberarte del miedo a ella, afirmarla como parte de la vida y disfrutar del impulso vitalista que, necesariamente, se deriva de ella. Por ahora, baste con decir que entender la muerte como un problema supone no comprenderla en absoluto, y que reflexionar sobre ella puede ser uno de los actos más lúcidos y transformadores que podrás hacer en tu vida.

Perder la fe

En nuestra época, la fe ya no está de moda. Hubo momentos de la historia en los que los credos religiosos definían la imagen del mundo de civilizaciones al completo. Hoy por hoy, apenas llegan a moldear la de sus adeptos, por su incapacidad para adaptarse a los nuevos tiempos. Sin embargo, tengo que reconocer que la religión es muy importante para un gran número de personas. La fe en Dios, sea cual sea la versión de la misma, posee un enorme potencial para construir sentido.

Esta es la razón por la que una crisis de fe puede arrasar con el sentido de una vida. Si la figura de Dios ocupa un lugar central en la cosmovisión de una persona, el mero hecho de dudar de su existencia supondrá una enorme conmoción para su intelecto. Si conceptos como el sentido de la vida, la explicación de la conciencia o la vida después de la muerte dependían directamente de la existencia de ese Dios, y este deja de ser un concepto válido, por lógica, todo el sistema se vendrá abajo.

La pérdida de la fe puede conllevar el fin de la vida religiosa, y esto puede vivirse como una desgracia, pero también como un despertar. Todo dependerá de cómo se aborde. En el capítulo seis tendremos espacio para extender la cuestión de lo necesaria o innecesaria que es la fe en nuestra búsqueda filosófica, así que mejor evitar más espóilers.

Cuando nada tiene sentido

Hecho el recorrido por las cinco principales formas de apertura a una crisis existencial, podemos señalar algo evidente: todas ellas comparten la disolución del sentido de la vida. Sin embargo, aún no hemos definido qué es eso del «sentido». De entre sus muchas definiciones, podemos decir que es eso que da estructura a nuestra experiencia. Como los cimientos de una casa, con los que no tienes contacto al habitarla, pero sin los cuales se derrumbaría todo. En cada una de estas rupturas existenciales somos testigos de la caída de un relato.

En esta caída desaparece una forma determinada de comprender y explicar el mundo, que nos deja en la más absoluta orfandad. Cuando nuestro primer contacto con el sentido se basa en su sustracción, solo podemos reconocerlo como aquello que ya no está. Lo captamos en la medida en que nos falta. Lo intuimos por el vacío que deja al esfumarse, al sufrir la pérdida de algo que no sabíamos hasta qué punto nos sostenía.

Perder el sentido implica también perder el significado. Tras él, no encontramos una razón que explique nuestra existencia. De hecho, no hallamos motivos que justifiquen la existencia misma, que den respuesta a la pregunta fundamental de la ontología: «¿Por qué el ser y no más bien la nada?». En la pérdida del significado nos vemos desprovistos de un marco general en el que incorporar lo que nos ocurre. Sentimos que todo es para nada, o que no hay nada que sea para algo.

Se pierde el *thelos* de la existencia, el impulso interior que la movilizaba hacia un fin mayor. Surge la desesperanza ante la falta de propósito, porque, sin significado, nos vemos incapacitados para elaborar cualquier clase de proyecto. No hay suelo firme en el que fraguarlo ni brújula que nos ayude a orientarlo. No hay hacia dónde dirigir nuestra vida. Tan solo vacío, una nada que duele, pero que no tendría por qué hacerlo.

En estas «noches oscuras del alma», como las llamó el místico español Juan de la Cruz, se nos hace imposible valorar nada. No es que hayamos perdido la capacidad de vernos atraídos por lo que nos gusta, sencillamente se han desvanecido nuestros valores. Estos dependían de nuestro marco de sentido y, al caerse este, han desaparecido. No hay verdad que nos permita decir «quiero esto» porque, ¿para qué iba a quererlo, si no sé ni quién soy?

Por su radicalidad, las crisis existenciales son completamente diferentes a otros periodos de conflictos internos. Seguro que antes has vivido momentos difíciles, en los que un ámbito concreto de tu vida, como el laboral, el familiar o el de pareja, presentó algún obstáculo que en aquel momento parecía insuperable. Sin embargo, en una crisis existencial no es que falle una u otra parte de nuestra vida, ya que lo que sentimos es que se ha roto el contexto que daba cobijo a todo. Desesperados, preguntamos al universo por el sentido de nuestra vida y, al no recibir la respuesta que anhelamos, la interpretamos como un silencio que revela la nada. Es entonces cuando aparece la angustia existencial.

La experiencia del desasosiego

Para hablar de este tema, es imprescindible asomarnos a *Ser y tiempo* (1927), la obra fundamental de Martin Heidegger, ya que en ella nos legó un análisis de la experiencia fenomenológica de la angustia existencial sin parangón hasta la fecha.

Heidegger nos dice que vivimos en un constante *estado de arrojamiento*, un hecho constitutivo de la existencia humana. Este alude al carácter fundamental de la experiencia, el sentimiento de vernos arrojados al mundo, lanzados a la facticidad, sin instrucciones para vivir en ella. Piénsalo: desde que tienes conciencia de ti mismo, estás inserto en la vida, incluso ignorando qué es eso de la vida. Ninguno tenemos un recuerdo previo a nuestra vida ni sabemos si hay algo que rememorar. Para algunos es posible que hayamos vivido otras vidas, pero la realidad es que solo tenemos contacto con esta. Desde nuestro nacimiento, cuando empezamos a pensar, sentir, actuar... ya estamos inmersos en ella. Todo lo que sabemos, de nosotros y de la realidad, lo hemos aprendido en acto, mediante la más pura improvisación. Para nosotros, ser es existir. Vivimos proyectados en la vida.

¿Recuerdas cuando, en el capítulo anterior, te hablaba de las emociones como estados afectivos? Pues bien, para Heidegger, la angustia es el estado afectivo fundamental, la emoción que nos abre al mundo de la forma más profunda y radical posible. En la angustia perdemos las referencias con las que definíamos nuestra experiencia y captamos el mundo en sí mismo. Dejamos de experimentarlo desde nosotros mismos, como algo que conocemos en la medida en que nos desenvolvemos en ello. Esto significa que no percibimos esto o aquello, sino la totalidad de lo real, de golpe, sin poder comprenderlo. Un bocado demasiado grande para digerirlo, que se nos atraganta.

La angustia nos coloca ante el mundo en sí mismo, sin la mediación de un esquema mental que nos permita encontrarle alguna explicación o utilidad. Es una desconexión que permitirá nuevas conexiones, aunque en el momento de sentirla, su impacto nos hace pensar que no habrá nada más. Nos vemos fuera del mundo, atrapados en el exterior, sin una llave que nos permita volver a entrar.

Seguro que, en tu infancia, alguna vez jugaste a repetir muchas veces una palabra hasta que perdía el sentido. Cuando hacíamos esto, lo que antes era un concepto familiar, estrechamente conectado con la parte del mundo a la que apuntaba, acababa convirtiéndose en un conjunto de fonemas sin referencia alguna. Un vocablo sin significado. En cierta forma, eso es lo que ocurre en la experiencia de la angustia, solo que esta vez no es una palabra lo que pierde su significado, sino la totalidad de la existencia.

Al perder el marco de sentido de la realidad, dejamos de saber quiénes somos. Antes, nos explicábamos a partir de nuestro entorno: hijos de nuestros padres, estudiosos de lo que nos interesa, talentosos en esto, torpes en aquello... Pero, una vez desconectados de todo contexto, no encontramos la forma de responder a la pregunta sobre nuestra identidad, porque ¿quién soy más allá de todo eso? De nuevo, el silencio como única respuesta.

Por todo ello, Heidegger nos habla de la orfandad existencial, la experiencia de no estar en casa, de no pertenencia al mundo, una vez perdida la familiaridad que solíamos percibir en lo real. Por ello rechazamos la angustia y hacemos lo posible por rehuirla, en vez de sostenerla. Al evitarla, negamos el aprendizaje que nos brinda —porque, créeme, tiene mucho que enseñarte— y empezamos a deambular a la deriva. Como tememos que no haya nada más allá de esa angustia, dejamos de atender a su mensaje, que por eso mismo se torna más incómodo, y nos perdemos en la vida. Literalmente, nos perdemos la vida.

Como nos muestra el filósofo y teólogo alemán Paul Tillich en *El coraje de existir* (1952), la experiencia de la angustia nos abre a la posibilidad de nuestro no ser, es decir, del fin de nuestra existencia. Para evitarla tratamos de convertirla en miedo, ya que este siempre tiene un objeto que la provoca, que podemos rechazar. Tenemos miedo de algo concreto que nos asusta y, si nos alejamos de ello, nos sentimos aliviados. Sin embargo, la angustia carece de objeto, porque se enfoca en la existencia misma, en la totalidad de los objetos y sus relaciones. No es posible alejarse de lo que se muestra en la angustia, porque está allá donde miremos. Resulta demasiado para ser pensado y, de nuevo, huimos.

El vacío existencial

En *Psicoterapia existencial* (1980), Irvin Yalom, psiquiatra norteamericano que nutrió sus terapias de estos conceptos existenciales, nos dice que este malestar se refiere a «un conflicto que emana del enfrentamiento del individuo con los supuestos básicos de la existencia». Ante la imposibilidad de comprender estas cuestiones o, más bien, debido al temor a que no haya nada que entender, surge el vacío existencial. Vacío que experimentamos en nuestro ser y que proyectamos sobre la vida. Nos sentimos vacíos, y creemos que es la nulidad de la existencia la que lo provoca, cuando es nuestro temor lo que nos lleva a ese estado.

Según Albert Camus, este vacío nos permite experimentar el absurdo de la existencia. El conflicto al que nos enfrentamos es el que se da entre nuestra racionalidad, que exige la comprensión de los fundamentos la vida, y la indiferencia del universo, que nos niega las señales para reconocerlos. Es el carácter ávido de la pregunta ansiosa el que nos impide obtener cualquier respuesta satisfactoria. Para él, la experiencia del vacío será la prueba de la total falta de sentido de la existencia, pero esta no deja de ser la conclusión de este autor, no la nuestra. Por el momento diremos que, en situaciones así, vivimos una experiencia del absurdo, de la absoluta irracionalidad de la vida. Que sea cierto o no será algo que tendrás que dilucidar tú mismo y, para ello, te iré ofreciendo más herramientas conforme avances en la lectura del libro.

El miedo que nos priva de la belleza de la vida

No es la angustia en sí, sino la falta de comprensión de lo que se nos muestra en ella, lo que nos lleva a la experiencia del vacío y el desasosiego. Aunque nuestra respuesta a la angustia suele ser el rechazo, te aseguro que existen caminos para transitar las crisis existenciales y salir renovados de ellas.

Sin embargo, estos periodos de bloqueo vital han sido históricamente juzgados como algo patológico, se ha visto en ellos únicamente el malestar psicológico que nos provocan y se ha propuesto «corregirlos», como si su presencia denotase cierto desequilibrio en nuestra salud mental. De esta forma, muchos autores de la historia de la filosofía y la psicología, como por ejemplo Viktor Frankl, han concluido que es una experiencia con poco o nada que aportar. Y se equivocan. Por ello, en el siguiente capítulo, abordaremos las claves que han motivado este rechazo, con la intención de desmontarlo. Así, podrás liberarte de los prejuicios patologizadores acerca del malestar existencial y podrás recuperar la libertad necesaria para recorrer el camino que te ofrece y llegar renovado al otro extremo.

Por eso no puedo hacer otra cosa que felicitarte, ya que, si has llegado a una crisis existencial, es porque has hecho las cosas bastante bien, aunque probablemente aún no lo veas así.

EN CONSULTA

Encontrar sentido en el día a día

Durante casi sesenta años, Katalin no había sentido la necesidad de reflexionar sobre cuestiones existenciales. Se casó muy joven, ya que se suponía que era lo que tenía que hacer. Se divorció unos años después, al darse cuenta de que no era así. Tras varios empleos un tanto precarios, logró un puesto fijo en un trabajo que no le apasionaba, pero que le permitía ayudar a los demás, conversar y llenar las horas de la jornada laboral con cierta facilidad. Ahí estuvo muchos años. Como sabía que el trabajo no lo era todo, se prejubiló en cuanto tuvo la oportunidad, con la intención de disfrutar de su tiempo, de sí misma y de una vida libre de ocupaciones y obligaciones. Al fin había llegado el momento de vivir a su manera. Sin embargo, no le resultó tan fácil.

Al contrario de lo que esperaba, el cese de la actividad habitual, de un horario exigente que la obligaba a ir corriendo de un lugar para otro, no dejó un espacio de calma y serenidad. Tras toda una vida anhelando esa libertad, la casa se le caía encima, no sabía qué hacer con su tiempo y empezó a sentirse cada vez peor. La apatía le podía, y ningún plan era suficiente para sacarla de casa. Todo le parecía falto de sentido. Además, al mirarse, cada vez se gustaba menos, y se sentía mal por no haberse cuidado más en el pasado, aparte de dar por hecho que ya era tarde para concederse ese regalo. Sentarse frente al televisor durante horas era lo único que anestesiaba la culpabilidad por una vida no aprovechada. Lo encendía y se apagaba la angustia. Al menos se atenuaba. Ahora que tenía el tiempo que siempre había buscado, estaba más lejos que nunca de poder disfrutarlo. Incapaz de hacer nada, los días se le escapaban uno tras otro.

En las primeras sesiones tuvo la oportunidad de revisar su vida y tomar conciencia de su resistencia a valorarse. Todos y cada uno de los logros que había conseguido habían pasado inadvertidos ante su negativa a reconocer su propio valor —algo que provenía de su infancia—. Así, pudo ver lo especial que era, y tomar conciencia de que ese temor a ser rara, que la había obligado a negarse ciertas decisiones vitales, no era más que la versión limitante de una singularidad y autenticidad que habían estado siempre ahí, expresándose, y que ahora iban a ver la luz.

A medida que se reconciliaba consigo misma, que comprendía e integraba su pasado, surgía una conexión más profunda con el presente, así como una mayor ilusión por su futuro. Nunca imaginó que el empujón que necesitaba para integrar esta revolución en su vida vendría tras enfrentarse a su mayor temor, la pérdida de la persona más importante de su vida.

Su padre, con el que estaba muy unida, encaraba la última etapa de una enfermedad que amenazaba con llevárselo en poco tiempo, o quizá concederle un poco más, aunque trayendo a cambio mucho sufrimiento. Ver su dolor, su continuo marchitarse, e intentar levantar el ánimo entre conversaciones de enfermedad y eutanasia era algo que le estaba robando toda su fe en la vida. Sin embargo, por dura que fuese esa situación, era algo que le tocaba vivir, por lo que no lo evitó.

Tomar conciencia de la situación le permitió ir más allá de su crudeza e impacto, observar en profundidad y reconocer con mayor amplitud otros detalles. No necesitó mucho para ver todo lo que había recibido de su padre, el alivio que le traería la muerte y la oportunidad que aún tenía de despedirse y acompañarlo hasta el final. Así lo hizo, y durante semanas trabajamos todo lo que rodeaba a esta situación, aceptando su futura partida, la pérdida que supondría, pero también todo lo que vendría después.

Tanto se volcó en este trabajo que, cuando su padre falleció, ella ya había transitado la mayor parte del duelo. Lo echaba de menos —y lo sigue haciendo—, pero recordaba sus anécdotas esbozando una sonrisa, agradeciendo lo vivido a su lado, todo lo que de él hay presente en ella y el hecho de que ya no sufriera.

Lo que parecía que iba a ser el principal obstáculo para que Katalin se reconciliase con su vida se convirtió en el mayor de los catalizadores. La muerte de su padre no solo no negó el valor de la existencia, sino que lo afianzó. Katalin encontró su centro y se lanzó a una vida que llevaba esperándola demasiado tiempo. No se embarcó en grandes proyectos, ya que lo cotidiano le ofrecía toda la ilusión y la belleza que necesitaba. Tampoco fue necesario el cultivo de ningún tipo de espiritualidad: para ella, lo que estaba más disponible en la vida —amigos, lecturas, la cerámica, etc.—, por cercano, le resultaba más que suficiente para nutrir de vitalidad su día a día.

Katalin descubrió la vida, y a sí misma, en lo más cotidiano. Encontró sentido y propósito en la sencillez. Decidió encarar el miedo y caminar en su dirección, hasta salir renovada de él. Se comprendió, se vio y se fascinó a sí misma. Amplió su horizonte, lanzó una mirada a la vida y no pudo evitar sumergirse en ella. Tras esto llegaron los viajes, las mudanzas y los tatuajes, aunque sí que mantuvo uno de sus viejos hábitos: sentarse cada día a ver *Saber y ganar*. Hay cosas que nunca cambian.

5
¡ENHORABUENA! ESTÁS VIVIENDO UNA CRISIS EXISTENCIAL

> Solo he tratado de pensar en un mundo que prefiere creer en los ansiolíticos, los somníferos o los antidepresivos antes que en la fuerza del pensamiento.
>
> MICHEL ONFRAY

Ha llegado el momento de que comprendas el para qué de tu crisis existencial. De que entiendas qué la ha traído ante tu puerta y cómo acoger lo que te ofrece para salir renovado de ella. Sin embargo, antes de explicarte las razones por las que ha surgido el malestar existencial en tu vida, necesito que entiendas lo que te ha impedido conectar con él hasta ahora. Por lo general solemos rechazar aquello que nos incomoda, y una crisis de este tipo puede llegar a ser tremendamente problemática.

En la actualidad existe la tendencia de etiquetar toda crisis personal como un trastorno psicológico. Asistimos a un fenómeno de patologización de la vida cotidiana, que convierte en enfermedad cualquier síntoma de fricción, impedimento o resistencia ante las circunstancias y que hoy es ya uno de los principales obstáculos para la obtención de una comprensión profunda de la vida. Por ello, la primera parada de este capítulo será la elaboración de una crítica filosófica a este exceso por parte de la psicología y la psiquiatría contemporáneas.

Una vez que hayas entendido que tu crisis existencial no tiene nada de patológico, estarás en disposición de profundizar en ella y extraer todo el significado para tu vida. Empecemos.

Aviso a navegantes: la necesaria convivencia entre filosofía y psicología

Antes de entrar en esta cuestión, es de vital importancia que te confiese el enorme respeto que profeso por la psicología, que siento muy cercana por varias razones. En ciertos momentos de mi vida acudí a ella como paciente, y en la mayoría de mis experiencias sentí que los resultados estuvieron a la altura de lo esperado. Además, muchos de mis consultantes han vivido procesos de psicoterapia o incluso los continúan mientras trabajan conmigo, y me transmiten su satisfacción al respecto.

A nivel profesional, mi relación con el ámbito de la psicología es de total armonía. Por lo general recibo mucho respeto hacia mi labor por parte de la mayoría de los psicólogos clínicos que conozco. Cuando algún consultante me ha solicitado que me ponga en contacto con su psicólogo o psicóloga para coordinar ambos procesos, siempre he encontrado al otro lado a un terapeuta competente, comprometido con su paciente, que mostraba curiosidad por mi trabajo y con el que me he entendido a la perfección, hasta el punto de poder construir juntos un maravilloso tándem terapéutico.

De hecho, una parte de mis consultantes son psicólogos clínicos de profesión que acuden a mí para ahondar en su autoconocimiento, lo cual no hace sino remarcar su enorme madurez y profundidad personal. Por otra parte, cuando alguien que se plantea trabajar conmigo me presenta sus dudas acerca de si hacerlo desde la filosofía o desde la psicología, mi respuesta siempre es la misma: «Busca a un psicólogo cuya propuesta te resuene y pregúntaselo, yo solo puedo hablarte de lo que hago».

Si esta convivencia es posible, es porque la mirada filosófica, tanto en su vertiente teórica como en su práctica de consulta, bajo ningún concepto se presenta como un sustituto de la psicología o la psiquiatría, no al menos en mi enfoque. La filosofía no viene a negar nada, sino más bien a complementar.

Lo que comparto con todos estos profesionales es el profundo respeto por la complejidad de la experiencia humana, que nos obliga a una enorme humildad intelectual, en la que reconocemos que ningún paradigma será jamás lo suficientemente amplio como para abarcarlo todo. No lo hay ni debemos aspirar a ello. No es posible abordar la existencia humana desde un único marco teórico, por lo que la convivencia y la comunicación entre las diferentes áreas de conocimiento será siempre el único camino para avanzar en el desarrollo de la conciencia.

Por todo ello es importante que no confundas la crítica filosófica a la psicopatologización de la vida cotidiana que realizaré a continuación con un rechazo al quehacer psicológico. Parece que nuestra sociedad por fin comienza a darse cuenta de la importancia del cuidado en salud mental y, en esa lucha, la psicología es la disciplina que debe liderar el cambio.

Dicho esto, pongámonos manos a la obra.

La medicalización de la vida

Como vimos en el segundo capítulo, la filosofía tuvo un acercamiento hacia la medicina en sus orígenes griegos que supuso toda una transformación de la disciplina, al convertirla en un arte de vida con una marcada base humanista. Sin embargo, está claro que este giro hacia la vida era algo intrínseco a la mirada filosófica, y no tanto al paradigma médico, ya que en la actualidad ha ocurrido justo lo contrario con la aproximación que ciertos sectores predominantes de la psicología han llevado a cabo hacia la medicina más científica. En lugar de ampliar el método para que sea capaz de acoger toda la profundidad de la experiencia humana, su esfuerzo ha tomado la dirección opuesta y se ha obsesionado con una cuantificación que reduce fenómenos humanos de enorme complejidad a sus elementos más primarios, como los neurológicos. Un «complejo de bata blanca» que, lejos de hacer más comprensivo el abordaje psicológico, lo ha llevado a centrar su labor en procesos de etiquetado, imitando el estilo de diagnóstico de las enfermedades somáticas y alejándose de la experiencia del individuo.

Entender la práctica psicológica desde la perspectiva médica ha dado lugar a un intento de explicar todo evento mental o emocional según los factores orgánicos que lo subyacen, algo que supone un flagrante reduccionismo biologicista. Es lo que hoy conocemos como la *teoría del desequilibrio químico*, un enfoque en psiquiatría que aborda cualquier evento mental disruptivo en términos de alteraciones de la química cerebral, sin atender a la experiencia concreta del sujeto ni al significado latente de su malestar. Así, a cada «trastorno mental» le acompañará una determinada medicación capaz de reajustar ese desequilibrio químico o, más bien, de generar otro diferente, pero supuestamente más adaptativo.

Así llegamos a antidepresivos mundialmente conocidos, como los inhibidores selectivos de la recaptación de la serotonina (ISRS), entre los que destaca el Prozac —contra el que Lou Marinoff dirigió su obra *Más Platón y menos Prozac* (1999)— y que vinieron a sustituir a los tricíclicos, tetracíclicos y los inhibidores de la monoaminooxidasa (IMAO), más antiguos y cada vez menos recetados por sus brutales efectos secundarios.

Un modelo de intervención en cuadros depresivos enormemente cuestionado por las nuevas investigaciones, como la que el psiquiatra inglés Mark A. Horowitz y otros autores publicaron en la revista *Molecular Psychiatry* en 2023, en la que defendían que la explicación del desajuste químico como causa de la depresión no tiene suficiente base científica. Está claro que la química cerebral desempeña un papel importante en la comprensión de nuestros estados internos, pero situarla en un lugar tan central como para acabar negando el resto de las aristas es bastante peligroso.

A pesar de que cada vez surgen más estudios que revelan los terroríficos efectos secundarios de esta forma de narcotizar el malestar emocional, la medicación sigue siendo hoy por hoy la forma más extendida de anular los síntomas del sufrimiento humano, un paradigma que se ha visto potenciado y expandido por los intereses de la industria farmacéutica, que difunde su influencia en todo el sector sanitario. Ante un cuadro de ansiedad, es mucho más barato recetar una benzodiacepina —un ansiolítico centrado en la elevación del neurotransmisor GABA en el cerebro— que concienciar acerca del problema y ofrecer medios para recibir una terapia adecuada.

Te daré un dato que te dejará a cuadros: según el informe anual de 2022 de la Junta Internacional de Fiscalización de Estupefacientes (JIFE), España es el país número uno en consumo mundial de ansiolíticos. Sí, nuestro país, ese en el que tanto nos enorgullecemos de nuestra calidad de vida. Esto es algo extremadamente preocupante, ya que los ansiolíticos no solo no curan, sino que además caminan en la dirección opuesta de la comprensión y la superación del obstáculo emocional, al incapacitar al sujeto para sostener la experiencia que está viviendo. Los ansiolíticos nos privan de la oportunidad de afrontar en el presente el obstáculo que tenemos delante, posponen y aumentan el bagaje del problema, lo que provoca que este sea cada vez sea más invasivo, además de mermar nuestra capacidad para tomar las riendas al respecto. Anestesiados, somos incapaces de comprender las razones de nuestra ansiedad y de encontrar la forma de liberarnos de ella de forma orgánica y natural.

Está claro que esta voluntad de encontrar en el cerebro las causas del malestar emocional no hace más que alejarnos de una comprensión profunda de las mismas. Sin embargo, hay esperanza al respecto. Obras como *Hablando claro. Una introducción a los fármacos psiquiátricos* (2013), de la psiquiatra británica Joanna Moncrieff, son un ejemplo de las nuevas corrientes críticas que alertan de los peligros de la medicalización del sufrimiento humano y apuestan por una mirada más holística, que incluya las dimensiones culturales, sociales y existenciales de la experiencia humana y no solo cuestiones de supuesta correlación en la química cerebral.

La psicopatologización del malestar vital

Otra de las consecuencias de medicalizar el sufrimiento emocional ha sido la proliferación de etiquetas patológicas para toda clase de fenómenos mentales y emocionales. De esta forma, comportamientos que podrían haberse considerado «normales», como la tristeza, la timidez o el miedo, se convierten automáticamente en depresión, fobia social y ansiedad, diagnósticos que hacen del sujeto que las vivencia una persona con un «trastorno mental».

Como humanos, somos seres conceptuales. Necesitamos comprender y, para ello, a veces es importante poner nombre a las cosas. Ordenamos, clarificamos, analizamos y etiquetamos. El estudio de la psique humana no ha sido una excepción, como nos muestra su historia.

Ya en el siglo IV a. C., el propio Hipócrates diferenciaba entre estados como la *manía* —relacionada con experiencias místicas, de comprensión profunda del mundo— y la *melancolía* —lo que hoy llamaríamos «depresión»—, una distinción que se mantuvo hasta el Renacimiento a través de Galeno. Philip Barrough, médico inglés, introdujo la *demencia* como tercera categoría en 1583. A lo largo de los siglos XVII y XVIII, estos conceptos fueron ampliados y matizados por la *Antropología desde un punto de vista pragmático* (1798) de Immanuel Kant y el *Tratado médico-filosófico de la enajenación del alma, o manía* (1804) de Philippe Pinel, considerado el padre de la psiquiatría clínica moderna, quien añadió dos tipos de *manía* —con o sin delirios— e incluyó la *idiocia*, entendida esta como la deficiencia de las facultades mentales. También en el siglo XVIII, el médico y naturalista sueco Carl von Linné amplió esta clasificación con nuevos géneros de enfermedades: ideales (delirio, amentia, manía, melancolía y vesania), imaginarias (hipocondría, fobia, sonambulismo y vértigo) y padecimientos (bulimia, polidipsia, satiriasis y erotomanía).

Sin embargo, fue el trabajo del psiquiatra alemán Emil Kraepelin, con su *Compendium der Psychiatrie* [Compendio de psiquiatría, 1883], el que inauguró la clasificación de los trastornos mentales tal y como los conocemos hoy, al agrupar conjuntos de síntomas y categorizarlos como síndromes concretos. Como basó sus criterios en causas orgánicas, hizo que el prejuicio biologicista se afianzase en el estudio de la psique.

Aunque en esta época ya se daba una enorme importancia a la clasificación de los trastornos mentales, tras la Segunda Guerra Mundial esto se priorizó aún más, por la necesidad de un lenguaje clínico común frente a la enorme crisis de salud mental que se produjo tras la vuelta a casa de los combatientes, profundamente traumatizados. Esta es también una de las razones por las que Estados Unidos ha estado a la cabeza de las clasificaciones en trastornos mentales, un proyecto que allí iniciaron el Ejército y la Marina, pero en el que después se pidió la colaboración de psicólogos y psiquiatras.

En nuestros días vivimos tal explosión de categorías patologizantes que es casi imposible atravesar un momento de crisis personal sin verse diagnosticado por varias de ellas. Ejemplo de ello es el *Manual diagnóstico y estadístico de los trastornos mentales* (DSM, por sus siglas en inglés), desarrollado por la Asociación de Psiquiatría Americana (APA), cuya primera edición contaba con la descripción de ciento seis trastornos mentales, y que en su quinta edición superó los trescientos. Tendremos que esperar a la publicación del *DSM-VI* para ver si esta proliferación de patologías mentales sigue en aumento, aunque todo apunta a que así será.

Surge además otro problema en la categorización de los trastornos mentales, y es el de la subjetividad de los criterios diagnósticos. El hecho de que la diferencia entre salud y enfermedad en el ámbito de lo mental dependa del consenso de expertos en psicología y psiquiatría es algo cuestionable, al tratarse de profesionales que pueden no ser conscientes de los sesgos de los enfoques, las perspectivas y los paradigmas desde los que normativizan la vida mental de la población. Sin un adecuado cuestionamiento de sus criterios, es fácil dejarse llevar por esta corriente patologizadora, más aún teniendo en cuenta la presión del *lobby* farmacéutico.

Reducir la complejidad latente en todo individuo a un listado de síntomas es tan limitado como dañino. No solo se coarta la comprensión de sus fenómenos mentales, sino también la expresión de su profundidad humana, lo que ahoga la singularidad y la experiencia de vida que lo hacen único. Además, la facilidad para categorizar como trastornos ciertos comportamientos humanos tiene un alto riesgo de estigmatización, con el enorme perjuicio que ello conlleva para el sujeto que recibe el diagnóstico. Una vez etiquetado, es fácil que todo aquello que manifieste se juzgue a través de lo esperable de ese trastorno, lo que priva al paciente del legítimo ejercicio de su racionalidad y responsabilidad personales.

Por otra parte, el impacto de la etiqueta no es solo social, ya que el paciente también puede empezar a pensarse únicamente a través de su trastorno, hasta llegar a integrarlo y patologizarse más, algo que podría ser más perjudicial que la propia enfermedad mental, en caso de haberla. Voces críticas como la del sociólogo norteamericano Thomas J. Scheff o el psiquiatra español Javier Álvarez advierten de que en ciertos casos el trastorno puede llegar a convertirse en el centro de su experiencia de vida, tanto en el trato con los demás como consigo mismo.

Esta misma cuestión la aborda el filósofo francés Michel Foucault en su magnífica *Historia de la locura en la época clásica* (1961), un estudio que nos muestra cómo las formas de opresión y control social que el sistema psiquiátrico puede llegar a ejercer sobre el individuo ya se encontraban de forma explícita en sus inicios. Como señala Thomas Szasz en su obra *El mito de la enfermedad mental* (1961), quizá sea necesario dejar de entender los trastornos mentales como categorías monolíticas, cerradas sobre sí mismas, y verlos como procesos dotados de una lógica interna y una semántica específica que es necesario comprender para poder superarlos.

Una mirada humanista a la enfermedad mental

Como ya señalé al principio, no pretendo negar la existencia de los trastornos mentales ni cuestionar la legitimidad de los profesionales sanitarios que los abordan. Sin embargo, aunque el eje de este libro sea un fenómeno totalmente ajeno al de la enfermedad mental, defender el carácter no patológico de las crisis existenciales exige pensar las líneas divisorias que las separan de ella. Para ello es necesario concebir el sufrimiento psicológico desde una perspectiva más humana, consciente de nuestra tendencia inherente al crecimiento y liberada de la miopía patologizadora que anula al sujeto que la sufre mientras niega el mensaje de su dolencia.

Es posible una aproximación al malestar emocional que vaya más allá de la mera categorización y que acoja el fenómeno al completo: desde la comprensión de su genealogía de origen, hasta su despliegue y posterior resolución. Multitud de profesionales de la psicología y la psiquiatría nos lo advierten desde hace décadas, y es esta la razón por la que muchos de ellos se acercaron a la filosofía con el fin de dar a su enfoque una base humanista y existencial.

Un ejemplo claro es el de Irvin Yalom, gran lector de Nietzsche, que en el ya mencionado *Psicoterapia existencial* (1980) defendía que el trastorno mental es la consecuencia de la ruptura del sujeto frente al mundo, una especie de fracaso a la hora de afirmarnos como individuos frente a la vida. Yalom se apoya en el concepto de angustia existencial que describimos en el capítulo anterior para caracterizar la enfermedad mental como una forma ineficaz de resolver dicha angustia. A pesar del sufrimiento que genera, Yalom considera que se trata de una ruptura interna que alberga las herramientas para una transformación total del individuo, si este acepta la tarea de acoger e integrar lo que se le ofrece en la experiencia.

Si es la evasión de la realidad, la huida frente al dolor de la experiencia humana, lo que da lugar a la patología, la única vía para el cambio, por necesidad, será cultivar nuestra capacidad de afrontar la vida en sí misma, tomar las riendas de lo que somos y arrebatárselas a esas estrategias psicológicas de autodefensa que nos las robaron.

En el plano cognitivo, la ansiedad se presenta como un estado de alerta excesivo, de temor y anticipación ante situaciones presentes y futuras que creemos que nos superarán. Sin embargo, como toda experiencia humana, posee muchas más dimensiones. En *El dilema del hombre. Respuestas a los problemas del amor y de la angustia* (1953), el psicólogo norteamericano Rollo May nos ofrece una aproximación a la ansiedad que la presenta como una respuesta de huida frente a la incapacidad de afrontar ciertas cuestiones existenciales. May la explica enraizándola en su génesis filosófica, esto es, entendiendo que va más allá de una mera reacción ante el entorno y reconociendo en su núcleo la dinámica entre la pregunta que el sujeto se plantea sobre su identidad y la respuesta que es capaz de configurar a través de su relación con el mundo.

Sufrimos ansiedad cuando nos sentimos incapacitados para expresar lo que somos, cuando creemos que no disponemos de los medios para vivir la vida de forma coherente con nuestro ser. May añade una característica fundamental a la ansiedad, al mostrarla como una clausura de la conciencia del sujeto, un bloqueo de su capacidad afectiva que, cuando se extiende en el tiempo, da lugar a cierto grado de despersonalización y apatía, ya que no estamos diseñados para sostener la ansiedad de forma continua —su función natural es colocarnos en estado de alerta en un momento preciso, no anclarnos en él de forma indefinida.

Para él, la ansiedad está profundamente relacionada con la cuestión del sentido, al entenderla como la pérdida del sentido de uno mismo en relación con el mundo objetivo. Por ello, la ansiedad se muestra como síntoma de otra clase de afección existencial, no patológica pero igualmente nociva, como es la inautenticidad. No ser quienes realmente somos es algo que nos destroza. La ansiedad entendida como el estado mental más común de aquellos que nunca han podido —o no se han permitido— reconocer su capacidad de afirmar lo que son en el mundo. Una adaptación paliativa que impide el pleno desarrollo del individuo, aunque lo protege en momentos de estrés.

En este sentido, Abraham Maslow verá la causa del trastorno mental en esta carencia ontológica, en la experiencia de falta de ser, hasta afirmar que es la negación del sujeto la que lo conduce al estado patológico. Como ves, estas aproximaciones a la enfermedad mental ponen el acento en la experiencia ontológica del ser humano, en su relación con el ser y en el perjuicio que sufrimos cuando experimentamos una desconexión respecto de lo que somos.

Entonces... ¿qué es estar sano?

Tras este breve recorrido sobre las raíces históricas de la psicopatologización actual, y después de habernos acercado a una mirada más humanista y existencial sobre la enfermedad, tenemos casi todo lo que necesitamos para nuestro objetivo inicial, que es el de demostrar que las crisis existenciales no son un fenómeno patológico en sí mismo. Por ello nos toca hacernos la siguiente pregunta: ¿cómo diferenciamos lo «normal» de lo «patológico»?

Para Paul Tillich, esta es una cuestión estrictamente filosófica, al considerar que nuestra incapacidad para definir unos límites claros entre salud y enfermedad, entre angustia existencial y angustia patológica, se debe a lo limitado de nuestra concepción ontológica. Según él, es la falta de madurez de la mirada científica la que nos incapacita para reconocer que la angustia patológica es un estado en el que puede desembocar en ocasiones la angustia existencial, pero que en absoluto es una consecuencia lógica de ella.

Mientras seamos capaces de sostener la angustia existencial, sin ceder a los momentos de desesperación o al impulso de huida que brota de ellos, podremos afirmarnos a través de esta experiencia. Viviremos una angustia existencial normal, sana, transformadora, filosóficamente revolucionaria y, por supuesto, temporal.

Erich Fromm, psicoanalista, psicólogo y filósofo alemán, nos dice que hay dos formas de definir la normalidad, entendida esta como salud. La primera la define a partir del funcionamiento social. Según esto, *normal* será todo aquello que nos ayude a encajar en la sociedad, que sea adecuado para desenvolvernos en las prácticas sociales de nuestra cultura. Esto significará que, mientras podamos trabajar y ser unos ciudadanos operativos, poco importará nuestro estado interno. En el capítulo siete veremos más sobre el carácter opresivo de esta ideología dominante, pero no es necesario darle muchas vueltas para empezar a sentir incomodidad ante este planteamiento, más aún si recordamos las palabras del pensador indio Jiddu Krishnamurti: «No es signo de buena salud el estar bien adaptado a una sociedad profundamente enferma».

La segunda acepción de normalidad que nos ofrece Fromm sí tiene en cuenta nuestro equilibrio interno, ya que define la salud según la gestión personal, el desarrollo interior y la capacidad para cultivar nuestro propio bienestar. Desde aquí podemos afirmar sin tapujos que es normal notarnos incómodos en nuestra vida, atravesar periodos de cambio y desorientación, sentir tristeza y miedo e incluso dolor cuando hemos vivido algo que, en sí mismo, nos produce daño.

Lo que no es normal es dejarnos llevar por dinámicas sociales que solo nos aíslan de los demás y nos impiden reconocer quiénes somos. No es normal que estar al día con nuestras obligaciones de sujetos funcionales sea algo incompatible con la salud mental y tampoco lo es que, además, nos sintamos culpables por ello.

Como señaló Abraham Maslow en *El hombre autorrealizado. Hacia una psicología del ser* (1962), tener síntomas no es estar enfermo. Tampoco gozar de salud es carecer de síntomas. Puede incluso que, en ciertas situaciones, la ausencia de síntomas cuando deberían tenerse sea el estado más enfermizo en el que podemos llegar a encontrarnos. La vida duele, nos vapulea, eleva y arrincona, y es normal que eso nos trastorne, sin que ello nos obligue a etiquetarnos como enfermos.

Tu crisis existencial no es patológica

Sigmund Freud estaba convencido de que el mero hecho de preguntarse por el sentido de la vida constituía en sí mismo un síntoma de enfermedad mental. Se equivocaba, y es algo que hasta el mismo Carl Gustav Jung trató de hacerle ver, sin éxito.

Incluso Viktor Frankl, psiquiatra austriaco y creador de la logoterapia, defendió un estado previo no patológico, el de la «frustración existencial», caracterizado por la apatía, el aburrimiento y la falta de interés, dirección y sentido vital. Sin embargo, debido a su formación psicoanalítica, consideró que si esa experiencia daba lugar a un vacío existencial profundo, entonces sí que constituía una enfermedad mental —a la que llamó «neurosis noógena», por relacionarse con la dimensión noética o espiritual del ser humano—. También se equivocaba, pero veremos las razones de su error en el próximo capítulo, cuando abordemos la cuestión del sentido de la vida y la debilidad de la propuesta de Frankl y otras al respecto.

La realidad es que tu crisis existencial no es patológica. O, al menos, no tiene por qué serlo. De hecho, podría incluso no resultar problemática, pero muy probablemente nadie te lo haya dicho hasta ahora. Una parte de los consultantes que llegan a mí lo hacen porque, en el curso de sus procesos con especialistas del ámbito de la psicología, sienten la necesidad de abordar la cuestión del sentido de la vida, a lo que estos suelen responderles con un «es mejor no pensar en esas cosas».

Por una parte, considero que no es legítimo exigir al gremio de la psicología que esté versado en cuestiones filosóficas y existenciales, ya que no es su campo. No podemos criticarles que no estén a la altura de estas problemáticas, porque ya dan la talla en muchas otras en las que nadie más lo hace. Además, la cada vez mayor amplitud de propuestas terapéuticas y de crecimiento personal permite una enorme especialización en esta clase de ámbitos, por lo que en la actualidad cualquiera que quiera tratar estas cuestiones puede hacerlo con un consultor filosófico capacitado para ello. Sin embargo, hay una razón más relevante que explica este rechazo a asomarnos al mensaje de nuestras crisis existenciales.

El temor metafísico a la vida

Es fácil reconocer una profunda desconfianza hacia la vida en estas situaciones, la cual acaba por arruinar cualquier proceso terapéutico o búsqueda filosófica. Este «no querer mirar» ciertas cuestiones existenciales responde a un temor metafísico, a la creencia de que, si ahondamos en ellas, acabaremos topándonos con conclusiones devastadoras de las que no seremos capaces de recuperarnos. Tememos lo que es, incluso antes de conocerlo. Nos asusta la verdad, a pesar de ignorarla.

Actuamos como si estuviéramos convencidos de que el fondo de la realidad es negativo o que no hay nada en él capaz de dar sentido a una vida, y por lo tanto debemos esforzarnos por evitarlo. Esta sería una versión de un nihilismo reactivo, una forma de ver la existencia como algo carente de sentido, la cual creemos que nos obliga a rechazar la vida. En el próximo capítulo veremos por qué no es así, ya que, incluso si la vida carece de sentido, hay formas de vivirla con plenitud.

Existencial y *pesimista* no son términos sinónimos, como tampoco lo son *nihilista* y *depresivo*. Cuestionar la existencia es algo tan necesario como transformador, ya que afrontar estos asuntos es la única vía que tenemos para ir más allá de nosotros mismos y ampliar nuestra forma de ver la vida. Rechazamos la vocación existencial latente en cada uno de nosotros por miedo a encontrar respuestas que no nos gusten, y las tememos justo por ser víctimas de esos límites de nuestro pensamiento, que quedarían destruidos automáticamente si nos permitiésemos reflexionar sobre todo ello. Sufrimos las consecuencias de un desapego y una represión de lo ontológico que late en nosotros, y nos desconecta de nuestra tendencia natural al crecimiento, la comprensión y la aceptación de la vida.

Acoge tu crisis existencial

El impacto que tu crisis existencial va a tener en tu vida dependerá de cómo interactúes con ella. De hecho, te relacionarás con ella de la misma forma que lo haces contigo y con la vida, por lo que ya puedes anticipar una parte de los obstáculos que te tocará afrontar. Si, desde un primer momento, fuésemos capaces de confiar en la vida y abrirnos a cuanto nos traen estos fenómenos de transición existencial, te aseguro que sería un proceso tan revolucionario como inocuo. Sin embargo, nos resulta difícil no defendernos de lo que desconocemos, no rechazar lo que tememos, y de esta forma somos nosotros mismos los que nos provocamos el daño. Es la lucha contra la vida la que nos lleva a la ansiedad y la depresión, no su supuesta falta de sentido.

Por suerte, cada segundo de nuestra vida nos ofrece la posibilidad de acoger el proceso de cambio existencial, de responder a su llamada y atender a la información que nos presenta. La llave del cambio siempre está disponible, ya que todo en nosotros se inclina al crecimiento. Si estamos dispuestos a reconocer aquello que nos interpela, encontraremos en la reflexión filosófica la ayuda que necesitamos. Cuando pensamos para comprender, y no para defendernos, todo es más fácil, ameno y cercano. Puede que hasta cómico, como defendieron algunos pensadores existencialistas, como el propio Albert Camus.

Queda así demostrado que en toda crisis existencial reside un proceso de aprendizaje, de cambio orgánico, integral, que además de estar disponible a través de esta experiencia, es la razón misma de su origen. La crisis llega para anunciar un cambio de ciclo y trae consigo cuanto necesitamos para hacerlo efectivo. Estoy convencido de que siempre has creído que habías llegado a una crisis existencial por darle «demasiadas vueltas» a la cabeza. Que es un fallo tuyo, algo que no funciona bien en ti, lo que ha hecho que te estanques en cuestiones con las que otros parecen lidiar con total fluidez.

Te alegrará saber que no es así y que has tenido que hacer muy bien las cosas para llegar a este punto. Lo sé, suena contradictorio eso de hacer las cosas bien y acabar tan mal, pero la realidad es que ni estás mal ni esto ha acabado. De hecho, tu camino no ha hecho más que empezar.

La madurez filosófica

Son las preguntas que te has hecho, y la necesidad de las mismas, las que te han traído a este lugar. No has llegado a una crisis existencial por haberte perdido, sino que era necesario extraviarse para llegar aquí y seguir avanzando. Tus reflexiones te han llevado a tal punto de madurez filosófica y existencial, que era inevitable que esto pasase, y ahora es momento de continuar tu camino, aunque puede que no sepas hacia dónde y tengas la sensación —o el temor— de que no haya ningún lugar al que ir.

No importa la causa de tu crisis vital: si ha sido la ruptura repentina de tu cotidianidad, si lo ha provocado algún evento traumático o si fue el devenir de tu diálogo interno el que te ha traído a estos derroteros. Es irrelevante, porque estas situaciones no han causado tu crisis existencial, sino más bien han posibilitado que entres en este periodo de reflexión profunda. Ninguna experiencia obliga a cuestionar el sentido de la vida, ya que, cuando no estamos preparados para ello, nuestra psique siempre reacciona de forma evasiva y rehúye estas cuestiones, para limitarse a sobrevivir al malestar. Seguro que conoces a personas que han pasado por experiencias similares a la tuya o que han vivido momentos realmente difíciles sin que ello les haya llevado a ningún tipo de cuestionamiento o cambio interior. Sencillamente, no era su momento.

Por el contrario, tú te has sumergido en esta experiencia. Algo en ti te ha lanzado a ella. No lo has decidido, es cierto, pero si ha ocurrido es porque estabas preparado, porque ya dispones de las herramientas que precisas para transitar por todo el proceso. Tan solo es necesario que clarifiques un poco tu pensamiento y te liberes de ciertas concepciones que ya no aportan nada.

Tu madurez filosófica te ha traído hasta aquí. Un crecimiento que no ha nacido de la lectura de libros sesudos, sino de la voluntad de llevar una vida lúcida, examinada y auténtica. Es este compromiso contigo mismo y con la vida, que seguro firmaste hace tiempo, el que te ha permitido desarrollar esa sensibilidad especial de la que tanto nos habló Albert Camus, la capacidad única del ser humano de experimentar «evidencias perceptibles para el corazón, pero que se debe profundizar a fin de hacerlas claras para el espíritu».

Romper la crisálida

Esta es la razón por la que estás viviendo una crisis existencial. Tu cosmovisión, esa forma de comprender y explicar la vida de la que te hablé en el capítulo tres, se te ha quedado pequeña. Tanto es así, que necesitas romperla, y todo movimiento de ruptura implica cierto grado de violencia. Tu experiencia es semejante a la de la oruga que ya se ha transformado en mariposa y necesita romper la crisálida para desplegar sus alas; idéntica a la del cangrejo que, tras ver aumentado su tamaño, reconoce la necesidad de exponerse a la vulnerabilidad y orfandad que implica dejar atrás su caparazón, con el fin de generar otro capaz de albergar toda su potencialidad.

Se trata de un proceso orgánico, natural, pero en un sentido existencial. Nuestro compromiso con la verdad nos impulsa a crecer, a incluir cada vez más contenidos en nuestro pensamiento, para comprender la realidad con la mayor claridad posible. Sin embargo, la estructura sobre la que estas ideas reposan, el entramado de significado en el que las colocamos, necesita en ocasiones ser reformado, para adaptarse a la complejidad creciente del pensamiento. Cambios de paradigma interno tan impactantes como revolucionarios, tan transformadores como necesarios.

La crisis existencial es la oportunidad de liberarnos de la cosmovisión anterior, esa a través de la cual percibíamos nuestra vida. Un paradigma que probablemente no fuese tuyo, sino más bien heredado o impuesto por tu familia, escuela, religión, etc. Al igual que el proceso socrático, en el que el trabajo *eléntico*, de deconstrucción, de derribo de lo que ya no sirve, da lugar al *mayéutico*, en el que damos a luz a nuevas formas de comprensión, la crisis existencial nos permite apropiarnos de nuestro pensamiento, hacernos dueños de nuestra experiencia del mundo, tomando de lo anterior solo lo que nos aporte y dejando espacio para todo lo que está por venir.

La pregunta por el sentido

Puede que esta sea la primera vez en tu vida en la que estás verdaderamente preparado para cuestionarlo todo. El momento en el que puedes mirar a la existencia a los ojos, desechar cuanto te habían contado de ella y lanzarte a encontrar tus propias respuestas. Sé que esto te resulta motivador, pero entiendo que también pueda darte un poco de vértigo. De hecho, es probable que te aterre.

Empiezas a comprender que no hay vuelta atrás, y que este es un proceso positivo, que te aportará mucho más de lo que te quita. Sin embargo, ahora temes que, al preguntar por el sentido de la vida, no encuentres respuesta alguna y que ese silencio acabe convirtiéndose en la conclusión final. Te asusta que la vida no tenga un sentido previo capaz de sostenerte, y que esa nueva realidad que captes por ti mismo te lleve a añorar tu vida anterior, más ignorante y confortable.

¿Recuerdas cuando, en tu infancia, descubriste que los Reyes Magos no existían? Sin duda fue un duro impacto para tu joven cosmovisión, y seguro que al principio deseaste no haber abierto los ojos a esa realidad, porque tu mirada anterior te parecía más mágica, bella y acogedora. A pesar de ello, estoy seguro de que tardaste poco en darte cuenta de la necesidad de esa toma de conciencia, y de que la magia y la ilusión de la existencia no acababan ahí. Al contrario, fue ese despertar el que te permitió abrirte a nuevas realidades, que jamás cambiarías por esa creencia infantil en los Reyes Magos.

Pues bien, te aseguro que te ocurrirá lo mismo con tu crisis existencial. Puede que ahora te asuste, pero pronto comprenderás que la vida no es algo que uno deba temer, y que no necesitamos que sea de una determinada manera para llevarnos bien con ella. Como señaló Nietzsche, la vida puede ser afirmada en sí misma, incluso en las peores circunstancias. Por eso, ahora es el momento de que te preguntes si la vida tiene sentido, y de que lo hagas de forma libre, sin miedo. Como te mostraré en el próximo capítulo, incluso si concluyeses que nada de esto tiene sentido, y que la vida es fruto del más puro y azaroso absurdo, existen maneras de vivirlo con total plenitud y autenticidad, sin necesidad de edulcorantes ni placebos.

Pero no adelantemos nada, porque esa es una de tantas respuestas posibles, y la meta es que ahora tú encuentres la tuya propia.

EN CONSULTA
Sentirnos seguros mientras todo se derrumba

Desde que damos nuestros primeros pasos en la existencia, el miedo está presente. Es este temor a la vida el que hace tan difícil integrar la distinción estoica entre lo que depende de nosotros y lo que no. Como verás con estos dos ejemplos, vivir fingiendo que podemos lograr cuanto queremos es algo que suele traer problemas —y no solo metafísicos.

Para Víctor, la vida siempre había sido un entorno de una disponibilidad absoluta, un escaparate del que uno podía tomar cuanto quisiera, siempre y cuando estuviera dispuesto a pagar el precio con su esfuerzo. No había nada que considerase ajeno a sus posibilidades si le dedicaba el suficiente trabajo. Unas circunstancias familiares favorecedoras, un entorno de apoyo y aliento y una gran facilidad para los estudios parecían confirmar su teoría. A la ligereza con la que obtenía sus logros —una nota altísima en la prueba de acceso a la universidad, multitud de matrículas de honor en la carrera que eligió y la obtención del puesto de trabajo soñado casi a la carta— se sumaba la claridad con la que los elegía, ya que cada nueva decisión se vivía como una consecuencia lógica de la anterior. Cada paso, sencillo y obvio a su parecer a pesar del enorme esfuerzo de otros, le llevaba al siguiente, de forma natural. Así, llegó a la conclusión de que el fracaso, o la sensación de desorientación en la vida, eran experiencias que no tendría por qué vivir, siempre y cuando se esmerase en evitarlas. Se sentía inmune a la derrota y capaz de todo.

Se presentó en mi consulta cuando la corriente de sus decisiones comenzó a bifurcarse, y su vida tomó unos derroteros inesperados. Tras años de éxitos académicos y profesionales, llegaron a su vida algunos obstáculos que no supo integrar, ya que escapaban a la forma que tenía de comprender la realidad. Fracasos amorosos, conflictos familiares y una enorme insatisfacción laboral le mostraron una cara de la vida que nunca antes había experimentado. Tenía que decidir qué camino tomar, pero, a diferencia del pasado, no sabía a dónde dirigirse, y ya no confiaba en su destreza para conseguirlo. Temeroso de la vida y con muchas dudas acerca de su capacidad, cayó en el bloqueo más absoluto.

No es fácil reconciliarte con la existencia cuando tomas conciencia de que tus decisiones pueden llevarte a un lugar peor que el que habitas ahora. Es más doloroso aún cuando, tras años de sentirte invencible, el mundo te obliga a reconocer que no lo puedes todo. Si la consecución de mis objetivos no responde directamente a los dictámenes de mi voluntad y, además de incapacitado, considero que puedo verme atrapado allí donde no quiero estar, es casi imposible no pensar que todo va a ir de mal en peor, ¿cierto?

En nuestros diálogos, Víctor logró comprender que no necesitaba ejercer el papel de diseñador de su vida, sino sencillamente el de un protagonista con mucho que decir sobre una trama que no ha escrito, pero que codirige. Como el inspirador poema *Ítaca* del autor griego

Constantinos Kavafis —que nos invita a reconocernos en la figura de un Ulises que se embarca en el incierto camino de vuelta a su tierra—, entendió que su tarea era vivir su vida al completo, con sus aciertos y sus fracasos, confiando en el camino y en lo que este pudiera ofrecerle. Reconoció en el error la marca del aprendizaje y celebró su necesidad. Tomó conciencia de que no necesitaba ser inmune para sentirse seguro, ni saber a dónde ir para no estar perdido.

El proceso que acabo de describir refiere a un paso natural, de apertura y conexión con la vida, por lo que está disponible para cada uno de nosotros. Sin embargo, no siempre nos sentimos capaces de soltar el control que nos retiene. Esto es lo que le ocurrió a Eva, una consultante con un planteamiento similar al de Víctor, pero en el plano espiritual. Al igual que él, Eva estaba convencida de su capacidad para hacer realidad cualquier propósito que imaginase. Como tantos otros, militaba una espiritualidad que defendía que cualquiera puede plasmar su voluntad en la realidad solo con proyectar su intención, una proyección que generará los cambios deseados como si de una ley física se tratase.

En una de nuestras primeras sesiones, tras varios cuestionamientos, llegó a la conclusión de que quizá, al contrario de lo que siempre había pensado, confiaba demasiado en su capacidad de alterar la realidad según sus necesidades. Esto le impactó mucho y le hizo sumirse en una experiencia de orfandad difícil de sostener.

Al ver su estupefacción, le expliqué el camino a seguir, y le detallé los pasos que le permitirían pasar del temor a no controlar su vida a la seguridad y confianza por no necesitarlo. También hice hincapié en que esto no tenía por qué suponer el fin de su mirada espiritual, ya que esta experiencia podría permitirle profundizar en la misma, hasta el punto de tornarla más madura y consciente. Finalmente cerramos ese diálogo con un plan de trabajo bien definido y buenas sensaciones al respecto. Me dijo que le costaría mucho, pero que se veía capaz de cuestionar su capacidad para hacer realidad todo cuanto deseaba. Con esta disposición, agendamos la siguiente sesión. A los pocos días, me envió un mensaje para cancelarla y nunca más supe de ella.

No es fácil darse cuenta de que nuestra forma de comprender el mundo es ingenua o edulcorada. A pesar de toda la amalgama de pseudoespiritualidades infantilizadas que inundan las redes sociales, estoy convencido de que la voluntad de verdad que vi latir en Eva la llevará a ver eso que se niega, pero lo hará cuando esté preparada. A veces nos toca asumir lo que estamos viviendo, porque esa convivencia con el malestar es la que nos permitirá dar el salto a una nueva comprensión. Eso sí, a su debido tiempo.

6
CÓMO CONSTRUIR UNA VIDA DE SENTIDO (INCLUSO SI LA VIDA NO TIENE SENTIDO)

> No hay sino un problema filosófico realmente serio: el suicidio. Juzgar que la vida vale o no la pena de ser vivida equivale a responder a la cuestión fundamental de la filosofía.
>
> ALBERT CAMUS

Como ya has comprobado, las razones esenciales para la eclosión de una crisis existencial son tanto el estado caduco de la cosmovisión anterior como la imperiosa necesidad de una nueva propuesta, revolucionaria, inteligente y lúcida, capaz de conservar lo vigente de la anterior y de dar cabida a todo lo que está por venir. Por ello no puedo subrayar con la suficiente fuerza la importancia de que construyas una respuesta personal al problema del sentido de la vida. Una versión propia, elaborada a fuego lento, al calor de tu experiencia.

Contra esta tarea tan auténtica, tan intrínsecamente humana, encontramos dos obstáculos principales. El primero es el miedo al vacío, a que al preguntar por el sentido de la vida no haya respuesta. Como ya dijimos, frente a esta cuestión, Nietzsche nos preguntará «¿cuánta verdad puede soportar el ser humano?», a lo que responderemos que absolutamente toda, aunque puede que en pequeñas dosis, para poder digerirla adecuadamente sin que se nos atragante.

El segundo obstáculo serán los modelos prefabricados acerca del sentido de la vida, esas respuestas supuestamente espirituales, tan generales como vacías, que ofrecen una explicación de la vida asequible a cualquier persona. Son dos frentes problemáticos a la hora de encarar la vida, el miedo y la falta de autenticidad, que encontramos unidos en la mayoría de las propuestas metafísicas presentes en el imaginario colectivo.

Por eso, antes de abordar la cuestión del sentido de la vida y la necesidad de transitar este camino por nosotros mismos, será imprescindible asomarnos al impacto que el fenómeno religioso, con su cosmovisión e imperativos morales, ha supuesto para la autonomía y la independencia de la reflexión existencial humana.

Tienes el derecho y el deber de preguntarle a la vida cuál es su sentido, de interpretar sus respuestas, o la ausencia de ellas, según tus intuiciones. Mereces hacerlo desde una actitud vitalista, libre de miedos, sabedora de que, sea lo que sea la vida, será algo maravilloso que querrás vivir. Piensa que, incluso si esta carece de un sentido propio, tendrás la oportunidad de forjarlo por tu cuenta con tus decisiones y actos, lo cual puede ser incluso más prometedor. Vamos a ello.

El sentido religioso de la vida

Durante siglos, la religión poseyó el monopolio del discurso legítimo acerca del sentido de la vida. Eran sus altos cargos los que dictaminaban qué era el mundo y cómo debíamos vivir en él. Hubo periodos históricos completos en los que no se consideró que las crisis existenciales fuesen algo pertinente, ya que, si había algún individuo que tuviera una línea de pensamiento diferente de la considerada canónica, entonces se le tachaba de pagano, o hereje, según su distancia.

Así, las instituciones religiosas estipularon un único credo que respondía a todas las preguntas existenciales, el cual debía asumirse y difundirse. Por ello, incluso aquellos que gozaban de un nivel cultural alto solían ignorar la posibilidad de cultivar de forma crítica e independiente la madurez filosófica necesaria para dar respuesta por sí mismos a estas cuestiones. La religión se convirtió en un movimiento comunitario, identitario, capaz de definir culturas enteras y dar sentido a las vidas de sus ciudadanos.

A pesar de la enorme pluralidad de credos que podemos encontrar a lo largo y ancho del mundo, tanto en la actualidad como en el pasado, cada uno de ellos ofrece un relato de la constitución de la realidad, de qué es y a qué se orienta la vida. La religión aporta una respuesta concreta a cada una de las incógnitas que surgen en una crisis existencial y ofrece así un único camino válido para todo ser humano. Si la respuesta a cualquier pregunta existencial ya se le ha revelado a algún profeta y/o plasmado en una escritura sagrada, entonces no hay necesidad de formular más preguntas. Sin embargo, cuestiones como la muerte, la libertad o el sentido de la vida nos atañen a todos, de forma concreta y singular; también a aquellos que no logran reconocer su presencia e importancia, ya sea porque se niegan a reconocerlas, prefiriendo rehuirlas o menospreciarlas, o porque no logran encontrar la forma de articularlas en su pensamiento con el fin de comprenderlas.

Por lo general, la religión suele estar centrada en la idea de un Dios creador, que se presenta como origen y fin de toda la existencia. Aunque en la Antigüedad encontramos relatos sobre la convivencia y pugna entre dioses, a medida que sus teologías avanzaron, tendieron a unificar los perfiles divinos en uno solo, sobre todo en Occidente. Así, las narraciones mitológicas sobre dioses que se mezclan con los mortales, se enamoran y llevan a cabo crueles venganzas dieron paso a conceptos teológicos más complejos, que mostraban una idea de la divinidad como centro cosmogónico. Del politeísmo más humano al monoteísmo más sagrado. Dios como principio causal de todo cuanto existe, pero también como el motor y propósito de todo lo que ocurre en su creación. Por eso, en la perspectiva religiosa, no hay un solo concepto que no remita en última instancia a Dios como eje de referencia.

Además, la religión también ofrece una definición del ser humano a propósito de la creación divina. Distinguirá una parte espiritual y una carnal, un alma y un cuerpo, y tenderá a valorar más la primera y a despreciar la segunda. La pregunta existencial por la identidad quedará así respondida con la idea del alma, creada o emanada directamente de Dios.

Por ello, desde una mirada teológica, el sentido de la vida humana remite directamente a la divinidad. El ser humano ha sido creado por Dios con un fin concreto, que la humanidad debe reconocer y llevar a cabo. Esto es un ejemplo de un sentido de vida previo, dado, que no requiere la más mínima creatividad, ya que se basa en el cumplimiento de las normas morales descritas por Dios. La providencia transmite su doctrina a través de textos supuestamente sagrados, cuyas pautas deben regir la vida de los fieles, y es tarea de estos ejecutarlas con la mayor precisión. Vivir de forma ética será entonces acatar la voluntad de Dios. No hay espacio para más.

¿Cuál es el fin de la creación? Alcanzar la vida eterna, la unión con Dios, cerrar el ciclo de reencarnaciones... depende del credo, pero en definitiva se busca lograr la trascendencia y burlar la muerte. En el relato religioso, la obediencia que seas capaz de ofrecer en vida a los mandatos divinos tendrá su recompensa en el más allá. De igual forma, las agresiones a la ley de Dios recibirán un castigo muy superior. La religión logró moralizar la realidad al imponer un sistema de premios y castigos, ofreciendo un calmante ante las injusticias de la vida, bajo la promesa de que todo se compensará en algún momento, en vida o tras ella.

Así es como, durante siglos, la religión ha ofrecido un relato completo en relación con el sentido de la vida. Explicaba el origen de la realidad, la esencia del ser humano, el propósito de su vida, y le daba los medios para extenderla más allá de las fronteras de la muerte. Civilizaciones enteras se rindieron ante la fuerza de sus mitos, y anularon así la vocación de sus ciudadanos de enfrentarse a la existencia por sí mismos, haciendo suya la cosmovisión que otros habían ideado para ellos. Pero todo lo que tiene un principio tiene también un final.

Hemos matado a Dios

Aunque te parezca increíble, Nietzsche fue el hijo de un pastor luterano que vivió su más tierna infancia sumido en la fe, convencido de que seguiría los pasos de su padre y dedicaría su vida adulta al clero. Sin embargo, una temprana crisis existencial lo despertó de lo que él después consideraría una ensoñación, para ofrecerle un camino filosófico diferente.

Aunque Nietzsche escribió mucho en contra de la religión, fue en *El Anticristo* (1895) donde volcó su crítica más férrea. Según él, la religión supone un momento de inmadurez en la historia de la humanidad, que debe dejarse atrás. Por esta razón se enfrentó a Sócrates y a Platón, al ver en ellos el germen del dualismo metafísico en el que después se inspiraría el cristianismo para construir su teología. Según Nietzsche, Platón es el responsable de haber duplicado el mundo, de haber inventado un «mundo de las ideas», convenciéndonos de que era necesario para comprender y justificar este. Para él, el crimen de Platón fue inventarse un más allá metafísico, supuestamente superior, perfecto y bello, que utilizó para despreciar el más acá terrenal. Al invitarnos a contemplar el mundo de las ideas, el filósofo griego nos forzó a ignorar la tierra que pisamos, a negar el cuerpo que habitamos, y a esquivar así el único espacio vital desde el que podemos comprender la vida y aspirar a ser dueños de ella.

Nietzsche criticó duramente la moral cristiana y su visión de la vida, pero también anunció con cierto orgullo que el devenir de Occidente había llevado la idea de Dios hasta el límite, que ya en su época, el siglo XIX, empezaba a desfallecer. Una vez agotado el papel explicativo que la divinidad tenía en el mundo, escribió su famosa frase: «Dios ha muerto. Y nosotros lo hemos matado». Evidentemente, al decir que Dios había muerto, no estaba afirmando que se tratase de una entidad que hubiera vivido en algún momento. A lo que Nietzsche apuntaba fue justo a lo que percibimos en la actualidad: la incapacidad de la religión para seguir ofreciendo una propuesta ética y metafísica para la sociedad contemporánea.

La religión ya no es capaz de dar sentido a la vida

Decir que Dios ha muerto puede sonar exagerado; a muchos puede parecerles una afirmación errónea o incluso irrespetuosa. No pretendo negar el peso que la religión sigue teniendo en nuestra sociedad. Eso es innegable. Muchas personas se acercan a la fe buscando respuestas, y una cantidad considerable de ellas afirman haberlas hallado. Además, hay quien encuentra en su comunidad religiosa el apoyo necesario para afrontar situaciones muy duras de su vida. Solo por el valor que aporta al bienestar de esas personas, ya podríamos justificar la presencia de la religión en nuestros días.

Sin embargo, parece evidente que la religión ya no tiene la fuerza de otras épocas. Quedan muy atrás los tiempos en los que era capaz de inspirar a civilizaciones enteras, pues ahora se limita a pelear por mantener su lugar en una sociedad cada vez más laica. Ya no dispone del empuje que siglos atrás le había permitido colonizar sociedades enteras. Muy a pesar de las altas esferas eclesiásticas, estoy convencido de que el declive de la fuerza explicativa de la religión es una buena noticia para el desarrollo filosófico y espiritual de nuestra sociedad.

Espiritualidad y búsqueda filosófica

Siento un gran respeto por cualquier tipo de orientación metafísica. Tanto las que toman la vía religiosa como las que lo hacen a través de la mística, el crecimiento personal o cualquier otra. Considero que cada una de ellas responde a un impulso inherente al ser humano, que anhela comprender y escudriñar la realidad que le da cobijo. Por ello me parece legítima cualquier fe religiosa, siempre y cuando aparezca en el marco de esta búsqueda filosófica.

He podido llevar este respeto a la práctica cuando me han llegado consultantes que venían para comprender esta misma problemática, y que en el transcurso de nuestras sesiones se reencontraban con su fe, o acababan por despedirse de ella, porque ya no era la compañera que antaño fue para la aceptación de la vida. Mi tarea no es diseñar un credo metafísico agradable, sino calibrar su balanza interior, ayudarles a tamizar el contenido de su experiencia para que encuentren el oro que se oculta en el barro. Acompañarles a encontrar sus respuestas, y toda propuesta es bienvenida si se hace en honor a la verdad.

Sin embargo, es evidente que la religión, entendida como institución y no tanto como movimiento espiritual, ha sido la mayor opositora de la reflexión individual. Nunca ha pretendido divulgar y promover las preguntas existenciales que nos atañen, sino más bien imponer respuestas cerradas, elaboradas dentro de un corpus teórico que se espera sea aceptado al completo. Complejas teologías que, incluso cuando se ofrecen como algo opcional, como una propuesta que el creyente puede tomar o ignorar, siempre se presentarán como la única conclusión posible.

Así, la educación religiosa convence al creyente de que su crecimiento espiritual depende siempre de la aceptación del dogma y que, si alguna idea le genera incomodidad, se debe a que aún no está capacitado para contemplar «su verdad», por lo que deberá insistir en el proceso hasta persuadirse de ello. Una verdad que no encontrará en su experiencia, que no construirá rastreándola en su vida, saboreándola, porque ya se le ha revelado de antemano. Está en los textos sagrados, y en ningún otro lugar. No es difícil ver por qué esto supone un nulo respeto por la autonomía existencial de sus fieles.

Llama la atención cómo, aquellos que profesan una fe, lo hacen menospreciando la vasta extensión de formatos y doctrinas religiosas de otras culturas. Saben que existen, pero no suelen acercarse a ellas. Podríamos imaginar que alguien comprometido con la búsqueda de lo divino se esforzaría en ir más allá de las carencias de su sociedad, con el fin de acercarse más a Dios. Es decir, sería normal que tomase como propio lo que sintiese verdadero de su religión, pero que a su vez reconociese el carácter cultural e histórico de su fe, y por ello se asomase a otros credos y doctrinas, por si pudiera encontrar más verdad en ellos. En última instancia, su compromiso es con Dios, no con la religión, ¿cierto?

Sin embargo, esto no es lo común. Por lo general, cada creyente considera estar profesando la mejor religión posible, sin percatarse de que lo normal es que esta sea la mayoritaria de su lugar de origen. Como diría el cómico británico Ricky Gervais, ante tantos lugares y credos posibles... ¡qué suerte el haber nacido en el país de la religión verdadera, ¿no?! Hasta este punto llega la presión ideológica de la religión, que nubla la mirada de los fieles ante la evidencia antropológica.

Incluso si no te han educado en la religión predominante en tu entorno social, es fácil que encuentres elementos de la misma en tu filosofía personal. Estoy seguro de que no te costará reconocer ejemplos de tu vida cotidiana en los que manifiestas cierto exceso de culpabilidad, o un pudor elevado, rasgos típicos de la moral judeocristiana. Queramos o no, la perspectiva religiosa forma parte de nuestra sociedad, porque lleva años permeándola. Por eso debemos aplicar un examen minucioso sobre ella, tanto si participamos de la fe como si no.

El problema es que la religión tiende a imponer un falso dilema, según el cual, o respondemos a las cuestiones existenciales a través de ella o nos vemos obligados a negar todo ese plano filosófico y espiritual. Es como si nos convenciese de que la muerte, o la posibilidad de la trascendencia, son cuestiones estrictamente religiosas, por lo que estamos obligados a abordarlas dentro de los límites de una fe determinada o, en cualquier otro caso, a renunciar a ellas. O con nosotros, o con nadie.

Sin embargo, la espiritualidad no es monopolio de la religión, por mucho que esta se empeñe en mostrarse como el único espacio legítimo para la reflexión acerca de lo divino. Suelo recibir en mi consulta a personas que recibieron una férrea educación religiosa que después rechazaron y que, debido a ello, acabaron perdiendo el interés por toda cuestión metafísica. El hastío que sienten por su religión de origen les lleva a alejarse de ella, pero en ese proceso acaban renunciando también a la pregunta por el sentido de la vida y cualquier otra que aparente ser mínimamente espiritual, por haber aprendido a asociarla a la religión. No quieren volver ahí, ya que alguien los convenció de que esas cuestiones, tan humanas, eran propiedad exclusiva del clero que los adoctrinó. Por todo ello considero que imponer la religión en periodos tempranos de la vida acaba por bloquear el impulso hacia la reflexión existencial a la que estamos llamados por el mero hecho de estar vivos.

Sostener la pregunta por el sentido

Viktor Frankl consideraba que, para encontrar sentido a la vida, era necesaria la creencia en Dios. No lo expresó así en el famoso libro *El hombre en busca de sentido* (1946), donde relataba su experiencia en los campos de concentración nazis de Theresienstadt, Kaufering, Türkheim y Auschwitz, pero fue más honesto en *La presencia ignorada de Dios. Psicoterapia y religión* (1977). Según él, si encomendamos nuestra vida a un propósito digno de ella, seremos capaces de encontrar sentido a cualquier sufrimiento. Una receta brillante, al más puro estilo de Nietzsche, si no fuera porque, en última instancia, para él esto depende de que aceptemos la existencia de Dios.

Como ya he dicho, respeto a todo aquel que encuentre en Dios, o en cualquier creencia religiosa, la clave para responder a su crisis existencial. Sin embargo, cuando me propuse escribir una tesis doctoral sobre la superación de las crisis existenciales, lo hice imponiéndome un requisito fundamental: que en ningún caso sería necesaria la afirmación de cualquier presupuesto metafísico previo. Es decir, me comprometí a desarrollar un modelo de transformación existencial que no requiriera ningún tipo de creencia previa sobre la constitución del universo.

Estaba cansado de propuestas que fingían ser aptas para cualquier persona, pero que, en cuanto te adentrabas en ellas, se veía que tenían presupuestos que era necesario aceptar para seguir adelante. Yo quería basarme solo en la experiencia que mis consultantes tenían de la vida, construyendo a través de ella la salida de la angustia existencial, y utilizando como único motor la voluntad de verdad y la aceptación de la vida.

Esta es la razón por la que no estoy de acuerdo con los planteamientos existenciales que, aunque aparentan ser adecuados para toda clase de personas, en el fondo pretenden convencernos de que Dios debe estar detrás de todo, y que solo a través de él podremos salir de la oscuridad de nuestro pensamiento —justo lo que acaba por hacer la *logoterapia* de Viktor Frankl—. Rechazo estas perspectivas, no por su cercanía con la fe —con la que no tengo ningún problema—, sino por la imposición que hacen de la misma. Es falso que necesitemos creer en Dios, o en un sentido divino, para vivir con plenitud nuestra vida.

Todo creyente honesto debería ser capaz de cuestionar su fe. Aunque sea durante un minuto. Si en el transcurso de ese tiempo, su credo se tambalea, más le valdría derribarlo del todo. Es importante preguntarle a la fe, de forma honesta, si su sistema de creencias no es en el fondo una manera de negar la muerte, entendida como la aniquilación de nuestro ser, o la falta de sentido de la existencia. Hacer la pregunta y aguardar en silencio unos segundos. Si se hace de forma sincera, y la respuesta es un no rotundo, entonces estaremos capacitados para continuar nuestro camino por la senda religiosa con la tranquilidad de no estar tomándola como un placebo metafísico. Será entonces una opción religiosa, pero existencialmente válida.

Sin embargo, si la respuesta es sí, y este reconoce que las creencias religiosas no vienen a aportar verdad a su cosmovisión, sino a protegerle del temor metafísico al vacío, el sinsentido o la muerte, entonces tendrá que estar a la altura de su compromiso filosófico, si es que eso fue lo que lo llevó a la religión, y cuestionarlo todo. Aunque no lo creas, tomar conciencia del uso paliativo de la religión no te obligará a vivir una vida gris, de nihilismo y añoranza de la fe —como la que encontramos en Miguel de Unamuno—, sino a todo lo contrario.

Sé que otras personas te convencieron de que solo en el seno de la religión encontrarías sentido a la vida, pero no es así. Es crucial que tomes las riendas de tu reflexión existencial y que seas capaz de llevarla hasta sus últimas consecuencias. Si te lanzas a ella sin temor te aseguro que, llegues a donde llegues, será un buen lugar en el que estar.

El nihilismo como puente existencial

Es posible que tu crisis existencial sea un poco invasiva y, en vez de poner en entredicho algunas de tus creencias vitales, haya optado por derrumbarlas todas, hasta dejarte en el más absoluto de los vacíos. Puede que hayas perdido el sentido que tu vida tenía antes, y no sientas que haya otro por venir. De ser así, es normal que no puedas evitar vivirlo como una pérdida irreparable. Aunque te resuene lo que lees en este libro, una parte de ti seguirá sintiendo una mezcla de tristeza y miedo, quizá también un punto de melancolía, que te hará creer que lo que has dejado atrás era mejor que lo que está por venir. Si estoy en lo cierto, habrás empezado a prepararte para convivir con este malestar, para aprender a ocultarlo, aunque una parte de ti —cada vez mayor, espero— te susurra que continúes adelante, que aún queda mucho por recorrer.

Lo creas o no, este momento nihilista de tu crisis existencial es un periodo de transición hacia una nueva cosmovisión. Una crisis existencial no tiene por qué incluir un periodo así, de pérdida total de sentido, a no ser que se trate una crisis integral. Si surge el nihilismo es porque el derrumbe de nuestra cosmovisión ha sido total. Y esto, aunque suene raro, es algo tremendamente positivo.

No te centres en los escombros de lo que antaño fue tu hogar. No rebusques entre los pilares caídos algún recuerdo de otro tiempo. Levanta la cabeza y date cuenta del espacio diáfano que se abre ante ti, de todas las posibilidades de reforma que puedes emprender. Este es tu nuevo hogar. Fíjate en cuánto espacio hay para lo nuevo y empieza a tomar conciencia de por qué la organización anterior no era la idónea, de que no daba lugar a intuiciones que hace tiempo se agolpaban ante tu puerta, esperando que les dieras un lugar en tu casa. Es momento de abrirse a una nueva etapa.

Si la crisis existencial surge cuando la forma que teníamos de comprender la vida ha caducado, se debe a que su función es ser una bisagra, un puente entre la cosmovisión anterior y la nueva.

Todo aquello que sentías como una verdad, si realmente lo era, volverá a ti. Puede que con un nuevo aspecto, más adecuado para tu nueva etapa, pero manteniendo toda su esencia. También surgirán nuevos elementos, que quizá habías presentido en algún momento, y que supondrán toda una revolución para tu comprensión. Si lo afrontas, será un periodo de crecimiento, te lo aseguro.

El principal obstáculo que experimentamos a la hora de recibir esta nueva mirada, más allá del temor a que no haya nada que descubrir, radica en nuestra incapacidad de captarla previamente. No sabemos lo que vendrá, no tenemos acceso al modo en el que acabaremos comprendiendo la vida, porque no disponemos de las herramientas necesarias para ello. Es semejante al cambio de paradigma de las revoluciones científicas del que habló Thomas Kuhn, según el cual no es posible entender el paradigma venidero desde el anterior, ya que el nivel de innovación es tan intenso, que para comprenderlo necesitaríamos crear conceptos que aún no existen.

Ante tan abrumador cambio de marco existencial quizá no te resulte posible imaginar lo que está por venir. Por ello, tu tarea será hacer lo posible para facilitar su llegada, confiando en que mantendrá lo mejor de la perspectiva anterior y que dará lugar a elementos nuevos capaces de transformar tu vida para bien.

Si antes vivías a través de una fe que has perdido en el transcurso de tu crisis existencial, puede que ahora la encuentres renovada, más madura, elevada e inteligente, y que halles así una relación más cercana e íntima con Dios. También podría ocurrir que tu fe no volviese, porque ya no tiene cabida, al revelarse ante ti una existencia de tanta belleza, verdad e intensidad en sí misma, que no necesita la figura de un Dios creador para justificarla.

Incluso puede que encuentres nuevos caminos ante dilemas en los que llevabas mucho tiempo estancado. Que tu crisis venga a reformularlo todo y te muestre nuevas vías de decisión que, aunque siempre estuvieron ahí, nunca antes habían aparecido ante tu conciencia. Decisiones sobre tu vida profesional o tus relaciones personales, que antaño te bloqueaban hasta la parálisis y que hoy se muestran como el más sencillo de los senderos, ante los cuales no puedes resistirte a dar los primeros pasos.

Sin lugar a dudas, tu crisis existencial reconfigurará tu autoconocimiento. Dejarás caer antiguas máscaras, porque ya no te verás reflejado en ellas, pero también porque ahora las percibirás como un atrezo que no aporta nada. Quizá incluso te sorprenda haber creído necesitarlas antes. Será inevitable que surjan nuevas partes de ti, que ampliarán los límites de tu ser hasta cotas insospechadas. Comprenderás que eres mucho más de lo que pensabas, y encontrarás nuevas formas de expresar en tu vida eso nuevo que has descubierto.

Quizá ahora pienses: «Muy bien. ¿Y cómo hago todo eso? ¿Qué tengo que hacer para facilitar este cambio?». La fórmula es sencilla, aunque puede que te cueste un poco asimilarla. Para construir una vida de sentido, debes ser capaz de asomarte a la posibilidad de una vida sin sentido y llevarte bien con esta idea. Lo sé, suena paradójico, quizá incluso contradictorio, pero en realidad no lo es.

Habitar la nada

Antes te explicaba que la mirada nihilista, esa que nos hace sentir que nada tiene sentido, no era más que una etapa en tu recorrido y que, si te permites atravesarla, encontrarás en tu camino nuevos elementos para construir una vida con propósito y significado. Es cierto, pero para que la falta de sentido se convierta en un trampolín capaz de catapultarte a esa nueva vida plena de significado, es necesario que te comprometas con ella como si fuera un lugar de llegada.

¿Qué significa esto? Que tienes que ser capaz de pensar que este momento de absurdo y sinsentido en tu vida podría ser el último tramo de tu trayecto metafísico. Asumir que quizá la vida sea lo que ves ahora mismo y «nada más». Es fundamental que aceptes el reto de habitar con plenitud cualquier versión de la vida, incluso si no es la que deseabas.

Toda la filosofía de Nietzsche es una invitación al *amor fati*, al «santo decir sí a la vida», incluso en sus peores circunstancias. El pensador germano estaba convencido de que la vida podía amarse en sí misma, fuera cual fuese su estructura y condición. Y esto es mucho viniendo de él, ya que su biografía está plagada de desgracias, que jamás le hicieron renegar de su suerte. Por eso luchó con tanta fuerza contra la moral judeocristiana, porque vio en ella un impulso negador de la vida. Para él, la vida no necesita tener un sentido previo, no precisa tener un arquitecto divino que imprima en ella nuestro destino para que la aceptemos. Según Nietzsche, sea lo que sea la vida, es absolutamente valiosa en sí misma, en su verdad y belleza intrínsecas.

¿Implica esto que debemos negar toda búsqueda espiritual y afirmar la ausencia de sentido de la vida? En absoluto. Lo que debemos hacer es reconocer en nosotros la libertad necesaria para buscar nuestras propias respuestas y hacerlo guiados por cada una de las intuiciones existenciales latentes en nuestro pensamiento. La mirada nihilista, tal y como la planteo aquí, viene a ser la garante de la autenticidad de toda búsqueda espiritual.

¿Por qué? Porque si no somos capaces de afirmar la posibilidad del sinsentido de la vida, nunca sabremos si nuestras inquietudes espirituales son auténticas, o responden al rechazo de una verdad que no podemos sostener. Tenemos que lograr sentirnos cómodos con la idea de que el fondo de la existencia pueda ser un absurdo —como señalaba Camus—, de que la vida en la Tierra sea la mayor de las casualidades cósmicas, tan bella como aleatoria, para estar seguros de que nuestro camino filosófico se guía por la búsqueda de la verdad, y no por la huida a la que nos obliga el miedo.

Aunque te parezca chocante, es perfectamente posible vivir una vida de sentido, incluso si la vida no tiene ninguno. Esto es así porque para vivirla no necesitamos nada que no se encuentre ya en ella. Su versión básica, esa que experimentamos a diario, es capaz de fundamentar una existencia plena, llena de propósitos, sentido, realización personal y una profunda espiritualidad, ya que es posible ser una persona espiritual y atea. Si entendemos esto, y abrazamos este formato inicial de la existencia, desnuda y sin adornos, entonces estaremos en disposición de explorar otras posibilidades. ¿Quieres encontrar a Dios? Entonces aprende a vivir sin él.

No es posible asomarse de forma auténtica a la posibilidad de la trascendencia, de la vida después de la muerte, sin habernos reconciliado con nuestra finitud. No es factible explorar nuestra libertad individual sin antes considerar la idea de que no seamos libres. No es honesto afirmar la posibilidad de que la existencia sea obra de una inteligencia divina, sin haber aprendido a sostener el hecho de que todo lo que vivimos podría explicarse por sus causas materiales, y nada más. Esto es lo que entiendo por tomar el nihilismo como punto de llegada, pero también de partida: convertirlo en nuestro hogar, como si tuviéramos que quedarnos ahí, para que, si decidimos dejarlo atrás impulsados por otras intuiciones, lo hagamos con la absoluta certeza de que es el amor por la vida y su verdad, y no el miedo, lo que guía nuestro camino.

Esta podría ser tu última crisis existencial

En su *Discurso del método* (1637), René Descartes se vio obligado a hacer algo semejante. Él se dio cuenta de que sus sentidos, esa capacidad de sentir que le permitía tomar contacto con la realidad, podían no ser del todo fiables. Decía ser consciente de estar despierto en los momentos de vigilia, pero también estaba convencido de lo mismo cuando soñaba, hasta que el sobresalto del fin del sueño le demostraba que no era así. Esto hizo que se comprometiese con el proyecto filosófico de desechar todo conocimiento que no tuviera un origen fiable, y empezar desde lo más básico. Fue así, poniendo el contador a cero, como nos regaló uno de los mayores descubrimientos de la historia de la filosofía: su máxima «*cogito ergo sum*». Pienso, luego existo.

Ahora mismo te enfrentas al mismo desafío que Descartes. Él sospechó de todo cuanto había en su pensamiento, con la intención de que no hubiera nada en él que le llevara al engaño. En tu caso tendrás que dudar de todo lo que has dado por cierto hasta ahora. Primero, lo harás por el hecho mismo de no saber si es cierto o no. Sin embargo, también aceptarás el reto porque ya no quieres permitirte depender de nada para afirmar la vida.

Está en tu mano que esta sea tu última crisis existencial. Depende de ti si parcheas un poco tu realidad, para continuar como hasta ahora, o si haces del nihilismo tu hogar, para no necesitar nada más. Solo en el sinsentido puede nacer el auténtico crecimiento espiritual. Es en la aceptación y la convivencia plena con el absurdo donde podemos iniciar la búsqueda de otras realidades. Esta es la única forma de saber si lo hacemos por la búsqueda de la verdad, porque no necesitaremos que la vida sea más de lo que vemos.

Si te acercas a los fundamentos de la filosofía budista, comprobarás que en ella el desapego tiene un papel fundamental. Es justo lo que comparten con los estoicos y otras escuelas helenísticas, la importancia de no necesitar nada que no forme parte de lo que somos para gozar de una vida plena, sin dependencias. Exactamente a eso es a lo que te invito, a un desapego metafísico que te permita decir sí a la vida en cualquiera de sus versiones. Si logras llevarlo a la práctica, será imposible que vivas otra crisis que derrumbe los cimientos de tu vida, ya que esta se sostendrá en un suelo firme.

No necesitas maquillar la vida

Es difícil expresar con palabras el enorme enriquecimiento filosófico y existencial que recibirás si te atreves a emprender este camino. Para ello debes tener presente esta idea: «La vida, en sí misma, ya es extremadamente bella». Solo así te liberarás del peso de filosofías y teorías metafísicas que pequen justo de lo que Nietzsche criticó, de maquillar la vida como si fuera fea en el fondo, de edulcorarla para hacerla coincidir con nuestras preferencias más inmaduras, como si su sabor, sin aderezos, no fuese lo suficientemente dulce.

Por eso es importante poner entre paréntesis todo concepto espiritual presente en nuestra filosofía personal. Ya sea la armonía invisible de Heráclito, la presencia ignorada de Dios de Viktor Frankl, la trascendencia que nos ofrecen todas las religiones o la iluminación que los movimientos de la Nueva Era llevan prometiéndonos desde los años setenta. No importa, todo debe ponerse en cuarentena, a riesgo de contagiarnos de su falsa necesidad.

Si para afirmar la vida necesito apoyarme en cualquier creencia previa a eso que experimento en mi día a día, entonces es que soy incapaz de hacerlo. La auténtica transformación filosófica requiere de la aceptación integral de la vida. Caer en estas negociaciones, en estos «acepto la vida, pero solo si es de esta o aquella forma», implica corromper la búsqueda de la verdad para convertirla en un ansiolítico metafísico.

No se trata de apostar por una versión de la realidad que nos guste. Tampoco de manifestar con fuerza al universo aquello que deseamos, para que así nos lo envíe. No somos competentes para auditar al universo ni tampoco los adecuados para juzgar si los fundamentos de la realidad son los idóneos. Nuestro compromiso con la vida es el de ser capaces de descubrir qué son las cosas y aprender a amarlas por eso mismo. Afirmada como tal, la vida es capaz de sanar tus heridas y de satisfacer cualquier anhelo de plenitud. Esto es algo en lo que profundizaremos en los siguientes capítulos.

Puede que mi propuesta te parezca muy ruda, o excesivamente materialista, pero te aseguro que es justo lo contrario. Esta mirada existencial, que inicia sus pasos desde el más profundo nihilismo, es la única capaz de sostener la senda espiritual. Actuando de esta forma, tendrás la más absoluta libertad para explorar aquello que sientas como cierto.

Podrás acercarte a las diferentes religiones, empaparte de su discurso acerca de la providencia y tomar de él cuanto necesites para la concepción de tu Dios personal, si es lo que quieres. Serás capaz de asomarte a cualquier teoría esotérica, metafísica o espiritual, explorándola hasta donde consideres oportuno y transformándote con ella. Te permitirás ser el más ateo, o el más fiel de los creyentes. Podrás vivir tu vida desde el cientificismo más organicista o desde la conexión más mística. Todo estará a tu alcance, y no tendrás obstáculos para vivir la vida que consideres, aquella que intuyes que encaja exactamente con tu experiencia del mundo, con el sentido de la vida, porque serás capaz de vivir con plenitud en cualquier circunstancia.

Como ves, sostener la posibilidad del sinsentido puede catapultarte a un sentido profundo de la vida. Podrá llevarte al encuentro con Dios o a hacer del vacío un lugar de paz, como señala la vía del zen.

Lo que está por venir

Acabas de cruzar el ecuador del libro. En los tres capítulos de esta parte, has aprendido qué es una crisis existencial, por qué aparece, cuáles son sus elementos y las razones para lanzarte a ella, por sus múltiples beneficios. En este camino que se abre ante ti, la creatividad a la hora de protagonizar tu existencia será crucial, pero esto lo veremos en la tercera parte del libro, en la que abordaremos las claves para reconciliarnos con la vida, ser quienes realmente somos o cómo vivir sin miedo a la muerte, entre otras cuestiones.

Sin embargo, esta creatividad existencial requiere de unas condiciones que, por desgracia, nuestra sociedad no suele ofrecernos. De hecho, el ritmo de vida y el carácter de la ideología dominante son lo que más nos aleja de la posibilidad de una vida auténtica. Por eso, en el siguiente capítulo, vamos a indagar en los obstáculos que tu voluntad de verdad, de conocerte a ti mismo, indagar en la vida y expresar lo que eres, encuentra en el día a día. Es hora de que aprendas a reconocer qué te impide ser quien realmente eres, porque ya te adelanto que no es algo personal, ya que se trata de una cuestión que nos afecta a todos. Es momento de lanzar una mirada filosófica hacia nuestra cultura, para que comprendas la sociedad en la que vives, los obstáculos que te impone sin que seas consciente y las posibilidades de las que dispones para salir fortalecido de ellos.

EN CONSULTA
«Los caminos del Señor son inescrutables»

Como has podido ver, mi compromiso con la autenticidad de la búsqueda filosófica es total. Ya provenga de una fe profunda, del nihilismo más radical o de cualquier punto intermedio, considero que toda postura y perspectiva espiritual debe tenerse en cuenta, siempre y cuando lo que nos lleve a ella sea la búsqueda de la verdad, y no la huida ante la vida. Por eso, nunca impongo presupuestos metafísicos a los procesos de autoconocimiento, para construir en ellos un espacio adecuado en el que puedan volcarse las creencias de mis consultantes, y les doy la libertad de evaluarlas, afianzarlas o dejarlas atrás.

Irene había recibido una educación católica desde su infancia y tenía muy buena relación con su religión. No era especialmente practicante, pero se sentía acogida por el Dios cristiano y encontraba en los textos de su credo herramientas para el día a día. Sin embargo, su fe se resquebrajó tras la muerte de su hijo. La percepción de tan enorme sufrimiento en un ser tan querido le hizo rechazar cuanto había dado por cierto. Desde ese momento renegó de cualquier religión y se convirtió en una ferviente opositora de la fe. Para ella, estaba claro que Dios no existía y, en caso de existir, era evidente que no le importábamos lo más mínimo, lo cual era mucho peor.

Cuando llegó a mi consulta, no lo hizo buscando volver a su espiritualidad, sino más bien con la intención de cambiar su forma de relacionarse con la vida, y de hacerlo evitando cualquier atisbo de misticismo o religiosidad. Quería recuperar su vida, y hacerlo desde un ateísmo militante. En su nueva etapa, Dios no estaba invitado. Así lo entendí y comenzamos a trabajar en la comprensión de su malestar sin que esto supusiese el menor problema, ya que, como he dicho, no es requisito tener ningún tipo de fe para establecer un vínculo profundo con la existencia.

Sin embargo, conforme avanzaba el proceso y se fue afianzando su reconciliación con la realidad, ocurrió lo que ninguno de los dos esperábamos. Una posibilidad que, de hecho, ella había rechazado con todas sus fuerzas: la divinidad, bajo una nueva forma, volvió a hacer acto de presencia en su pensamiento.

No volvió el Dios católico al que tanto había rezado para que salvase a su hijo y con el que tan traicionada se sintió tras su muerte. Más allá de cualquier dogma u ortodoxia, comenzó a percibir la necesidad de aproximarse a un Dios personal, que le ofrecía una nueva imagen del mundo; un esbozo de la providencia que no había buscado, pero que se presentó sin avisar y, como tal, tuvo que darle la bienvenida. Un Dios que no era fruto del miedo, que no venía a ser placebo ni bálsamo de nada. Una inteligencia superior que aparecía en su reflexión de forma natural y que empezó a expandirse hasta inundar cada recoveco de su vida.

Con Irene aprendí que diseñar nuestro crecimiento personal, tratando de controlar cada etapa del proceso, nos ancla a la ignorancia y la estrechez de miras que pretendemos dejar atrás. Juntos, comprendimos que vivir es mucho más que explicar lo que nos ocurre, y entendimos que sumergirse en la propia existencia es un salto al vacío en el que el temor nunca puede estar al mando.

7
LA HUIDA FRENTE A LA VIDA

> Todos vosotros que amáis el trabajo salvaje y lo rápido, nuevo, extraño; os soportáis mal a vosotros mismos, vuestra diligencia es huida y voluntad de olvidarse a sí mismo. Si creyeseis más en la vida, os lanzaríais menos al instante. ¡Pero no tenéis en vosotros bastante contenido para la espera, y ni siquiera para la pereza!
>
> FRIEDRICH NIETZSCHE

Superar una crisis existencial es una tarea que requiere grandes dosis de atención y presencia. No es algo que ocurra sin querer o que pueda desarrollarse por sí mismo. Es imprescindible que volquemos nuestra consciencia en la crisis, que conectemos con lo que se está presentando ante nuestra mirada, para construir a partir de ahí el puente hacia una nueva forma de vida.

El campo de juego para este reto es el día a día. Las cuestiones existenciales no son algo que uno deba afrontar de forma meramente estética, reflexionando en la cima de una montaña o recluyéndonos en una cueva como los antiguos ascetas. Nuestra cotidianidad es el lugar idóneo para esta actividad. El «espacio existencial» no es un concepto metafísico, una referencia abstracta, ni alude a otra dimensión. Es el marco en el que todo puede ocurrir, el tiempo que se inicia cuando escuchas el despertador por la mañana y que termina cuando logras conciliar el sueño por la noche. Ahí nos lo jugamos todo.

Sin embargo, las formas de vida que nos impone la sociedad en la que vivimos no son las idóneas para la reflexión filosófica. De hecho, son contrarias a ella. Nuestra cultura se ha convertido en un entorno agresivo y enajenante, que impide cualquier toma de conciencia y que no cesa de ofrecer herramientas de anestesia existencial, lo que nos impide tomar las riendas de nuestra vida y proyectar en ella quienes realmente somos.

Tenemos mucho que afrontar, que digerir e integrar, mucho que pensar, pero vivimos inmersos en una atmósfera que nos persuade para que no pensemos, para que nos dejemos llevar y vivamos en piloto automático. En ti hay un enorme impulso de huida, y luchas contra él en un contexto que no para de ofrecerte medios para dejarte arrastrar por ella. Un combate muy desequilibrado.

Por eso, en este capítulo te mostraré algunos de los obstáculos que la sociedad actual impone al cultivo de tu madurez existencial, para que comprendas las claves de la huida que todos protagonizamos de forma constante, con el fin de que puedas frenar su inercia, dejar de huir y asomarte a eso que evitas. Solo así podrás inmunizar tu pensamiento ante tanta toxicidad e iniciar el cambio. Es vital conocer aquello que nos impacta desde el exterior antes de lanzarnos a una mirada más introspectiva y existencial.

La huida ante la angustia

La angustia existencial puede llegar a ser muy incómoda. A nadie le gusta sentirse mal, y la falta de asidero con la que nos encontramos en una crisis vital puede llegar a desasosegarnos en exceso. Por eso decía Sartre que la respuesta fundamental ante la angustia es la huida. Como ya hemos visto, en la angustia se nos presenta la posibilidad del vacío, del sinsentido de la vida. También la inevitabilidad de nuestra muerte, el carácter efímero de nuestra existencia y lo limitado de nuestra vida. A estos dos frentes hay que añadirles la presencia inexorable de la libertad, la misma que nos permitirá afrontar nuestro proyecto existencial o acometer la huida ante la vida. No es fácil reconocer que somos dueños de nuestro destino y que nuestros actos serán los que definirán el propósito de nuestra vida.

La sociedad nos pone muy fácil esquivar nuestra responsabilidad existencial. Son incontables los entretenimientos que ofrece para ello. Vivimos en una atmósfera de inconsciencia y falta de profundidad, en la que lo común es sumergirse en la multitud de fuentes de dopamina y gratificación inmediata que tenemos a nuestra disposición. Igual que en *Un mundo feliz* (1932), la novela tan distópica como profética del escritor y filósofo británico Aldous Huxley, en la que la ciudadanía tenía a su disposición el *soma*, la droga que les permitía evitar cualquier momento de tristeza o vacío, nunca antes en la historia nos resultó tan sencillo vivir alejados de la vida, alienados respecto de lo que somos. Vivimos aturdidos, y solo la voluntad de despertar nos permitirá abandonar este estado.

La evasión digital

En nuestros días parece que lo que no se publica en redes sociales no existe. Subimos a ellas lo que consideramos que debe mostrarse, incluso si es falso, y consumimos lo que otros ofrecen. Estoy seguro de que muchas veces te descubres cogiendo tu *smartphone*, desbloqueándolo y abriendo Instagram o TikTok sin siquiera haberlo pensado. Es un impulso automático que surge en el momento en el que se nos cuela la más mínima cantidad de presente en nuestra percepción. Es la forma más habitual de aturdirnos, de esquivar el aquí y ahora. Incapaces de ser, de estar con lo que hay y con lo que somos, entramos en estas aplicaciones y nos dejamos arrastrar por el *scrolling*, el deslizar permanente por una sucesión de publicaciones, un vídeo tras otro, recibiendo grandes dosis de información que no procesamos, pero que nos embriaga y nos estimula de forma compulsiva, sin ser conscientes del daño que eso nos hace.

Te invito a realizar un pequeño ejercicio. La próxima vez que te des cuenta de que has cogido el teléfono sin que hubiera una necesidad real para ello, detente un segundo, respira profundamente y pregúntate cómo te sientes. Probablemente percibas inquietud y te des cuenta de que, ante cierta sensación de ansiedad, tu respuesta automática ha sido esquivarla con una dosis de estímulos. Si ante tal reconocimiento te ves capaz de soltar el teléfono y convivir con ello, ya habrás iniciado el cambio.

Sin embargo, este fenómeno va mucho más allá de tu móvil. Todos tenemos una o varias plataformas en las que disfrutamos de nuestras series o películas favoritas. Estoy seguro de que alguna vez te has sentado ante el televisor, decidido a aprovechar ese momento de relax para disfrutar de alguna de ellas. Sin embargo, muchas veces te habrás quedado atrapado en la inmensidad del catálogo. Comienzas a deslizarte por él y nada parece seducirte. Abres la ficha de una película y lees su sinopsis, luego otra, incluyes alguna en tu lista de favoritos para verla más adelante —aunque, en el fondo, sabes que nunca lo harás— y te sientes cada vez más incapaz de concluir una búsqueda que se suponía iba a ser un simple trámite.

Puede que incluso hayas empezado a sentir incomodidad, hasta que aflora la ansiedad y al final decides que no verás nada; o ni siquiera eso y simplemente sigues ahí contemplando posibles visionados, incapaz de escoger alguno. Puede que logres decantarte por una película, pero es fácil que acabes perdiendo el interés al poco de empezarla o que la reproduzcas de fondo mientras vuelves a tu teléfono a por un nuevo chute de estímulos. Es gracioso ver cómo nos quejamos de lo que nos cuesta iniciar nuevos hábitos, pues sentimos que requieren de nosotros una gran fuerza de voluntad, cuando en el fondo somos incapaces de comprometernos con una película de noventa minutos, que lo único que nos pide es que estemos frente a ella en silencio.

Disponer de tanta oferta de forma tan accesible es un enorme avance, pero, de nuevo, puede volverse en nuestra contra si no contamos con la disciplina interna adecuada. Cuando a Reed Hastings, el actual presidente ejecutivo de Netflix, le preguntaron cuál era su mayor competidor, se esperaba que mencionase a Amazon Prime Video, Max u otra plataforma similar. Sin embargo, la respuesta sorprendió a todos: «Nuestro principal competidor es el sueño».

Esta forma de pensar refleja a la perfección la dinámica desbocada de los nuevos entornos digitales y nos recuerda que estos no están diseñados para un uso equilibrado, sino para absorber todo nuestro tiempo y atención de forma despiadada, ya que pertenecen a proyectos empresariales centrados en la maximización de beneficios, no en la mejora de nuestras vidas. Por eso debemos ser nosotros quienes les pongamos freno. Y no lo estamos haciendo.

Consumimos la vida, pero no la vivimos

Por desgracia, la alienación que sufrimos en la actualidad va mucho más allá de los entornos digitales, ya que vivimos acelerados, atiborrados de experiencias superficiales que no digerimos por nuestra incapacidad para detenernos y apreciar lo que estamos viviendo.

Escuchamos el audio de WhatsApp de nuestro mejor amigo a velocidad 1,5x, o incluso 2x, como si su relato no fuese merecedor de todo nuestro tiempo y atención. Estamos entregados a la multitarea y nos sentimos incapaces de concentrarnos en una sola cosa. Entrenamos mientras escuchamos un pódcast o paseamos a nuestro perro mientras oímos un audiolibro. Vaciamos de todo significado cada encuentro social al preferir mirar el teléfono antes que a la persona que tenemos delante. Fingimos que todo ello se debe a nuestro dinamismo, a la inquietud intelectual que nos llama a vivir intensamente. Lo intentamos, pero no nos engañemos: al final nos toca reconocer que se trata de un problema de ansiedad. Sencillamente, no sabemos parar, y esto es algo que experimentamos cuando tratamos de hacerlo y nos asalta la angustia. Si es que llegamos a intentarlo.

Pretendemos estar en todas partes al mismo tiempo, siempre calculando el mejor plan, aquel capaz de maximizar nuestro gozo, porque cada vez es más lo que necesitamos para sentirnos bien. La insatisfacción nos domina. Consumimos más, pero sentimos menos. Está claro que estas dinámicas son las que llevan a muchas personas al abuso de sustancias, en busca de una experiencia intensa que los saque de la anhedonia o de un bálsamo que les libere del sufrimiento. Sin embargo, vemos también que en la actualidad hemos desarrollado nuevos formatos de adicción, de consumo dependiente de aquello que consideramos que necesitamos para alcanzar un disfrute cada vez más exigente y esquivo, ya sean imágenes, hábitos o circuitos de pensamiento. Puede que incluso sea esta falta de placer la que nos lleve a cuestionar el sentido de nuestra vida, porque «¿para qué hacer algo, si todo me va a suponer un esfuerzo, y no me va a hacer salir de este estado de apatía?».

Desesperados, caemos en lo que hoy se ha denominado FOMO (por las siglas del inglés *fear of missing out*), el temor a perderse algo. Nos frustramos por no poseer el don de la ubicuidad, por ser incapaces de dar un bocado a todas las experiencias, negando que el bufé de la vida nos exige escoger unos platos y, por tanto, renunciar a muchos otros. Nos duele decidir, porque empezamos a comprender que elegir implica apostar por una posibilidad y rechazar todas las demás. Eso nos aterra, porque sostener el peso existencial de la decisión requiere de una madurez filosófica que hemos estado esquivando por temor a una vida demasiado árida. Comprometidos con una eterna adolescencia, parecería que necesitamos vivirlo todo para sentirnos medianamente vivos.

Hoy se denomina *nexting* a la «necesidad de saltar de una experiencia a otra para convencernos de estar extrayendo todo su jugo sin apenas reposar en ella». El hecho de que nos sintamos sedientos de vida al poco tiempo de empezar cualquier tarea demuestra el error de esta forma de consumo vital. Como no nos llena, nos lanzamos a la siguiente. Y esto lo hacemos con actividades y proyectos, pero también con personas. Así, la insatisfacción reina en nuestras vidas y lo impregna todo, lo cala hasta el último estrato de nuestro ser. De nuevo: si no hay nada que nos satisfaga, ¿para qué vivir?

FOMO, *nexting*... términos de moda que se extienden por las redes, y que no aportan nada nuevo a lo que Martin Heidegger, hace un siglo, ya denominó «avidez de novedades». Según él, quien se deja arrastrar por estas dinámicas acaba padeciendo un desequilibrio existencial en su relación con el mundo, que muestra cómo la distancia entre este y nosotros se ensancha cada vez más.

De esta forma nos resulta imposible profundizar en nada, y tomarnos el merecido tiempo para cultivar cualquier hábito, disciplina o tarea. Esto nos incomoda y preferimos pequeñas dosis de muchas cosas, asomarnos a multitud de posibilidades, antes que decantarnos por alguna de ellas, incapaces como somos de practicar el más mínimo detenimiento y compromiso. A veces, incluso edulcoramos este problema y nos convencemos de que no hay nada malo en ello, y que sencillamente tenemos un perfil intelectual semejante al de aquellos genios renacentistas que cultivaban diferentes artes, sin llegar a especializarse en ninguna. Es paradójico y algo cómico —y el humor siempre debe ser bien recibido— que nos comparemos con buscadores de conocimiento que dedicaron su vida al cultivo de sus artes, si tenemos en cuenta que en multitud de ocasiones somos totalmente incapaces de leer un libro de principio a fin.

Al final, nuestra forma compulsiva de consumir la vida nos acaba alejando de ella; nos convencemos de haberlo vivido todo. Lo que sentimos nos permite confirmar que nada de lo que hagamos será capaz de sostener una mínima satisfacción personal. Sin embargo, como el fumador al que el neumólogo le dice que tiene que dejar de fumar y, por la ansiedad que le genera esta misma sugerencia, acaba fumando más —ya que es su herramienta de huida—, nosotros recaemos en estas dinámicas, a pesar de todas las pruebas que tenemos sobre su inautenticidad. Por suerte, nada de lo descrito anteriormente pertenece a la vida, sino más bien a las consecuencias de una forma errónea de vivir.

La alerta de la neurociencia

Aunque la perspectiva de este ensayo sea filosófica, siempre es de interés saber qué ocurre en el resto de los niveles de la experiencia. Somos mente, emoción, propósito... pero también cerebro, química y hábitos.

Esta voracidad vital, en la que saltamos de una tarea a otra y nos expulsamos de nuestro propio presente hacia una nueva dosis de satisfacción efímera, tiene como consecuencia lo que el budismo denominó «mente de mono». La neurociencia actual ha redefinido el término como la «red neuronal por defecto», un conjunto de regiones cerebrales que interactúan entre sí cuando permitimos que nuestra atención decaiga, y comience a saltar una y otra vez entre ensoñaciones, recuerdos, cavilaciones y monólogos internos. No es lo mismo rumiar, dar vueltas a algo de forma repetitiva en nuestra cabeza, que reflexionar. Cuando se activa la red neuronal por defecto, nuestra actividad mental nos hace creer que estamos en todas partes a la vez, cuando en realidad no nos hallamos en ninguna.

Como señala el estudio «A Wandering Mind is an Unhappy Mind» [Una mente errante es una mente infeliz], publicado por los psicólogos Matthew Killingsworth y Daniel Gilbert en la revista *Science* en 2010, cuanto más divaga nuestro pensamiento, cuanto más permitimos que nuestra atención deambule de forma errática y compulsiva por diferentes actividades y tareas, sin comprometernos de forma exclusiva con alguna de ellas, mayor es nuestro nivel de infelicidad. Sobre esta cuestión merece la pena traer a colación el trabajo de investigación y divulgación llevado a cabo por la física y neurocientífica española Nazareth Castellanos, gran defensora del valor de la meditación cuando ocurre el fenómeno de la mente errante.

La neurociencia ha llegado incluso a calcular el tiempo en el que la red neuronal por defecto está activa, y es asombroso. Más o menos, el 47 por ciento del tiempo que pasamos despiertos lo dedicamos a esta forma huidiza de pensamiento, que puede llegar hasta el 75 por ciento en el fin de semana. Esto demuestra que, cuanto más espacio encontramos para ejercitar la reflexión y habitar todo lo que nos ofrece el presente, más tendemos a huir de él. Pasamos nuestra vida lamentándonos por no tener más tiempo, pero cuando disponemos de él, nos resulta tremendamente incómodo gestionarlo, sostener nuestra libertad y enfocarla en algún proyecto concreto, lo que nos lleva a evadirnos con superficialidades.

Como vemos, la tendencia a huir del presente es uno de los mayores obstáculos que podemos encontrar en nuestro día a día. Parece que todo nos empuje a ella, pero cada vez es más evidente la relación de causalidad entre el abuso de esta forma de vida y el aumento de la fatiga cognitiva, la baja autoestima, la sobreestimulación, y los problemas de insomnio, ansiedad y depresión, entre otros.

Impulso de huida versus *mirada contemplativa*

Aunque nos encante que la ciencia se asome a estas cuestiones y nos ofrezca cada vez más información al respecto, la verdad es que no ha hecho más que respaldar cuantitativamente lo que las tradiciones contemplativas de Oriente llevan señalando miles de años: el peligro de vivir una vida alejada de nosotros mismos.

Hoy hablamos de *mindfulness*, y empezamos a comprender la importancia de parar, de ejercer cierta rebeldía frente al ritmo desenfrenado de nuestra sociedad, pero la invitación a la meditación siempre ha estado ahí, disponible para todo aquel que quisiera recibirla. Sin embargo, te diré algo. Yo medito desde hace años, y es una práctica que me ha aportado muchísimo a nivel personal y profesional, pero la realidad es que ni tú ni nadie necesita meditar.

Si quieres hacerlo, estoy convencido de que revolucionará tu forma de vivir, pero la meditación no es más que un camino, como otro cualquiera, para el cultivo de la presencia. Puede que incluso sea el más bello y eficiente, pero es posible que ahora mismo no te veas sentado en un *zafu*, encendiendo un incienso y golpeando un cuenco tibetano. También es cierto que nada de esto es necesario para meditar, pero lo que quiero subrayar es que el ritual meditativo es del todo accesorio. Lo que no lo es es tu compromiso de volver al presente.

El filósofo francés Blaise Pascal dio en el clavo cuando, hace más de tres siglos, afirmó en su obra *Pensamientos* (1670): «Todos los problemas del ser humano provienen de su incapacidad de sentarse y estar a solas, consigo mismos, en una habitación». Esto podría resumir todo lo dicho hasta ahora. Si no estás de acuerdo, te invito a realizar el experimento en tu dormitorio. Verás qué ocurre.

Es de vital importancia que tomes conciencia de este estado de huida permanente al que se nos arrastra por el mero hecho de vivir en nuestra sociedad, y que comiences a desarrollar cierta disidencia filosófica, para recuperar tu atención, tu actividad cerebral y tu mirada. Afortunadamente, puedes hacerlo en tu cojín de meditación, paseando por la calle o incluso con este libro en las manos.

El virus neoliberal

Nada de lo que he descrito hasta ahora responde a un fenómeno aleatorio. No es casualidad que todo lo mencionado sea representativo de nuestra sociedad, si es que no de toda la civilización humana, ya que, si algo ha diseminado la globalización a lo largo y ancho del planeta, ha sido esta neurosis social. Lejos de tratarse de una moda que nos ha conquistado, las razones que nos llevan a esta deriva existencial son estructurales. De hecho, podríamos decir que es el último capítulo del declive de nuestra cultura, pero eso requeriría entrar en otras cuestiones. Por ello es mejor acotar la cuestión y afirmar que nuestra experiencia de vida actual responde a la ideología dominante de nuestro sistema económico.

Aunque creas que vivimos en una sociedad capitalista, la realidad es que el paradigma que mueve nuestra economía y, por tanto, nuestra forma de vida, es el del neoliberalismo. Son términos semejantes, pero no sinónimos. Si el capitalismo se basa en la propiedad privada, el libre mercado, la competencia entre empresas y una mínima intervención por parte del Estado, el neoliberalismo supone su versión más radical y desalmada. Liberalización del mercado y anulación de todas las barreras de protección al comercio, privatización masiva de lo público y pérdida del control por parte del Estado, que deja en manos de un mercado insaciable y sin ética el futuro de los ciudadanos. Precarización masiva de los puestos de trabajo, empobrecimiento y pérdida de nivel adquisitivo... son muchos los síntomas de este declive.

Sin necesidad de perdernos en cuestiones socioeconómicas o de caer en el manido —y siempre mal planteado— falso dilema entre capitalismo y comunismo, basta con que entiendas que ahora mismo vives en una sociedad en la que importa más la maximización de beneficios por parte de las empresas que la calidad de vida de sus trabajadores. Más allá de lo negativo de este retroceso cultural, lo que nos concierne son las formas a través de las cuales la ideología neoliberal ha ido dominando nuestras vidas para integrarse en ellas, al infiltrarse en nuestra relación con la realidad y mediatizándola, alterando lo que somos para censurarlo, coartarlo, sesgarlo y adaptarlo a las necesidades de la sociedad de consumo.

Vencedores y vencidos: el concepto neoliberal de éxito

El neoliberalismo es el sistema económico que nos prometió el paraíso, el mayor nivel de bienestar imaginable, pero que, tras haber fracasado en sus múltiples intentos, logra seguir convenciéndonos de ser capaz de alcanzarlo. Nos empobrece mientras nos susurra que está en nuestra mano enriquecernos. Nos anula mientras nos habla de empoderamiento y superación personal.

Su propaganda, presente en el cine, la televisión, la publicidad y literalmente en cualquier otro recoveco del imaginario colectivo, trata de convencernos de que alcanzar el éxito es triunfar en la sociedad de consumo. Nos enseña que nuestro valor como personas, ese que deberíamos poder sentir por el mero hecho de estar vivos, es algo que se deriva de nuestro poder adquisitivo. De esta forma, transfiere nuestra identidad a aquello que poseemos. Cuanto más dinero tienes, más vales.

Así, la ideología neoliberal nos empuja a una carrera desenfrenada por la adquisición de bienes materiales y la acumulación de riqueza. Nos enseña que la única forma adecuada de vivir es aquella que sirve al mercado. De esta forma responde a la pregunta por el sentido de la vida de la forma más superficial e infantil posible, y cierra la puerta a cualquier otra posibilidad. Impone una realidad en la que cualquiera puede convertirse en uno de esos millonarios que vemos en las redes sociales, con vidas de opulencia entre yates y Lamborghinis. Nos hace creer que esto está a nuestro alcance, mientras chocamos con unas barreras estructurales que nos impiden no solo enriquecernos, sino quizá también lograr una vida medianamente acomodada.

Sin duda, el carácter más dañino del neoliberalismo es su promoción de la mentalidad individualista. El sistema nos dice que todo está en nuestras manos, y que el triunfo es estrictamente personal. La sociedad, que antaño se entendió como una comunidad que se movilizaba por sus fines humanistas, hoy se ha convertido en un mercado humano del todos contra todos. En la cima solo hay lugar para unos pocos vencedores, y el resto serán vencidos, fracasados que perecerán en el barro mientras se sienten culpables por no haber luchado más. Así es como el neoliberalismo atomiza la sociedad, nos aísla a unos de otros y nos hace creer que el éxito es algo individual, y no el resultado de la cooperación en busca de un bien mayor.

De esta forma nos vemos inmersos en relatos que nos hablan de individuos como nosotros que no tenían nada y que, contando solo con su fuerza de voluntad, lograron crear grandes multinacionales desde su garaje. Lo que no nos cuentan es que ese garaje pertenecía a la mansión de su familia y que además invirtió millones de dólares en su negocio para hacerlo triunfar. Detalles cruciales que alteran radicalmente la historia y se obvian de forma intencionada con el fin de transmitir con más fuerza el mensaje del éxito neoliberal, siempre individual.

Solo así se pueden precarizar cada vez más los puestos de trabajo sin que la población se levante contra tal agresión. Una vez que el sistema logra que miremos a los ricos y aspiremos a su nivel de vida, y veamos nuestro empleo como el medio que nos catapultará a ese fin, entonces ya no necesita hacer más.

Es así como el empobrecimiento se justifica a través de la cultura del esfuerzo, de la meritocracia. Se actualiza el discurso hasta hacerlo parecer moderno, un secuestro del lenguaje que nos impide percibir la realidad tal y como es. Ahora, la incapacidad de acceder a una vivienda digna se denomina *cohousing* o *coliving*; la dificultad emocional para mantener un puesto de trabajo abusivo se toma como una actitud emprendedora o el dinamismo propio de los jóvenes, quienes supuestamente ya no quieren un empleo fijo; el drama de un repartidor de comida rápida, que aprovecha los espacios entre entregas para intentar estudiar el temario del título profesional con el que pretende dejar atrás esa vida, se convierte en una noticia en el *prime time* de los programas de sociedad matutinos, consagrados a la difusión de la propaganda neoliberal.

En las antiguas industrias, el capataz era el que atosigaba a los trabajadores para que rindieran más. Hoy, debido al influjo de la ideología neoliberal, no es necesario que nadie nos azote, porque ya nos encargamos nosotros mismos de ello. Hace tiempo que lograron convencernos de que todo está a nuestro alcance y de que, si aún no lo hemos logrado, es por nuestra falta de motivación y resiliencia, no por las barreras de clase que nos impiden avanzar mientras nos esclavizan cada vez más. Un exceso de positividad, ya interiorizada, que en *La sociedad del cansancio* (2010), el filósofo surcoreano Byung-Chul Han relacionó con el fenómeno de la «autoexplotación». En la actualidad nos explotamos a nosotros mismos, y lo confundimos con la realización personal. Así de perdidos estamos. O, más bien, hasta ese punto nos han hecho perdernos.

Eres culpable de no ser perfecto: crecimiento personal y autoexplotación

En la actualidad hemos visto confirmado el diagnóstico que el filósofo francés Guy Debord, líder del movimiento contracultural de la Internacional Situacionista, ofreció en *La sociedad del espectáculo* (1967). En esta obra señala que el concepto de «espectáculo», que antaño se refería a las obras teatrales, cinematográficas, circenses y similares, hoy es capaz de explicar la totalidad de nuestras relaciones sociales. Llama la atención lo profético de su texto, aparecido unos cuarenta años antes de la explosión de las redes sociales. Hoy, todo en nuestra sociedad se ha convertido en espectáculo, con la reducción de lo real a meras imágenes. También nosotros, nuestra identidad y lo que expresamos ante los demás. Ya no importa el fondo, tan solo la apariencia. La fachada se ha convertido en la totalidad de nuestro ser.

El ritmo de vida neoliberal nos obliga a tomarnos a nosotros mismos como objeto de explotación para maximizar nuestro rendimiento. Se nos ofrece un modelo estandarizado de yo ideal, homogéneo y perfectamente sincronizado con las necesidades de la sociedad de consumo, y se nos entrega la responsabilidad de hacerlo efectivo. Es nuestro deber convertirnos en la mejor versión de nosotros mismos o, de lo contrario, reconocer nuestro fracaso al respecto.

Se parte así del impulso natural hacia el crecimiento y el despliegue de nuestro ser, latente en cada uno de nosotros, para después corromperlo, volviéndolo contra sus propios principios. Se nos imponen toda clase de mejoras físicas, intelectuales, profesionales y de otros ámbitos desde la perspectiva de carencia. Sentencias como «no eres suficiente, pero puedes mejorar» o «no eres lo que deberías, y es tu obligación corregirte» podrían ser los emblemas de nuestra era. Así, las corrientes mayoritarias del crecimiento personal, esas mismas que nos prometieron la mayor de las liberaciones, fomentan la autoexplotación, el autorrechazo y la baja autoestima, mientras difunden su mensaje a través de vídeos y libros con una apariencia estética muy cuidada, diseñada para transmitir afecto, esperanza y empoderamiento.

Es como si todo dependiese de ti. Está en tus manos tener un cuerpo perfecto, *fit* y normativo. Puedes ganar todo el dinero que quieras, ya sea ascendiendo en tu trabajo o emprendiendo un proyecto con alguna idea revolucionaria. Si quieres, serás una madre presente, que sigue a pleno rendimiento en su empleo, sale con sus amigas, va al gimnasio cada mañana y afronta todo ello con la mejor de las actitudes. No solo depende de ti, sino que además es tu obligación, y todo lo que esté por debajo de esa perfección ficticia e inhumana debería causarte vergüenza.

Este es el tipo de *coaching* que nos ha llegado de Estados Unidos, que no por casualidad es la cuna del neoliberalismo. Quiero dejar claro que no tengo nada en contra del *coaching* en sí. He conocido a *coaches* muy respetables, y yo mismo decidí certificarme en varios modelos de *coaching* hace unos años, cuando quise explorar el mundo de la motivación, para ver qué podía aportar a mi enfoque de asesoramiento filosófico. Sin embargo, en su versión más radical, lo que se presentaba como un formato de acompañamiento en la consecución de objetivos vitales acaba por convertirse en un espacio de positividad tóxica al servicio de la alienación capitalista.

La doctrina del «si quieres, puedes» pretende convertir el autodesprecio en un motor de cambio. Desde aquí, la propedéutica es tan plural e ilimitada como insostenible: levántate a las cinco de la mañana; sumérgete en tu cubo de agua helada; entra en calor con unas series de *burpees*; sal a correr varios kilómetros; haz tus meditaciones guiadas para atraer el dinero; desayuna el último grito en nutrición deportiva, o ayuna, según toque, mientras escuchas tu pódcast de emprendimiento o crecimiento personal favorito, en el que todos los invitados no hacen más que reiterar este exceso de positividad del querer es poder.

Tras esto enfréntate a tu día, si es que no estás ya agotado, y no olvides que cualquier fracaso, bajón anímico o desesperanza no responden a las condiciones de tu vida, sino a defectos en tu actitud. Corrígelos, y sigue adelante.

La lista de tareas a las que nos podemos llegar a obligar es realmente kilométrica, sin ser conscientes de que nada de lo que hagamos nos hará sentir satisfechos. ¿Por qué? Porque lo más probable es que no consigamos lo que nos proponemos, por ser excesivo o directamente irrealizable. Sin embargo, si logramos alguno de estos objetivos, o incluso todos, nos sentiremos igual de vacíos. La razón está en que estas dinámicas nos enseñan a percibirnos desde la carencia, desde la insuficiencia, y por ello siempre nos faltará algo más.

Cuanto más nos rompamos, obsesionados por alcanzar esa «mejor versión» ficticia, más alejados nos encontraremos de nosotros mismos. Por eso, este libro es un alegato en favor del autoconocimiento y la sabiduría, porque no hay otro camino para volver a nuestro ser.

Anulados por un exceso de positividad

Debido a lo insaciable de nuestro ritmo de vida, era cuestión de tiempo que encontrásemos un aumento en el número de casos de ansiedad y depresión. El problema no es solo el sufrimiento que generan a quienes las padecen, sino que, a pesar de mostrarnos el carácter insostenible de esta forma de vida, no llegan a abrirnos los ojos a la realidad. Quienes las sufren acaban sintiendo que han sido vencidos por su falta de aguante y que no han peleado lo suficiente.

Comparto con el ámbito de la motivación y el desarrollo personal la idea de que, por lo general, tendemos a vernos más limitados de lo que realmente estamos. Es cierto que esto es así, y es fácil comprobarlo analizando la cantidad de «no puedo» presentes en nuestro discurso interno, lo que Elliot Cohen, filósofo asesor norteamericano, denominó *can'tstipation.* Lo he experimentado en mí y lo he llevado a la práctica en consulta, comprobando la profunda liberación que supone reconocer los límites mentales y emocionales que nos retenían allí donde no queríamos estar, de cara a encontrar en nosotros las herramientas para construir el proyecto de vida que anhelábamos. Mantengo mi confianza en los principios estoicos que nos invitan al autodominio, la gestión emocional y el cultivo de una inmunidad personal capaz de protegernos ante los impactos de la vida. Se trata de un trabajo propio, personal, que nadie puede realizar por nosotros.

Sin embargo, el neoliberalismo ha tomado estos principios y los ha extendido hasta límites absurdos. Nos hemos ido al otro extremo, ya que esta falta de confianza básica en nosotros y en la vida ha acabado por convertirse en un monstruo voraz que niega cualquier límite a nuestra voluntad y que coloca todo el peso en el individuo hasta anularlo. Pensar que «superar» de forma individual estos obstáculos es el único éxito al que debemos aspirar sería un enorme error.

Esta ideología ha logrado convertir problemas sociales y económicos en cuestiones clínicas, que patologizan al individuo que las padece, sin conectar su sufrimiento con el sistema que lo provoca. En vez de señalar la presión que la sociedad ejerce sobre el individuo, el foco se coloca en su quiebra personal y niega el resto de los factores. Así, ya no es necesario el cambio político y social, sino sencillamente el cultivo de la resiliencia.

Por eso, hay que decirlo claro: no todo se arregla en terapia. No todo depende de ti. No te gusta tu trabajo porque te está destrozando la vida, no porque no hayas alcanzado el *mindset* adecuado. Rechazas tu cuerpo porque te han enseñado que no es bello, no porque debas levantar más peso. Tienes ansiedad porque no llegas a fin de mes, no porque no hayas leído suficiente estoicismo. El desarrollo personal siempre debería ir de la mano del cambio social. Si verdaderamente bebe de las fuentes de la sabiduría helenística, como en ocasiones promete, entonces alcanzar una sociedad justa, que busque la igualdad y felicidad de todos sus ciudadanos, debería ser su mayor prioridad. Hay cuestiones estructurales que nos oprimen a todos, y que debemos enfrentar como sociedad.

Recuerdo a una consultante que, en nuestra primera sesión, me comentaba que ella se sentía bien, pero que en ocasiones tenía ataques de ansiedad, que a veces se convertían en ataques de pánico, que relativizaba sin extraer ninguna conclusión de ello. «Esto es lo normal, todos tenemos ansiedad, ¿no?» Me impactó mucho cómo había logrado acostumbrarse a unos episodios tan dañinos, de tanto sufrimiento, hasta concebirlos como pequeños daños colaterales, fruto de un ritmo de vida cuya velocidad y exigencia no habían sido cuestionados, hasta ese momento.

Hemos normalizado la ansiedad, la depresión, el agotamiento, la amargura y la desilusión, y nos han convencido de que responden a alguna falla de nuestro carácter. Sin embargo, son consecuencia directa de una vida orientada a la autoexplotación y la ignorancia de lo que nos hace ser lo que somos.

Desarrollo personal y negación de la vida

Al principio hablábamos de que una parte importante de la huida frente a la vida tiene que ver con la negación de la muerte. Por ello, quiero cerrar este capítulo sobre los excesos que la ideología neoliberal impone a nuestra cosmovisión y forma de vida, relacionándolos con el temor metafísico que abordamos en el capítulo anterior. Como verás, van de la mano.

La versión que el neoliberalismo ofrece del mundo es enormemente materialista. Trata de convencernos de que el propósito de una vida se basa en escalar puestos de trabajo, acumular dinero y experiencias de lujo. Lo hace porque carece de la profundidad necesaria para ofrecer una versión más profunda de la vida. Si nos permitiese el más mínimo espacio contemplativo, rechazaríamos todo su ideario. Por eso lo inhibe acelerándonos, ya que su forma de pensamiento requiere de una inconsciencia constante. Tampoco da opción a que nos planteemos la cuestión de la trascendencia, pues necesita que sintamos que no hay nada más, para que llenemos ese vacío espiritual consumiendo de forma compulsiva en el breve espacio de tiempo de nuestra vida.

A pesar de sus intentos por alienarnos, la sociedad neoliberal genera grandes cantidades de frustración y agotamiento. Es casi imposible evitar desfallecer ante el ritmo de perfeccionamiento personal al que nos obligan las corrientes del *wellness*, y se nos hace muy difícil no perder la motivación ante un mercado laboral cada vez más despiadado. Para paliar los daños colaterales de estos fenómenos ha surgido una nueva «espiritualidad», que promete la salvación de todo este sufrimiento, a pesar de traer nuevos perjuicios (y probablemente peores).

Un ejemplo de ello es el archiconocido libro *El secreto* (2007), de Rhonda Byrne, un superventas que difundió por todo el mundo lo que se conoce como la *ley de la atracción*. No entraré a cuestionar si existe tal ley en el universo, ya que eso requeriría de un análisis más profundo, por lo que me limitaré a señalar el impacto negativo que estas ideas generan cuando se acercan a ellas personas vulnerables. La realidad es que esta obra convenció a miles de personas de que el universo estaba a su servicio, y que podían movilizarlo hacia sus intereses con solo desearlo o, como estas corrientes lo denominan, «manifestarlo». En otras palabras, les aseguró que, si deseaban algo con mucha fuerza, y lo proyectaban o «decretaban» hacia el cosmos, este respondería concediéndoselo de forma literal.

Es fácil imaginar lo corrosivas que pueden llegar a ser estas ideas cuando entran en la vida de personas que sienten que ya no pueden más. Si antes el sistema les había convencido de que eran pobres por no esforzarse lo suficiente en dejar de serlo, esta nueva pseudoespiritualidad los culpabiliza de sus circunstancias vitales, ya que, si «manifestasen» de forma adecuada, vivirían en la mayor de las abundancias. Por ello deciden entregarse a toda clase de prácticas mágicas, que no tendrían por qué ser nocivas en sí mismas, de no ser por la inconsciencia que provocan y que los aleja más aún de su responsabilidad existencial, del imperativo de aceptar las cosas tal y como son y de hacer cuanto esté en su mano por cambiarlas.

Aunque estos movimientos afirman remar a favor del cambio social y hablan constantemente del supuesto cambio de consciencia que dicen promover, la realidad es que fomentan el mayor de los inmovilismos. Si creo que deseando algo con fuerza, podré lograrlo, entonces no me molestaré en fortalecerme para construirlo con mis propias manos, ni mucho menos en atender a las condiciones sociales y económicas que me lo impiden, y que deberían llevarme a la lucha política, no a la búsqueda de medios esotéricos.

De nuevo encontramos la máxima expresión de la negación de la vida. Un sistema neoliberal que nos empodera para que persigamos propósitos que no nos pertenecen. Una mirada profundamente materialista que acaba generando una espiritualidad que le sirve y que promete poner al servicio de nuestros deseos y preferencias la totalidad del universo. No es posible imaginar una huida mayor que aquella que infantiliza hasta tal punto la vida.

Créeme: no se trata de meras cuestiones metafísicas, ya que he visto vidas destrozadas por esto. He conocido a personas valientes que querían luchar por sus metas, cambiar el mundo, y que diseñaron proyectos profesionales que, de haber triunfado, estoy seguro de que hubieran aportado muchísimo a la sociedad. Sin embargo, cuando uno siente que el poder de la manifestación es tan necesario como suficiente, y que todo impedimento se relaciona con su mente, y no con la realidad, los problemas no tardan en llegar.

Me refiero a aquellas personas que dejan sus trabajos e invierten todo su dinero en un sueño, guiados por la propaganda del emprendimiento y la falsa confianza metafísica en la vida de estas doctrinas, sin molestarse en hacer un mínimo plan de negocio o estudio de mercado que muestre la viabilidad del proyecto. Vidas arruinadas, deudas impagadas y personas que no comprenden lo ocurrido, y que, si no logran despertar de esta ensoñación, seguirán culpándose a sí mismas de su desgracia por no haberlo manifestado mejor.

Como señalé en el capítulo anterior, estoy totalmente a favor de cualquier creencia metafísica que esté al servicio de la verdad. Si late en ella este requisito, me importa poco si viene de la ciencia, la magia, la espiritualidad o cualquier otra fuente. Sin embargo, creo que lo mencionado hasta ahora posee un carácter extremadamente nocivo, porque es capaz de anclarnos en la negación de la vida, hasta impedirnos tomar contacto con ella. Convencerme de que mi ser se reduce al éxito de mis proyectos, y que estos solo dependen de la fuerza de mi pensamiento, es un pecado de inautenticidad que no es posible sostener sin perjuicio.

Volver a vivir

En el siglo XX, el filósofo y matemático alemán Edmund Husserl, maestro de Martin Heidegger y fundador de la corriente fenomenológica, proclamó la necesidad del *Lebenswelt*, o lo que es lo mismo, el retorno al «mundo de la vida». Aunque en un sentido diferente, es lo que debemos proponernos de ahora en adelante.

Queda patente la necesidad de liberarnos del influjo neoliberal que aprisiona nuestro pensamiento. Es evidente que hemos sido arrastrados a un modo de vida impropio, inauténtico, que no ha hecho más que dañarnos y debilitar nuestra forma de mirar, pensar y vivir. Ahora ya sabes que un crecimiento personal adecuado tiene más que ver con desaprender, aceptarse y descubrirse que con la autoexplotación que te han impuesto.

Comprendes que has vivido sumergido en dinámicas dañinas que te han alejado de lo que eres, de tu propósito y del camino que puede llevarte a ello. Puede que ahora te sientas con fuerzas para tomar las riendas de tu vida o, al menos, tengas curiosidad por saber cómo hacerlo.

Por eso, en la tercera parte del libro, nos sumergiremos en las claves de tu propia transformación filosófica, para que puedas capitanearla y llevarla al mejor de los puertos. Tras haber abordado los principales obstáculos externos para nuestro autoconocimiento, en el próximo capítulo podremos ahondar en los más complejos, los internos, esos que requieren de toda nuestra atención, lucidez y compromiso. Solo así podremos comprender e integrar nuestras heridas, aprender a reformar aquello que nos bloquea y lograr alinearnos con la vida, para poder expresarnos en ella.

EN CONSULTA
Renacer tras el vacío del éxito

David nació en una familia humilde y trabajadora. Sus padres se esforzaron por que tuviera las mejores oportunidades y volcaron todos los ingresos familiares en su educación. Colegios privados, programas internacionales y estudios universitarios de Finanzas en las mejores escuelas de negocios del Reino Unido y EE. UU. Gracias a su inteligencia y capacidad de trabajo, no le resultó difícil destacar entre sus compañeros y lograr un puesto en el mundo de las inversiones tras graduarse.

El mensaje que se respiraba en esos ámbitos corporativos se convirtió en su filosofía personal: a saber, «tu valor depende de tus ingresos» o «eres lo que ganas». Totalmente ajeno a la herida de insuficiencia que latía en su interior, vio en la senda neoliberal un camino para superar el dolor que le acompañaba desde la infancia, y se lanzó a ella. Así, se negó cualquier oportunidad de autoconocimiento o reflexión, y volcó todo su ser en una vorágine de autoexplotación desmedida en jornadas de trabajo de catorce o dieciséis horas al día, siete días a la semana. Sentía que era mejor que los demás por aquello que estaba consiguiendo, a pesar de estar sacrificando sus años de juventud. Se convenció de que ese era el camino para ser alguien, y quiso pelear para alejarse de aquellos a quienes veía como mediocres, estúpidos y vagos.

Aunque aún era joven, ya había acumulado la suficiente cantidad de dinero como para retirarse y vivir entre lujos, no una, sino varias vidas. Había tachado de su lista casi todo lo que la sociedad nos dice que debemos conseguir para ser alguien: era rico, se alojaba en lujosos hoteles y dedicaba sus vacaciones a escalar montañas, hacer surf o saltar en paracaídas en los lugares más recónditos y exclusivos del planeta.

Sin embargo, se sentía solo, vacío y, por mucho que se esforzase en sentirse valioso por sus logros, tal y como el sistema le había prometido, se veía arrastrado por un síndrome del impostor que lo corroía. No encontraba significado en nada de lo que había logrado, pero tampoco lo veía en ninguna parte de sí mismo. De hecho, su identidad se reducía a las cifras que aparecían en la app de su banco y las exóticas fotos de los viajes que subía a Instagram. Supuestamente, lo había logrado todo, pero sentía que nada tenía sentido. Así fue como inauguró la crisis existencial con la que, afortunadamente, pudo cambiar su vida.

Igual que ocurre con las personas captadas por una secta, cuya vuelta a la realidad requiere de una desprogramación pormenorizada de todos y cada uno de los elementos que han llegado a configurar su forma de comprender la vida, así trabajamos David y yo en consulta. Lo que al principio percibía como una ideología favorecedora, propia de triunfadores, comenzó a mostrarse como algo contradictorio, compulsivo y adictivo, totalmente ajeno a su esencia. De esta forma fue liberando pequeñas partes de sí y encontró un valor antes negado en ellas, construyendo una nueva forma de percibirse a sí mismo, de reconocer sus heridas y acogerlas, para crecer a través de ellas. Reconfiguró su forma de comprender el mundo hasta el punto en el que el dinero, que antes era su único objetivo vital, se tornó algo secundario —aunque no irrelevante, ya que le permitía llevar una vida acomodada sin necesidad de trabajar—. Dejó atrás toda competitividad y empezó a ver como algo vacío lo que en el pasado había sido el propósito de su vida.

Como ves, la importancia de tomar conciencia del peso que el neoliberalismo tiene en nuestras vidas no es algo reservado para aquellos que no logran alcanzar tan insostenibles estándares. El vacío de una vida centrada en la acumulación de riquezas y el culto al ego también asalta a quienes logran salir vencedores de la escabechina capitalista.

TERCERA PARTE
TU TRANSFORMACIÓN EXISTENCIAL

8
RECONCILIARNOS CON LA VIDA

> La flor de loto no piensa: «No quiero el barro». La flor de loto sabe que puede florecer tan bella solo gracias al barro. Para nosotros, ocurre lo mismo.
>
> THÍCH NHẤT HẠNH

Todos podemos imaginar una versión plena de nosotros mismos. Una forma de ser y de estar en la que no ofrecemos resistencia a la vida, en la que los conflictos se abordan desde la calma y la aceptación. Un formato de nuestra personalidad en el que entendemos que todo cuanto ocurre forma parte de la vida y, como tal, merece ser vivido y aceptado. Sabemos que esa posibilidad late en nosotros, que somos capaces de coexistir junto a todo aquello que hoy nos hace derrumbarnos. Entendemos que sería posible una respuesta sosegada ante ese reto que tanto nos agobia, en vez de nuestra reacción ansiosa; que está en nuestra mano pensar el futuro con optimismo o, al menos, con neutralidad, en vez de con la mirada temerosa que solemos ofrecerle; que es factible decir adiós a todo eso que nos dañó en el pasado, para así liberarnos de esa carga y continuar nuestro camino con el aprendizaje de lo vivido y con las heridas sanadas.

Sabemos que esto es posible, pero conocerlo no hace que logremos llevarlo a cabo. El paso de la potencia al acto, del que tanto habló Aristóteles, se nos resiste. Y es normal, ya que este proceso no se refiere a un mero cambio de hábitos. Al contrario, lo que está en juego es la integración de todo eso que habita en nosotros y que precisa ser superado. Esta es la razón por la que debemos comprometernos con ello, porque, sin nuestro impulso, nunca llegará a realizarse.

Reconciliarnos con la vida implica sanar los impactos recibidos en ella. Hilando un poco más fino, vemos que no se trata de un trabajo meramente cognitivo o emocional, sino más bien existencial. Sanar el daño vivido implica devolverle su legitimidad al devenir de la vida. Supone aceptar lo ocurrido y dejar de resistirnos a lo vivido. Es parar de culpar a la existencia por cuanto sucedió, responsabilizándonos de todas las defensas que nos vimos obligados a construir para salir adelante en esos momentos de sufrimiento. Reconciliarnos con la vida supone entender que esta no debe ser temida, sino sencillamente vivida, si es que no celebrada.

Para protagonizar esta transformación filosófica, y transitar el sendero que lleva desde nuestra versión más dolorida y temerosa hasta esa otra más sabia, lúcida y plena, es importante que nos hagamos cargo de la sanación de nuestras heridas. Solo así podremos tomar aquello que nos lastraba y convertirlo en una fuerza creadora. Por eso, en las páginas de este capítulo veremos algunas de las cuestiones más esenciales de este proceso, con el fin de que puedas comprender el funcionamiento de esta vía de autoconocimiento filosófico y logres dar los primeros pasos en ella de forma autónoma.

La vida duele

Esto es un hecho, y no tiene sentido negarlo. Estoy seguro de que a diario te llegan decenas de mensajes que tratan de obviar esta realidad: frases inspiradoras que insinúan que una buena actitud es suficiente para una felicidad constante y vídeos motivacionales que parecen culparte de que no estés ya desbordando la mayor de las alegrías. Pese a todo, la vida duele, y cualquier camino de reconciliación con ella debe partir de esta realidad.

El dolor de la vida es demandante, ya que exige que lo vivamos. Se nos impone, nos interpela, sale a nuestro encuentro y nos acompaña hasta su conclusión. Hay vivencias que duelen y situaciones que nos abruman, por bien que las gestionemos. Nos duele perder a un ser querido. Nos hiere romper con esa pareja que, sentíamos, nos acompañaría de por vida. Nos daña ver hundirse ese proyecto en el que volcamos todo nuestro talento e ilusión. Todo lo anterior nos duele necesariamente, porque son ámbitos de la vida con los que nos comprometimos, en los que pusimos una parte de nosotros, que, sentimos, se desgarra. Poco importa lo que venga después porque, en esos momentos, nos vemos desnudos en nuestra vulnerabilidad e indefensión.

La comprensión profunda del dolor humano siempre está disponible. El entendimiento de que su mera presencia es ya una razón de peso para transitarlo. Si lo hiciésemos así, todo sería más fácil. Sin embargo, no es lo que suele ocurrir. Negamos nuestro dolor y, en ese acto, damos lugar al sufrimiento. De ahí la necesidad de comprender su esencia.

Somos la causa de nuestro sufrimiento

Puede que este sea el mayor regalo de la filosofía budista, la comprensión de que el origen del sufrimiento reside en la mala gestión del dolor. Por eso, cuando el budismo afirma que el sufrimiento es opcional, no está diciendo que se encuentre en nuestra mano esquivar el dolor de la vida, sino más bien que, si decidimos enfrentarnos a ese dolor y procesarlo, nuestra vida será más sencilla, ya que no produciremos un sufrimiento innecesario. Cuando esquivamos el dolor que la realidad nos presenta, generamos sufrimiento y multiplicamos su impacto en nosotros. Tratando de protegernos de aquello que tememos que nos destrozará, nos condenamos a una huida sin fin.

Es por esto que Epicteto, en mi opinión el más relevante de los filósofos estoicos, nos alertó en el *Enquiridion* o *Manual de vida* que «no son los hechos, sino nuestras opiniones sobre los hechos, los que nos atormentan». Con esta sentencia, en apariencia sencilla, nos regaló una de las claves más importantes del autoconocimiento filosófico, el hecho de que el sufrimiento humano radica en la falta de comprensión de la vida, y que el camino para superarlo pasa por hacernos cargo de aquello que lo provoca.

Es como si llevases años pensando que caminar es un acto doloroso en sí mismo, y culpases al camino, o a la mecánica física inherente al andar, para finalmente darte cuenta de que tu dolor lo provocaba una piedra en el zapato. Tal es la liberación que vivimos cuando decidimos responsabilizarnos de nuestro pensamiento y del impacto que tiene en nuestra vida.

Por ello, el reto principal para reconciliarnos con la existencia será encontrar la forma de enfrentarnos al dolor básico derivado de nuestras experiencias, haciendo cuanto esté en nuestra mano para no generar un sufrimiento adicional. Alinear nuestra lucidez y capacidad de comprensión para ponerla al servicio de la vida, nuestra vida, y sumergirnos en ella. Así, siendo uno con ella, no habrá necesidad de defendernos de algo que nunca pretendió dañarnos.

Las heridas biográficas

Aunque perseguimos un objetivo alcanzable, y nos comprometemos con desarrollar una sabiduría que nos pertenece por derecho propio, la realidad es que iniciamos el trayecto muy alejados de la misma. Las partes más básicas de nuestra personalidad se forjan en los primeros años de vida, una época en la que carecemos de cualquier pensamiento crítico, capacidad de reflexión profunda o de gestión emocional que nos permita alcanzar la perspectiva necesaria para comprender en profundidad lo que nos ocurre.

Esta es la razón por la que las experiencias dolorosas de estos años resultan tan traumáticas, por la falta de herramientas para gestionarlas, que nos obligan a desarrollar estrategias de supervivencia que, por lo general, pueden llegar a ser desproporcionadas. Además, su impacto a nivel existencial es mayor incluso que a nivel psicológico, ya que estas vivencias generan conclusiones devastadoras sobre la vida. No solo juzgamos lo vivido, sino la existencia misma que le sirve de marco, y le atribuimos las mismas características. Si nos hemos sentido atacados, es fácil que acabemos pensando que la vida es agresiva y que requiere de nosotros un estado de tensión permanente. Si nos ha faltado el amor más básico, probablemente nos desgarremos buscando formas de obtenerlo, convencidos de que es un bien escaso. Así, es nuestra concepción de la realidad la que genera nuestra ansiedad, antes incluso que las creencias concretas con las que se manifestará.

Nuestras heridas definen tanto la forma en que comprendemos la realidad como la manera en que vivimos nuestra vida. Modelan nuestra cosmovisión y la convierten en un instrumento defensivo. Es lo que Alfred Adler, médico y psicoanalista austriaco fundador de la psicología individual, denominó «estilo de vida». Para él, la forma en la que reaccionamos frente a situaciones de infancia que nos superan acaba por definir una parte importante de nuestros patrones de comportamiento, pensamiento y emoción. Para protegernos de aquello que en su momento consideramos que no podíamos superar, cincelamos un carácter capaz de combatirlo. El problema es que, al ignorar este fenómeno y los sesgos que impone a nuestra experiencia, acabamos por perdernos la vida real. A diferencia de Freud, Adler confiaba en la capacidad del ser humano para ir más allá de esta programación mental reactiva.

Aunque estemos capacitados para practicar la más profunda de las contemplaciones, nuestras heridas hacen que abandonemos nuestro interés innato por comprender la vida, y nos centremos en defendernos de ella y evitar nuevos ataques. La herida es una fuente inagotable de creencias tan limitadas como limitantes, que sesgan nuestra percepción y nos colocan en un estado de alerta constante. Generan una cojera vital que, tras tantos años desequilibrándonos, ha logrado pasar inadvertida a nuestra mirada interna. Pero está ahí, y es posible superarla.

Considero que hay tantos tipos de heridas biográficas como experiencias vividas de forma prematura que las provocan, pero hay algunas muy generalizadas en las que podrías reconocerte. Una de las más comunes es la herida de insuficiencia, provocada por una o varias experiencias vitales de las que deducimos que lo que somos y aportamos a los demás no es suficiente. Esta herida, muy presente en el ya mencionado síndrome del impostor, es la que nos lleva a sentir que el valor es algo que debemos conseguir con nuestro esfuerzo, porque no lo poseemos de antemano. Esta desconexión respecto de nuestro valor esencial también suele arrastrarnos a una carrera por la superación personal, que se ve atravesada por grandes dosis de miedo a que se descubra nuestra insuficiencia.

Por otra parte, es fácil que portes una herida de abandono si en tus primeros años experimentaste un apego deficiente. No es necesario que nos abandonen para que nos sintamos abandonados: basta una mínima falta de acogida, cariño y cuidado para que concluyamos que estamos solos ante la vida, y reaccionemos en consecuencia. Si tienes un especial temor a la soledad, o te duele mucho que quienes te rodean no siempre estén emocionalmente disponibles, puede que te veas reflejado en ella.

Si sentiste que tus padres se avergonzaban de ti, es posible que hayas desarrollado una herida de humillación, que te cueste reconocer tus virtudes y que antepongas las necesidades de los demás a las tuyas propias, con tal de recibir su aprobación. Quizá, si una parte de ti consideró que tus cuidadores principales no eran dignos de tu confianza, porque te mentían, no cumplían sus promesas y te generaban una constante sensación de decepción y desamparo, podrás encontrar en ti una herida de traición, que te empuja a comportamientos de control en tu día a día como forma de protección.

Estas son algunas de las heridas biográficas más generales que es posible encontrar tanto en consulta como en nuestra propia introspección. Seguro que te resulta enriquecedor investigar más al respecto, pero quiero hacerte una advertencia: no es recomendable tomar estos conceptos como elementos de diagnóstico. Si traigo a colación estas ideas es por su valor para tu autoconocimiento, no para que se conviertan en otro eje de patologización con el que te acabes enclaustrando. Tu pasado no te define, así como tampoco lo hace tu dolor. Lo que opinen los demás sobre tus supuestas heridas, su origen o lo que provocan en tu vida no es relevante. Lo importante es que, si algo en ti te dice que estas ideas reflejan tu malestar, te permitas asomarte a ellas para comprobarlo.

El presente ofrece todo lo necesario

Por otra parte, buscar en nuestros orígenes la explicación de todo cuanto ocurre en el presente es tan peligroso como improductivo. Primero, porque no toda herida biográfica tiene lugar en la infancia, ya que hay vivencias en la etapa adulta capaces de generar esta clase de impactos en nuestra cosmovisión, como muestran las situaciones de estrés postraumático o similares. Segundo, porque no siempre podemos recordar el momento exacto en el que ocurrió el quiebre o los eventos concretos de la vivencia que nos marcó. Pese a ello, ninguna laguna en nuestra historia personal puede privarnos de la posibilidad de integrar en el momento presente cualquier herida, o de la capacidad de construir un futuro diferente.

Entiendo que esta idea choca con los fundamentos de enfoques como el psicoanalítico y sus derivados, pero estoy convencido de ello. Reconozco que he presenciado el impacto terapéutico que una introspección guiada puede llegar a producir cuando es capaz de dar con la génesis biográfica del malestar. La amplitud de una perspectiva capaz de reconstruir la genealogía del dolor, encadenando sus pasos desde sus orígenes inconscientes hasta sus últimos ecos conductuales, es liberadora. Sin embargo, no es imprescindible.

Recordemos que el malestar vital es semántico. Nuestra experiencia del mismo es siempre significativa, aunque en ocasiones no logremos comprender su mensaje. Por eso, en aquellos casos en los que no podamos acceder a las causas biográficas de nuestro sufrimiento, lo mejor será dejar de buscar la clave en el pasado. De nuevo con Epicteto, no son los hechos, sino nuestra interpretación de los hechos, lo que genera nuestro sufrimiento.

Como señala la parábola budista, si nos clavan una flecha, no nos conviene obsesionarnos con las posibles identidad e intenciones del arquero que la disparó, o caer en lamentaciones por no sentirnos merecedores de tal desgracia. Lo ideal es reaccionar a tiempo, sacar la flecha, limpiar la herida y suturarla para que comience a cicatrizar. Más importante que dar con el hecho que nos hirió, es reconocer su impacto en nuestra cosmovisión. El núcleo de la reconciliación está en identificar las conclusiones sobre la vida que tomamos a partir de esa experiencia, e integrarlas a través de la verdad. Identificar todo el pesimismo, el catastrofismo y el temor sobredimensionado que se derivó de ella, y calmarlo, tomando la vida como único bálsamo. A fin de cuentas, no importa tanto qué ocurrió, sino más bien lo que creímos aprender de ello.

Comprende tu herida

Si hay algo que debe estar presente en la experiencia de integración de nuestras heridas, es la honestidad. No es posible transitar este camino sin una total transparencia interna, necesaria para conocer qué nos está ocurriendo en cada momento del proceso. Esta tarea nos exige que podamos identificar toda emoción y creencia que se den en nosotros, en el acto. Puede parecer fácil, pero no siempre es cómodo reconocer lo que pensamos o sentimos. Hay quien se avergüenza de ver la ira en sí mismo o quien rechaza la tristeza por miedo a verse atrapado en ella. También es común que ignoremos nuestras creencias más inmaduras, por considerarlas ilegítimas. No importa la razón concreta, lo único relevante aquí es que nos comprometamos con una disponibilidad radical, capaz de poner sobre la mesa cuanto ocurra en nosotros, sin temor ni prejuicio.

Solo así podrás escuchar el discurso de la herida, el relato que te cuenta acerca de cómo es el mundo. En todas esas creencias y emociones limitadas encontrarás definiciones sesgadas de lo que eres, así como ideas amenazantes de lo que te espera si te atreves a asomarte al mundo: «No valgo», «Soy defectuoso», «Si me muestro, seré rechazado», «No merezco ser amado», etc. Palabras duras de reconocer, que brotan de tu malestar y que reclaman ser acogidas e integradas.

Todo ello te permitirá comprender el *para qué* de la herida, su función en ti. Aunque no lo creas, la herida no busca dañarte, sino protegerte. Como ya comentamos en la primera parte del libro, de ella brota una estrategia basada en el amor y el autocuidado, esa que dedujimos de la experiencia límite que nos dañó y que se ha mantenido imperante desde entonces. Por ello, no te dejes llevar por las apariencias, porque aquí son paradójicas. Sé que resulta difícil rastrear una estrategia de cuidado en un fenómeno que, sentimos, no ha hecho más que limitarnos e impedirnos vivir con plenitud desde que tuvimos conciencia del mismo. Sin embargo, es así, y está en tu mano tomar el testigo de ese cuidado y reorientarlo.

La resistencia a la vida es la clave de toda herida. Se da en aquello que temes, rechazas y evitas. En eso que sientes que eres incapaz de enfrentar, aunque veas a otros hacerlo sin dificultad. Entender por qué te cuesta tanto eso que no tendría por qué dolerte es la clave para la comprensión de la herida y, por tanto, para su superación.

Supera hoy lo que te dañó ayer

Como hemos visto, hay experiencias vitales capaces de rompernos a nivel emocional y existencial. Situaciones que nos obligan a enfrentarnos a cuestiones para las que no estamos preparados, que nos impactan como si fuera algo ajeno a la lógica esperable de la realidad. La pérdida de un ser querido para alguien que aún no ha comprendido el significado de su mortalidad o el fracaso para quien se convenció de que, si trabajaba duro, nada podría negarle el éxito, son ejemplos de ello. También lo es la simple contemplación sentida de todo el dolor y sufrimiento que se extiende a lo largo y ancho del planeta. Vivencias de este tipo nos colocan ante la cara más amarga de la existencia, y tendemos a negarla, al considerar que es una parte de la vida demasiado cruel, con la que no es posible convivir. Sin embargo, filosofías como la estoica, o las teorías clínicas acerca de la superación del trauma que se inspiran en ella, como el modelo de crecimiento postraumático del psiquiatra francés Boris Cyrulnik o la teoría de la desintegración positiva del psicólogo polaco Kazimierz Dąbrowski, dan buena cuenta de las posibilidades de integración y transformación personal que laten en estas experiencias vitales.

A veces, el autoconocimiento nos resulta frustrante, porque nos enfrenta una y otra vez a las mismas heridas. Nos cansa tropezar constantemente con la misma piedra, y acabamos sintiéndonos inútiles, inválidos ante situaciones que otros gestionan con la mayor de las solturas. Sin embargo, la repetición aquí es síntoma de avance, porque la introspección opera de forma orbital y pivota en torno a un eje central. Es lo que llamo «la espiral del autoconocimiento», donde cada vuelta que damos a «lo mismo» —aunque nunca es igual— nos acerca un poco más al núcleo del dolor, nos permite obtener un nuevo conocimiento, asentar algún matiz antes ignorado, girando en torno al malestar en círculos cada vez más concéntricos, hasta que logramos reposar en el centro, y ya no hay nada más que hacer. El sufrimiento deja de manifestarse cuando ya no tiene nada más que enseñarnos.

El problema está en que no solemos tener presente este hecho y, en vez de atender al mensaje del dolor, ese que no estuvimos capacitados para integrar en el pasado, nos lanzamos al rechazo del mismo y juzgamos que «yo ya no debería de sentirme así».

Lo más vulnerable que hay en ti

Como afirmó el monje zen vietnamita Thích Nhất Hạnh, en los casos en los que la herida apunta a impactos vitales de nuestra más tierna infancia, es necesario que nos comprometamos con la acogida del niño interior. Da igual la realidad que otorguemos a este planteamiento: si consideramos que a nivel psicológico o metafísico habita en nosotros un fragmento de nuestra identidad en estado infantil, o sencillamente se trata de una proyección, una analogía o metáfora versátil y eficiente a nivel terapéutico. Más allá de todo eso, la realidad es que tenemos una cuenta pendiente con la vida, con todo aquello que nos vimos obligados a negar de ella, porque se nos presentó en una experiencia para la que no estábamos preparados.

Solo tú puedes reconocer la valía de esa parte de ti que antaño se sintió carente de valor. Solo tú puedes abrazar a la niña que se vio abandonada. Solo tú puedes devolverte la dignidad que consideras que te fue robada. Solo tú puedes traer a tu vida la confianza que sentiste que te exponía demasiado y que te negaste para protegerte del mundo.

Créeme: no son necesarias regresiones psicológicas, proyecciones astrales u otras piruetas místicas. Se trata de algo mucho más sencillo. En cada momento de vulnerabilidad, ese niño o niña que hay en ti te da la oportunidad de transformar aquello que tanto daño te hizo en el pasado.

El concepto del niño interior, tan presente en corrientes psicológicas y filosóficas humanistas, gestálticas y transpersonales, entre otras, nos ofrece la oportunidad de asomarnos a nuestro mundo personal de forma ajena a la autocrítica y la hiperexigencia que suelen reinar en nuestro discurso interno. Piénsalo por un momento: cuando un niño llora, no se te ocurre empezar a gritarle para que deje de hacerlo, ¿cierto? Lo mejor que puedes hacer es ponerte a su altura, ayudarle a sentirse seguro y mostrarle que estás ahí para acompañarlo, comprendiendo lo que necesita y dándole el espacio y apoyo para transitarlo.

Estoy seguro de que tu forma de tratarte, hablarte y pensarte es mucho más ruda y cruel, y que tu diálogo interno se asemeja más al de la disciplina militar de las películas bélicas que a la figura de un padre o una madre que acoge a su hijo o hija con amor y ternura. Cuanto antes te des cuenta de que el autocuidado es la base para la transformación personal, antes podrás iniciar el cambio. Mientras, siempre puedes preguntarte de dónde viene esa ira con la que te castigas. Puede que así comprendas la estrategia de tu herida.

La compasión como vía para el cambio interior

Tengo más que comprobado que la compasión es una de las llaves que nos abren a la comprensión de nuestro malestar. Sin embargo, es un concepto que presento en consulta con mucha precaución, ya que suele suscitar rechazo. Tendemos a percibir de forma negativa el significado de la compasión, dado que la tradición judeocristiana que atraviesa Occidente hace que la relacionemos con la debilidad, o incluso la lástima. Cuando nos dicen que nos tratemos con compasión, nos imaginamos a alguien acariciándonos la cabeza, mientras nos susurra «oh, pobre de ti», victimizándonos y haciéndonos sentir cada vez más incapaces. Sin embargo, nada de eso tiene que ver con la compasión.

La compasión es la capacidad afectiva de tomar contacto con la vulnerabilidad, tanto la propia como la ajena. Esa sensibilidad, con la que conectamos a través de la compasión, nada tiene que ver con la debilidad. Ser vulnerables es una de las formas más esenciales de estar en el mundo. Se trata de la propiedad de vernos afectados por la vida, de ser uno con ella. No somos entidades independientes de lo que nos rodea, ajenas a ello. Somos permeables ante la vida, y es la vulnerabilidad la que nos permite vernos atravesados por ella. Somos vulnerables a la belleza de un amanecer, a la risa de un bebé o a la alegría de aquellos que nos importan. Sin embargo, es también ella la que nos permite sentirnos desgarrados ante los eventos más dolorosos de la vida.

Si la vulnerabilidad es la fuente principal de conexión con la vida, la compasión es la disposición que mejor nos permite conocerla. No creo que necesites pautas para vivir tus emociones positivas, ya que doy por hecho que no te preocupa verte sobrepasado por ellas. Por lo general, nadie teme estar demasiado alegre o sentirse excesivamente pleno. Quizá incluso lo anheles, desde luego. En cambio, me parece más probable que temas que, si dejas entrar en tu conciencia emociones dolorosas, estas acaben por dominar tu vida.

Sin embargo, lo que ocurre es justo lo contrario. Si generamos un sufrimiento adicional al negarnos a enfrentar el dolor de la vida y cargamos así contra ella, el único camino posible es el opuesto. Para superar cualquier malestar, es necesario darle la bienvenida y aprender a convivir con él. En *Compasión radical* (2021), la maestra budista y psicóloga norteamericana Tara Brach señala la importancia de que seamos capaces de recibir la realidad del sufrimiento como a un invitado al que le ofrecemos un té, sin importar lo disruptivo que pueda llegar a ser. La mayor aceptación del dolor que podemos experimentar es aquella capaz de acogerlo sin exigirle que desaparezca.

Es importante que te habitúes a recibir con compasión los momentos de sufrimiento, aunque evidentemente no los quieras. A permitir de forma compasiva también ese rechazo a vivir el dolor, esa frustración por tener que soportarlo, esa ira hacia la vida por presentártelo. A sostener la tensión interna entre cómo te gustaría que fuesen las cosas y cómo son realmente. A abrirte a todo lo que ocurre en ti, liberarlo, para permitir que la vida haga también su parte.

Es cierto que podemos llegar a vernos abrumados por el malestar. Ante esta situación es importante que mantengas la templanza y no des un paso atrás. Recuerda que ese dolor no acabará contigo, que no es nada de lo que debas protegerte, sino más bien al contrario, que eso que te sientes tentado a evitar es justo el lugar donde encontrarás lo necesario para superarlo. «Allí donde está el peligro crece también lo que salva», como nos recuerda Heidegger, citando el famoso *Patmos* del poeta alemán Friedrich Hölderlin.

Sin embargo, en aquellos momentos en los que el impacto emocional sea más fuerte, te verás ante lo que llamo el «dilema del doliente»: por una parte, necesitarás descanso, ofrecer reposo a tu mente y emociones, y será crucial que te muestres atento y respetuoso ante estos dictámenes internos. Por otra, puede que en ciertos momentos percibas que ese retiro, tan necesario al inicio, se torne huida, evitación, incluso cobardía. Será en ese momento en el que te convendrá ser capaz de romper esa dinámica y salir al mundo —aunque pueda no apetecerte en absoluto—. «¿Doy un paseo, tomo café con un amigo o hoy es día de quedarse en casa?» La clave de la autocompasión radica en el equilibrio entre darnos el cuidado que necesitamos y no forzarnos a nada agresivo, mientras nos movilizamos hacia aquello que podría suponernos un esfuerzo, pero sabemos será bueno para nuestro crecimiento.

El miedo al dolor

No hay sufrimiento más incapacitante, ni más extendido en la experiencia humana, que el miedo al dolor. Todo el control que desplegamos para evitar sufrir no hace más que hablar del temor al propio malestar. A veces, incluso tememos temer. Nos aterra pasarlo mal, porque damos por hecho que será una experiencia agónica, insustancial e inútil, agresiva y fácilmente cronificable. Toda la compulsividad dopaminérgica que inunda las dinámicas sociales y personales de nuestra cotidianidad, centradas en la gratificación inmediata, la evitación del malestar y el intento fallido de mantenernos de forma constante en un estado de entretenimiento aletargado, dan buena cuenta de ello. Sin embargo, como afirma Mónica Cavallé en *El coraje de ser* (2024), pionera del asesoramiento filosófico en España y referente para la mayoría de los que nos dedicamos a esta labor, «el sufrimiento no nos engaña; nos revela con exactitud cuál es nuestro nivel de conciencia, nuestro grado de comprensión real, dónde nos hallamos existencialmente y cuáles son nuestras ideas operativas». Por ello, siempre será enriquecedor enfrentarnos a aquello que consideramos nos ha herido.

Insisto, negar el dolor es lo que causa nuestro sufrimiento, y solo permitiéndonos experimentarlo será como lograremos liberarnos de él. Lo subrayo, porque entiendo que puede resultar extraño, incluso antiintuitivo. Sin embargo, es así. Lo atestiguan las tradiciones humanistas y contemplativas de Oriente y Occidente, lo he experimentado en el trabajo con mis propias heridas y lo he presenciado al acompañar a cientos de consultantes en esta tarea. Cuando dejamos de huir, comenzamos a vivir.

Uno de los ejemplos más ilustrativos de este fenómeno lo encontramos en el trabajo con pacientes afectados de dolor crónico. No puedo ni imaginar cómo se sentirán aquellas personas que se ven obligadas a convivir con algo tan invasivo como un dolor físico que no ofrece tregua: siempre en la búsqueda de un tratamiento o medicación que los libere, siendo testigos de cómo su cuerpo se habitúa a la analgesia progresivamente, en una lucha sin descanso por encontrar la paz. Es este respeto por un sufrimiento de tal calibre el que me llevó a interesarme por los programas de atención plena para pacientes con dolor crónico, en la misma época en la que comencé a formarme en meditación. Me parecía increíble que alguien fuese capaz de presentarse ante personas con tal padecimiento, para invitarles a ser más conscientes de ese dolor que tanto sufrimiento les provocaba. ¿Con qué cara vas tú, sin sentir dolor, a decirles a aquellos que lo sufren a diario que les vendría bien prestarle un poco más de atención? Una parte de mí lo percibía como algo irrespetuoso.

Sin embargo, los datos de las investigaciones de autores como el médico Jon Kabat-Zinn o el neurocientífico Fadel Zeidan hablan por sí solos, y los testimonios al respecto no hacen más que reafirmar nuestras intuiciones filosóficas más ancestrales, ya que los pacientes con dolor crónico de estos programas relatan una mejora evidente en sus vidas. Reconocen que el dolor permanece, pero —y esta es la clave de todo— su relación con él ya no es la misma. De la resistencia y el rechazo pasan a la convivencia y la aceptación. Sienten dolor físico, sí, pero «solo» eso, en crudo y sin añadidos, por lo que experimentan una reducción del mismo. Desaparece la ira, el «¿por qué a mí?», el «esto no debería estar pasando», así como la frustración por todo lo que les impide llevar a cabo en su día a día. Al menos se atenúa y muestra una nueva forma de estar en la vida. Con dolor, sí, pero totalmente diferente.

Si es posible cambiar la relación con un dolor físico que no se deja calmar por ningún medicamento, podemos hacer lo propio con cualquier malestar mental o emocional. Además, al contrario que el dolor crónico del cuerpo, el dolor emocional porta siempre la llave para su superación y permite dejarlo atrás una vez que nos hemos apropiado de su mensaje. Esto se debe a que, además de semántico, el malestar vital es teleológico, porque nos guía hacia su desenlace natural.

A pesar de ello, el miedo al dolor suele estar arraigado en nosotros, por lo que no resulta fácil convivir con él. No lo es, porque el discurso del miedo es sibilino, y sabe mezclarse con el nuestro. Se cuela en nuestros planteamientos y hace que percibamos como propia toda idea que nos invita a evitar, a no exponernos, a posponer y, en definitiva, a dejar de vivir. Por eso es un trabajo mental tan exigente, en el que es fácil perderse.

La evasión intelectual

La mente es lo suficientemente poderosa como para alterar la forma en la que percibimos la realidad. Es capaz de construir sentidos, pero también de derribarlos. Dispone de las herramientas necesarias para elevarnos y realizar las mayores proezas, pero también para anularnos en caso de no considerarlas adecuadas. Como vimos, poseemos una tendencia natural hacia el conocimiento, la verdad y la vida en última instancia, pero, cuando el miedo corrompe esta inclinación, la comprensión, destinada a abrirnos a la existencia, se convierte en uno de los mayores obstáculos.

A veces exigimos comprender algo antes de vivirlo. Creemos que es nuestra potestad el coartar la experiencia, para permitir en ella solo aquello que consideramos legítimo. El problema de esto es que es mucho más lo que ignoramos sobre la vida que lo que conocemos de ella, y la comprensión, tan cercana y necesaria en nuestra búsqueda filosófica, debe ser capaz de reconocer sus límites y asumirlos, en vez de proyectarlos sobre la vida.

Cuando aparece el malestar, tus defensas racionales pueden convertir tu entendimiento en un escudo, una exigencia previa de comprensión, que se niega a sumergirse en la experiencia sin contar antes con toda clase de protocolos y salvaguardas para ello. Encuentro esto mucho en consulta, personas que han logrado entender la necesidad de transitar el dolor, que han comprendido que solo atravesándolo lograrán dejarlo realmente atrás y, sin embargo, caen en el «vale, pero... ¿cómo lo hago?», a la espera de unas instrucciones que hagan más apacible el camino.

En el fondo, cuando pensamos así es porque consideramos que somos nosotros quienes debemos dirigir nuestro proceso de crecimiento, convencidos de que lanzarnos a las emociones dolorosas, sin un plan que nos proteja, hará que acabemos destrozados por ellas. Lo que late aquí es una desconfianza radical hacia la vida, basada en la ignorancia de que es el diálogo con ella, y no el control de la misma, lo que nos permite avanzar. Uno se compromete con su desarrollo, se abre a su dolor, se muestra disponible a la comprensión, da los primeros pasos al respecto... y la vida comienza a ofrecer herramientas para hacerlo posible. No estamos solos en la integración de nuestras heridas.

Otra forma de evasión intelectual es aquella que pretende sustituir la experiencia por la teoría, y llegar directamente a la conclusión, sin pasar por la vivencia, necesaria para que esta brote y arraigue en nosotros. Queremos convencernos de la verdad de creencias transformadas, corregidas y elaboradas *a posteriori*, sin haber experimentado su falsedad por nosotros mismos. Pretender saltar directamente al «es cierto, todos somos víctimas de víctimas», por ejemplo, como si esa verdad, a la que es probable que se hubiera llegado en algún momento del proceso, pueda servir de puente para acceder a ese nivel de conciencia sin haber atravesado antes la experiencia de la injusticia, la expresión de la ira, del reproche... que nos lleva de forma natural a ella.

Expresiones del tipo «yo ya sé que tengo que quererme por lo que soy» encierran una negativa a atravesar el dolor de la insuficiencia o el rechazo, la comprensión de su porqué y su para qué, aquel que mostraría de forma clara y distinta el error del autodesprecio, e impulsaría con la mayor de las fuerzas la conexión con el propio valor. A pesar de ello, nos cuesta muchísimo aceptar esta verdad, y multiplicamos de forma inútil nuestro sufrimiento, saltando de terapia en terapia, enmascarando de mil formas el malestar, en vez de rendirnos a la vida y dejar que ella guíe nuestro camino.

El bypass *espiritual*

La forma más exagerada de intelectualización del dolor es el *bypass* espiritual. Aunque el término lo acuñó el psicólogo y maestro budista norteamericano John Welwood en la década de los ochenta, es una intuición que ya encontramos en la filosofía de Nietzsche, cuando afirmaba que el principal motor de la religiosidad —en sentido negativo— es el resentimiento hacia la vida y la huida de su impacto en nosotros.

Como ya hemos visto, la espiritualidad puede ser muy enriquecedora cuando se llega a ella a través del compromiso con una búsqueda de la verdad genuina y auténtica. Sin embargo, es fácil encontrar malos usos de la misma, que pretenden saltarse los procesos naturales de tránsito frente a la vida y hacen de la supuesta «comprensión metafísica» un atajo hacia posibles conclusiones sanadoras, sin pasar por las experiencias que le otorgarían su verdad. Un desapego excesivo hacia los demás, la represión de emociones difíciles o un énfasis desproporcionado en lecturas positivas acerca de la realidad son la clase de fenómenos que pueden alertarnos de estar cayendo en este modelo de huida metafísica.

A veces, lo más duro del dolor radica en nuestra incapacidad para encontrarle un sentido. Por eso, una forma de *bypass* espiritual, que pretende evitarnos esta mirada al posible vacío o absurdo de nuestro sufrimiento, es la que impone una finalidad espiritual al mismo. Se evita la afirmación rasa del dolor, el estar a la altura del presente, diciéndonos «este dolor está aquí», sin más, y se añade una intencionalidad espiritual superior, transformándolo en «este dolor está aquí... porque me lo ha enviado Dios» —o similar.

De nuevo, si esta conclusión es fruto de una comprensión profunda de la realidad metafísica que nos acoge, entonces, bienvenida sea. Sin embargo, no es adecuado instrumentalizar estas experiencias tratando de imponernos una fe que nos las haga más llevaderas, como si esa fuera la única forma de no sucumbir ante ellas. Una cosa es decir que mi angustia vital es semántica y me habla de la necesidad de un cambio de vida, y otra muy distinta afirmar que alguna entidad superior me envía un accidente de tráfico, por ejemplo, para que aprenda una determinada lección. No creo que el universo comparta eso de «la letra con sangre entra».

El dolor está aquí, en tu vida, y desde luego que puedes aprender de él. De hecho, tienes la capacidad de transformar tu forma de vivir gracias a él, y elevar tu pensamiento hasta una sabiduría antes vedada para ti. Sin embargo, no nos está permitido afirmar que este crecimiento personal haya sido diseñado por algún tipo de divinidad exactamente con esta finalidad. Podemos aprender, sí, pero eso no significa que algo ocurra para que aprendamos.

Si te has asomado al mundo del crecimiento personal, habrás comprobado que en él es posible encontrar algunos personajes interesantes, pero desgraciadamente diseminados en un océano de vendehúmos y narcisistas tan motivados como ignorantes. Personalmente, estoy cansado de supuestos gurús que pretenden guiarnos a través de la senda del autoconocimiento, fingiendo que esa es una tarea que ellos ya han realizado y superado con éxito. No es cierto, y esa seguridad en sus palabras es la prueba de su falta de sabiduría. Personalmente, prefiero aprender de quienes aún tengan dudas sobre su propia enseñanza, todavía abiertos a lo que esté por venir y conocedores del camino que les falta por recorrer.

El trabajo personal es una tarea vitalicia, llena de idas y venidas, de superaciones y reencuentros con el dolor. Así debe serlo. Ya basta de maestros con impolutas túnicas blancas que caminan con la cabeza alta como si los asuntos terrenales les fuesen ajenos. No aceptes lecciones de alguien que no sea capaz de mostrarte las manchas y los desgarros de sus vestiduras, prueba de la autenticidad de su camino y de su compromiso con la vida y el carácter humano de la misma. El maestro que ha dejado de vivir momentos de vulnerabilidad ya no es un maestro.

Séneca solía afirmar que el sabio no hace cosas diferentes al resto de los mortales, sino que hace lo mismo de forma diferente. No pretendas convertirte hoy en una versión idealizada de ti mismo, o te perderás el presente y el camino que nace de él hacia quien realmente eres.

Peregrinar el dolor

Cuando afrontamos el malestar vital, es fácil caer en una pulsión estratégica y buscar la solución más rápida. Sin embargo, hay cuestiones que no tienen solución, sencillamente porque no son un problema. «De acuerdo, esto es algo que tengo que trabajar, pero... ¿cómo me libro de ello?» es algo que escucho bastante en consulta, cuando el miedo a vernos atrapados en el sufrimiento, sin posibilidad de escapar de él, hace acto de presencia.

La pregunta no es «¿Cómo acabo con este dolor?», sino más bien «¿Por qué está este dolor aquí?». «¿Por qué me enredo con los mismos pensamientos intrusivos una y otra vez?», «¿Por qué me arrastran esas emociones?», «¿Qué razón hay para que me bloquee ante las mismas situaciones?», «¿Qué parte de mí es la que se aferra a esas dinámicas interiores?», «¿Qué necesito hacer para recoger el testigo y liberarme de ellas?». Son la clase de preguntas que es interesante hacerse.

No busques solucionar, sino entender, pues solo la comprensión profunda es capaz de arrojar luz sobre tus sombras, destapar el error en tanto que error y dejar que la verdad inunde cada espacio de tu ser. Entiende eso que presenta tu dolor y reconoce cada oportunidad que te da para sanarlo, ya que el malestar siempre nos visita, de forma repetida, hasta que comprendemos el motivo de su presencia. Deja de cuestionar su necesidad y empieza a afirmarlo tal cual es. Te será más fácil.

En este peregrinaje te convendrá traer a tu mente otra de las claves del maestro estoico Epicteto: la práctica de la *diakrisis*, el arte de reconocer y distinguir aquello que depende de ti de lo que no. En tu camino encontrarás diferentes elementos que está en tu mano cambiar, como tu actitud, tu compromiso con la gestión de pensamientos y emociones, tu autocuidado compasivo, la elección de apoyos y confesores, etc. Sin embargo, te costará más reconocer aquello que no está en tu mano. Según el estoicismo, ignorar lo que depende de ti te llevará a la irresponsabilidad y la deriva existencial, nada comparado con el precio de intentar intervenir en aquello que no está en tus manos, un acto que seguro te arrastrará a la desesperación y el sufrimiento.

Peregrinar por el dolor no es solo recorrer una senda, sino que también requiere de una adecuada disposición interna. Precisa de entrega, una rendición que nos fortalece y libera, pues rendirse ante la vida es dejar de pelear con ella. Implica mostrarnos disponibles ante lo que nos presenta y cultivar la confianza necesaria para vivirlo. Es comprender que no estamos solos, que contamos con la vida y que, si nosotros hacemos nuestra parte, ella se encargará de la suya. Como me dijo hace poco una consultante que se había lanzado a experimentar un dolor que cargaba desde hacía décadas, tras toda una vida negándose a sentir emociones negativas por miedo a verse atrapada en ellas: «¡Menudo regalazo de la vida, Omar! El poder sentir tanta tristeza y llorarla. Rendirme ante un dolor tan puro y sentirme viva».

No hay atajos para el malestar vital. O los hay, y el camino más corto y sencillo es a través de él. No sin razón dijo Dante Alighieri en *La Divina Comedia* (1321) que la puerta del cielo está en el último de los nueve círculos del infierno, tras la ascensión del monte Purgatorio. Según el autor italiano, en las puertas del averno reza el siguiente mensaje: «Abandonad toda esperanza quienes aquí entráis». Lejos de ser una sentencia pesimista, esconde un profundo mensaje: nos indica que, para superar el sufrimiento humano, debemos ser capaces de rendirnos ante la vida, de renunciar a todo lo que no somos, para llegar a ser quienes realmente somos. Ese es el auténtico peregrinaje, el que nos lleva a despojarnos de aquello que nos impide ser uno con la vida. Solo en la entrega genuina al dolor puro encontramos la paz.

Es probable que, tras la lectura de este capítulo, comiences a sentir el aroma del camino que te propongo. Que notes el susurro de un viento que te empuja hacia una nueva forma de vivir tus crisis existenciales. Sin embargo, puede que también haya una parte de ti que siga diciendo «vale, lo entiendo, pero... ¡¿cómo lo hago?!». Por favor, recíbela con una sonrisa, ya que no siempre es fácil ver el sendero en mitad del bosque.

EN CONSULTA

Perdonar a la vida cuando te lo ha arrebatado todo

Marta había visto mucho en sus más de sesenta años de vida. Quizá demasiado. Había sufrido maltrato en la infancia, explotación laboral durante décadas, el desprecio de su familia de origen y el suicidio de su mejor amigo, entre otras situaciones muy dolorosas. Nada de eso logró derribarla. Sin embargo, tener que atravesar sola la enfermedad que postró en la cama a su hija hasta su muerte sí que lo hizo.

«Yo ya he trabajado con psicólogos y me ha ido bien con ellos. He estado en terapias de duelo, incluso me he formado en esas técnicas para acompañar a otros. Ya he aprendido cómo no caer en la depresión, cómo evitar suicidarme. Ahora lo que necesito es otra cosa. Ya sé *cómo* vivir. Lo que no sé es *para qué* vivir.» Así comenzó nuestra primera sesión.

Como le reconocí más adelante, me sentí abrumado por sus circunstancias. Ella lo sabía, pero decidió que quería que la acompañase en su camino. Y así lo hicimos.

Sesión tras sesión, fuimos dando espacio a un dolor que parecía no tener fin. Consideraba que la vida le había arrebatado lo suficiente como para no poder volver a confiar en ella. Se sentía traicionada, dañada, inmersa en una realidad que no merecía una segunda oportunidad. Así lo expresó y, sesión tras sesión, fuimos construyendo un espacio de confianza que comenzó a permitir algunos cuestionamientos, que fueron la semilla de ciertas reflexiones y tomas de consciencia.

Tuvo la oportunidad de liberarse del rencor que sentía, tanto hacia sus familiares como sus antiguos jefes, por los años de maltrato recibido. Pudo comprenderlos, sin que ello implicase justificar sus acciones, y decidió perdonarlos. Quizá ellos no lo merecían, pero ella sí que merecía el alivio que el perdón trae a nuestras vidas. Marta perdonó para liberarse ella. Se hizo ese regalo.

Pudo despedirse de su mejor amigo mediante la comprensión de las razones que lo llevaron a no querer vivir, y también lo «perdonó» —aunque ya no veía nada que perdonar— por haberla dejado sola ante tanto dolor.

La pérdida de su hija fue el obstáculo más difícil de afrontar. En su cuerpo sentía las marcas de décadas de esmerada crianza. Había puesto todo su esfuerzo, ilusión y propósito en dar todo lo que había en sí misma para que su hija lo tomase, y viviese la vida que ella jamás pudo tener. Por eso, recordarla postrada en la cama sufriendo hundía toda esperanza en volver a vivir.

Pese a todo, logró perdonar a la vida por el daño recibido. No lo excusó bajo pretextos espirituales, ni se convenció de que eso era algo que «tenía que vivir». Todo lo ocurrido le parecía horrible, pero había tenido lugar en el pasado, y se sentía llamada a buscarle un lugar en su memoria que le permitiera seguir su camino. Ignoraba cuál era ese camino, pero seguir viva, ya que la enfermedad se había llevado a su hija y no a ella, le parecía prueba suficiente de la necesidad de continuar. Logró volver a disfrutar sin sentirse culpable por ello. Se mudó a miles de kilómetros y empezó de nuevo. Entendió que sufrir más no la hacía más digna, y que reconciliarse con la vida era el mejor tributo que podría hacer a su hija. «Sigo aquí, así que veré qué me queda por vivir.»

Aún hoy mantenemos amistad y contacto. Realmente, no sabría decir quién aprendió más de los meses de proceso, si ella o yo.

9
ATRÉVETE A SER QUIEN ERES

Solo el pensamiento vivido tiene valor.

HERMANN HESSE

Como has podido comprobar, las crisis existenciales son, principalmente, una batalla interior. La reforma de la comprensión que tenemos de lo que es la vida, y de nuestro papel en ella, es un proceso esencialmente interno, que pone en jaque todo lo que habíamos dado por cierto hasta el momento. Supone la muerte de lo caduco y el surgimiento de algo nuevo. *Re-nacemos*, ya que estas conversiones filosóficas siempre dan lugar a una versión más auténtica, libre y genuina de lo que somos. Es para eso que llegan a nosotros.

En el capítulo anterior te presenté los conceptos básicos relativos a la integración de tus heridas y la reconciliación con la vida, y puede que ya comiences a ver cómo tus capacidades de reflexión y gestión vital pueden permitirte intervenir en tu dolor y hacerte salir del pozo al que a veces sientes que te condena. Por ello, es momento de abordar la expresión de lo que eres, porque la vida no solo te ofrece la posibilidad de no sufrir, sino también de crear, de proyectarte en tu existencia y conocerte a través de ella, de lanzarte a la vida y transformaros mutuamente. A pesar de lo que sientas en esas «noches oscuras del alma» —como las llamó el místico español Juan de la Cruz—, estás vivo, por lo que, desde lo más profundo de ti, estás llamado a ser y a hacer.

Las tres transformaciones del espíritu

Friedrich Nietzsche, uno de los filósofos de cabecera de este ensayo, expresó de forma magistral en *Así habló Zaratustra* (1883) el peregrinaje interior que cada uno de nosotros debe hacer a la hora de dejar atrás las cargas del pasado y la identidad que estas nos imponen, para dar lugar a una relación renovada con la vida, en la que poder captar lo que somos en cada uno de nuestros actos. De forma un tanto alegórica, definió estos tres estadios como los del camello, el león y el niño —o la niña, le recordaríamos hoy.

El camello representa la fase inicial del proceso, en la que nuestra identidad queda definida en relación con lo que otros colocaron sobre nosotros. Como animal de carga, el camello se ve obligado a estar al servicio de unos intereses que no son los suyos. Sus travesías por el desierto no responden a un deambular libre, o a sus propios ciclos migratorios, sino a la lógica de un comercio humano que nada tiene que ver con él. La magnitud de su fuerza es contraproducente, ya que, a mayor capacidad de aguante, más profunda será la condena de su esclavitud. Cuanto más da, menos le queda para sí mismo. Con el paso de los años, la explotación se convierte en su medio de vida y corrompe su ser, al hacer de la carga, y del martirio del cargar, la esencia misma de su identidad.

El camello no tiene una capacidad propia de pensar, ya que esta se la han reprimido los impactos de la fusta de su dueño. No percibe el mundo más allá de su tarea y todo gira en torno a ella. Todo cuanto es queda definido por su capacidad de carga y no puede concebir otra vida, ni la necesidad de la misma. Nietzsche quiso ver en la imagen del camello la figura existencial del cristiano, deformado por el peso de una culpa antinatural impuesta por un pecado original que le hace verse corrupto por el mero hecho de estar vivo, y que le obliga a rechazar su cuerpo y cuanto este puede hacer o querer. Sin embargo, esta era solo su opinión, por lo que te invito a que te preguntes en qué ámbitos de tu vida y de la de quienes te rodean puedes reconocer la impronta del camello y su carga.

Pese a todo, cuando la esclavitud es espiritual, el siervo siempre tiene la posibilidad de tomar conciencia de su presidio y ponerle fin. Para ello es necesaria la fuerza del león. Esta nueva fase representa el vigor y la contundencia de aquel que ha comprendido lo injusto de su penitencia y decide desprenderse de ella. El león se revela ante aquellos que querían hacer de él un camello y destruye con zarpazos iracundos los barrotes de la celda que le impusieron. El león ruge, porque quiere afirmarse, pero comete el error de definirse como el opuesto de lo que fue. Es incapaz de comprenderse más allá del rechazo del camello que ya no quiere ser, y piensa que ser león es ser exactamente lo contrario de ser un camello, por lo que no logra conectar con nada genuino de sí mismo. Batalla, rechaza y reprocha, pero se ve de nuevo encadenado a su pasado, por ser incapaz de trascender el rencor y pensarse más allá de lo que teme volver a ser.

El león representa un estado de adolescencia existencial, en el que comenzamos la búsqueda de la autenticidad, pero no logramos ir más allá del rechazo a lo establecido. Seguro que recuerdas esa época, en la que sabías que no querías ser como tus padres, y tampoco te convencía el camino que la sociedad te ofrecía, pero te veías incapacitado para ir más allá de ese «no» vacío, de esa rebeldía sin propósito. Como leones, sabemos lo que fuimos y ya no queremos ser, pero quedamos estancados en esa lógica oposicional, incapaces de crear nada nuevo ni de encontrar en nosotros la singularidad con la que construir una vida propia. Nuestra ira, que fue crucial para liberarnos del pasado, se convierte en lo que nos impide alcanzar la ligereza necesaria para elevarnos por encima de ese paradigma cíclico de imposición y rechazo de lo impuesto.

Trascender esta dinámica de autoafirmación negativa requiere una nueva mirada. Se precisa una perspectiva capaz de soltar la carga del camello, pero también la culpa por la misma. Que tome la fuerza del león y la libere de un rencor que ya no puede evitar atrofiar su movimiento. Una nueva forma de estar en el mundo, capaz de integrar todo lo anterior, para trascenderlo. Según Nietzsche, solo la mirada del niño es capaz de ofrecernos todo esto.

Aunque pueda parecerlo, Nietzsche no nos invita a dar un paso atrás y volver de la adolescencia a la niñez. Al contrario, la mirada del niño supone el más alto nivel de madurez existencial, mucho más revolucionaria que la «mayoría de edad» a la que Immanuel Kant nos invitaba con el *Sapere aude* —«atrévete a saber», o «atrévete a servirte de tu propio entendimiento»— de su famoso texto *Contestación a la pregunta: ¿Qué es la Ilustración?* (1784). A través de este simbolismo, casi arquetípico, Nietzsche apunta a la necesidad de una nueva forma de relación con la vida, basada en el concepto de juego.

Jugar con la vida supone ser capaz de inventar nuevas normas para ello; implica desplegar la creatividad y el ingenio de forma ilimitada, encontrando otras formas de ser y estar. Representa la entrega a la vida, a su máxima afirmación, en la que sentimos el vigor necesario para transitar carencias de sentido, imposiciones culturales, mandatos religiosos, relaciones tóxicas, heridas biográficas y cualquier otro elemento restrictivo, y convertirlos en una fuerza de afirmación y expresión al servicio de la vida.

Pero... ¿quién soy?

La alegoría de Nietzsche sobre la transformación existencial del ser humano siempre me resultó inspiradora. Sin embargo, deja sin responder la pregunta más esencial de todas, aquella que se refiere al contenido de mi identidad y al medio para conocerlo y expresarlo. Su ausencia de respuesta es de agradecer, ya que las preguntas filosóficas que más nos enriquecen no son las que respondemos de una vez, sino más bien aquellas que nos acompañan de forma íntima a lo largo de toda la vida y nos obligan a formular nuevas respuestas según profundizamos en nuestra experiencia.

En estos años de consulta he aprendido que el autoconocimiento y la afirmación de la vida son dos caras de una misma moneda. Por una parte, es necesario un ejercicio de descubrimiento. En esa introspección profundizamos a través de las capas del carácter y de todo lo adquirido, hasta llegar a un lecho en el que reposan las fuerzas que nos impulsan genuinamente. Ahí, encontramos talentos, inteligencias, valores, destrezas, inclinaciones, inquietudes, intereses... que nos definen de forma originaria. Al conectar con ellas, no las recibimos como algo impuesto, a pesar de no haberlas elegido. Al contrario, las vivimos como algo muy nuestro, como una voz propia que sentimos que posee el timbre y el tono perfectos para expresarnos, pero puede que no sepamos qué decir con ella. Nos dan el vehículo, pero quizá aún no el contenido.

Así es como el autoconocimiento da lugar a la afirmación de la vida, ya que es justo eso que habita en nosotros lo que nos interpela a manifestarlo. Es el descubrimiento de lo que encontramos de forma previa en nuestra introspección, lo que nos permite emplear esa voz en un discurso propio, capaz de describir el mundo y redefinirlo. Aquí nada está escrito, y no hay obligación alguna de escribirlo. Una cosa es lo que hay en mí y otra, lo que decido hacer con ello. El autoconocimiento nos ofrece la arcilla, pero solo nuestra voluntad de vida puede decidir qué moldear con ella. Volviendo de nuevo a Aristóteles, la expresión existencial es el paso de la potencia al acto, pero a través de un despliegue que permite una infinidad de formas posibles. Son muchas las posibilidades de tu ser, y todas te pertenecen por derecho propio.

No necesitas tener un propósito para vivir una vida plena

De verdad que creo esto. Puede que esta afirmación resulte chocante, pero, si te paras a pensarla un segundo, es bastante coherente. Considerar que es necesario un propósito para poder vivir una vida plena sería afirmar que la vida, en sí misma, no es suficiente tal y como es. Es como si, a pesar de todo lo que nos ofrece la existencia, de todo cuanto está disponible a nuestra experiencia por el mero hecho de estar vivos, debiéramos enrolarnos en alguna clase de proyecto que le diera un contexto, para evitar acabar aburridos, o peor, depresivos, ante la falta de sentido. Parecería que, de no hacerlo, el contacto puro y desnudo con la vida podría destrozarnos, por lo que más nos valdría estar entretenidos para encontrar ese extra que nos proteja de una versión en crudo de la realidad.

En *El nacimiento de la tragedia* (1872), Friedrich Nietzsche afirma: «Solo como fenómeno estético están eternamente justificados el mundo y la existencia». De entre las muchas lecturas de este fragmento podemos tomar el ejercicio apreciativo y vitalista de su autor. Aunque solo sea como espectáculo, la vida es lo suficientemente fascinante como para querer vivirla: la entendamos o no, hagamos algo de nosotros en ella o no. Por ello, bien podríamos tomar la vía del asceta y retirarnos a una vida contemplativa, si así lo deseásemos. La vida permite ser vivida en sí, sin necesidad de elaborar nada más. La mera contemplación de lo cotidiano podría ser suficiente.

Sin embargo, mi defensa de la posibilidad de vivir una vida con sentido, pero sin propósito, está lejos de ser una recomendación. Al contrario, tanto mi orientación filosófica como mi propuesta terapéutica caminan en la dirección opuesta. Creo que no sentir la obligación de generar un proyecto existencial es algo que nos libera de toda exigencia, y nos permite establecer un contacto más armonioso y sereno con la vida. No obstante, es un hecho que estamos llamados a crecer, a crear y a movilizar la vida a nuestro paso por ella. Una tarea maravillosa, que debe emprenderse por pura voluntad, no por algún tipo de imposición metafísica o necesidad de movimiento ante la incapacidad de vivir en la quietud.

Construye una vida que te devuelva tu reflejo

Por lo general, nos gusta aquello que se nos da bien. En el estudio, el cultivo y el ejercicio de lo que nos atrae, sentimos que hallamos una parte de nosotros. No se trata simplemente de descubrir algo agradable que queremos disfrutar. Hay mucho más. Al acercarnos a eso que nos motiva, vivimos el encuentro con algo muy nuestro. Es como si, de alguna forma, al nacer nos hubieran extraído algunas partes de nosotros que no sabíamos que habíamos perdido hasta encontrarlas fuera. Por supuesto, esto no ocurre así, pero es algo que experimentamos cuando nos sentimos atraídos por la pintura, las matemáticas, la filosofía, el deporte o por cualquier ámbito que resuene en nosotros. En esas situaciones, poco nos importa no haber elegido esa afinidad voluntariamente. Tenemos una experiencia de reencuentro, de vuelta a casa, en la que sentimos que, cuanto más nos volcamos en ello, más de nosotros encontramos, y más se abre la vida a nuestro paso.

En un mundo socialmente justo y económicamente equilibrado, el cultivo de nuestras pasiones y talentos sería el motor de nuestro desarrollo profesional. Podríamos regirnos por el *ikigai*, la filosofía japonesa que nos invita a encontrar un punto de encuentro entre nuestra vocación, lo que nos apasiona, nuestra misión de vida y la forma más coherente de ganarnos la vida según todo lo anterior. Nos cuestionaríamos qué queremos hacer y dejaríamos que esa pregunta calase en nosotros, hasta sentir la intuición de una respuesta. Suena utópico, pero sería tan posible como productivo, ya que es fascinante lo bien repartidas que están las vocaciones en la población humana, y lo sostenible que sería nuestra civilización si pudiéramos seguir nuestras inquietudes. En el fondo, no todos queremos ser ingenieros, carpinteros o literatos —y la mayoría de los que quieren ser futbolistas o *influencers* lo desean por razones equivocadas.

Desgraciadamente, el entorno capitalista en el que vivimos no siempre permite que vivamos de lo que nos apasiona —de hecho, nos lo pone bastante difícil, a pesar de invitarnos constantemente a ello—. Sin embargo, este no es el mayor perjuicio que nos impone. Peor aún que vernos incapacitados para realizarnos a través de nuestro trabajo, es estar convencidos de que no hay realización posible más allá de la profesional.

Piénsalo por un momento: cuando en la infancia te preguntaban qué querías ser de mayor... ¿qué respondías? Un oficio, ¿verdad? Ahora que te das cuenta de ello, seguro que surgen en tu mente otras posibles respuestas al respecto, como qué clase de persona quiero ser o alguna tarea o actividad que me gustaría estuviera presente en mi vida, como viajar, la lectura o el cuidado de otros. Confundir el ser con el hacer es una de las mayores causas de sufrimiento en nuestros días. Vivir convencidos de que aquello que somos, lo que nos hace valiosos, se encuentra únicamente en nuestra forma de obtener unos ingresos supone amputar de forma violenta la mayor parte de nuestra identidad. Así es como acabamos tan perdidos como frustrados, sintiéndonos fracasados y culpables, en caso de no haber logrado vivir de nuestra pasión. También vacíos, incluso tras haberlo conseguido, al quedarnos esperando una realización plena de aquello que somos que no llega a completarse. Somos mucho más, y no hay salario ni satisfacción laboral que pueda hacernos olvidarlo a un nivel profundo.

Expresa lo que eres

A pesar de que vivir a través de tu proyecto existencial no sea algo obligatorio, considero que es enormemente enriquecedor. Por ello te invito a tomarte unos minutos para elaborar en tu mente, con todo lujo de detalles, la imagen de la persona que quieres llegar a ser. Lo sé, suena un poco a discurso motivacional, pero te aseguro que buscamos algo más profundo. Al preguntarte por una versión aspiracional de ti mismo, no pretendo que diseñes un yo ideal, modelado según los cánones sociales imperantes, para que desprecies quien eres hoy y te lances a un proceso de hiperrendimiento y autorrechazo hasta lograrlo, como si no fueses ya todo lo que deberías ser o hubiera algo malo en lo que eres. A estas alturas, espero haber logrado transmitirte por qué tu valor como ser humano es algo totalmente diferente y ajeno a tus logros vitales.

A nivel existencial, no se trata tanto de mejorarnos como de expresar lo que somos. Hablamos de conectar con lo que reside en nosotros y transmutarlo en una forma de expresión hacia el exterior. Solo así tiene sentido hablar de proyectos existenciales sin caer en las ya tradicionales dinámicas de autoexplotación de nuestros días. La cuestión es cómo percibir quién soy, qué puedo aportar al mundo y de qué modo quiero realizarlo, sin más. Como estás viendo, esto va mucho más allá de elegir una profesión y sentirnos reconocidos en ella.

Las formas de expresión del ser son innumerables, y esto se aplica a tu propia vida. Por ello, tu proyecto existencial podría incluir algún tipo de desempeño profesional, por supuesto, pero también metas personales de todo tipo. Puede que quieras dedicar tu vida a desarrollar tu capacidad de cuidado y compasión, y que elijas hacerlo a través de una familia; que te comprometas con ampliar tu perspectiva de la vida con la de otras culturas, y dediques mucho tiempo a leer y viajar a lugares totalmente ajenos a tus orígenes; quizá quieras explorar el mundo de lo oculto y lo arcano, estudiando toda clase de disciplinas esotéricas en busca de un sentido último diferente del puramente materialista; puede que sientas que estamos aquí para mejorar lo que encontramos, y rijas tu vida por unos férreos valores éticos comprometidos con la solidaridad, la cooperación y la ayuda al más necesitado. Puede que quieras un poco de cada cosa, o puede que nada de lo que he mencionado resuene en ti. Da lo mismo. Lo único importante es que tengas claro que solo tu decisión puede darte el impulso necesario para transitar este camino.

Por ello estamos existencialmente invitados a elegir espacios de expresión en nuestra vida y a volcarnos en ellos. Tomar lo que sentimos ya estaba de forma potencial en nosotros, y actualizarlo, desplegarlo en la realidad dentro de un proyecto de sentido. Puedes elegir ser madre, ingeniera, carpintero, sacerdote o cualquiera de las casi infinitas posibilidades de expresión individual en el mundo, pero te conviene no olvidar esto mismo: no son más que formas de expresión, ya que lo que somos va mucho más allá de lo que hacemos.

Esencialmente, ya hay en tu esencia todo lo que debería haber —y créeme cuando te digo que aquí no hay ninguna insinuación mística—. Por eso, ten cuidado con la forma en que conjugas el verbo *ser*, cuando te refieres a lo que consideras que te define. Cualquier frase en la que esté presente la palabra *soy* está cargada de una semántica filosófica que no te conviene ignorar. No «eres» lo que haces, sino que «eres» lo que ya eres, antes de hacer nada, y a esto se le suma lo que «haces». No es ningún trabalenguas, sino una advertencia ontológica cuya única intención es proteger tu autoestima y autoconocimiento de derivas erróneas.

Probablemente, nadie te preguntó si querías nacer antes de que llegases a tu vida, por lo que sería injusto que, una vez ocurrido, se te exigiese hacer algo a cambio de estar aquí. Nada de eso estaba en el acuerdo. De hecho, no parece haber ningún acuerdo. Por ello, existencialmente, no estás obligado a hacer por ser. Ya gozas de la plenitud y belleza que tanto buscas fuera, e ignoras que estaba en ti de forma previa. Nada de lo que hagas te hará intrínsecamente más valioso, pero sí que está en tu mano elegir desarrollar algunas virtudes y talentos con los que aportar más valor al mundo. Por ello, escoge ser quien quieras, o quien sientas que tienes que ser, pero recuerda que todo cuanto hagas es una expresión de eso que ya eres, a través de la que creces y te expandes, pero sin la cual sigues constituyendo un ser completo. En consulta compruebo una y otra vez que comprender que nada de lo que somos está en juego es una de las tomas de conciencia más liberadoras que podemos protagonizar.

Remarcaré esta idea aun a riesgo de ser repetitivo, ya que su complejidad oculta un mensaje profundamente transformador. En esencia, no eres ninguna de las etiquetas a través de las que te defines: no eres padre, artista, coleccionista, fan, activista, emprendedora o mecánico. Desde luego, eres todo aquello que se predica de ti, pues te ves representado por esos conceptos a través de los que te expresas, que reflejan eso que haces y eres. Es cierto: hay algo muy tuyo ahí, pero es solo eso, expresión. Eres todo eso que haces, en tanto que eres lo que se expresa a través de ello. Despliegas lo que te define y lo manifiestas en diferentes ámbitos de tu vida. Sin embargo, si eligieses dejar de hacerlo, o ya no tuvieses la oportunidad para ello, ni tu ser ni tu valor intrínseco se verían reducidos un ápice.

Podrías prescindir de todos y cada uno de los ámbitos de expresión que has elegido, ya que nada en ti depende de ellos. Cuando los padres ven a los hijos irse de casa, cuando el alpinista deja la montaña, cuando el alfarero cierra su taller... Tan solo dicen adiós a un medio de expresar lo que son, sin ver cercenada ninguna parte de su ser. Desde luego, momentos como este son los que pueden dar lugar a una crisis existencial, pero lo son debido a que colocamos nuestra identidad en el lugar equivocado, en un rol limitado, excluyente. Sin embargo, ya has visto que esa ruptura de lo cotidiano puede ser una invitación a buscar nuestra identidad en algo más profundo, duradero y propio.

Esta inmunidad esencial, que te priva de verte afectado por cualquier fracaso, es la que debe impulsarte en dirección a la vida: la certeza filosófica de que lo que eres está a salvo, de que solo puede crecer en la medida en que lo expresas y que tan solo el hecho de haberlo intentado puede hacerte experimentar una profunda satisfacción por una vida propia y auténtica. Esta es la razón por la que, aunque podamos vivir nuestra vida desde la más pura contemplación, nos conviene lanzarnos a ella para experimentarla como proyecto. Aquí reside el sentido del intento y del esfuerzo, de construir, a pesar de la adversidad, los obstáculos e incluso la falta de sentido. De probar, porque no tenemos nada que perder —aunque sintamos que podemos perderlo todo.

A través de esta conciencia de lo que eres podrás conectar con tu brújula interior, esa percepción intuitiva que te orienta hacia lo que sientes como propio. Una mirada lúcida, en el sentido etimológico de la palabra, ya que arroja luz sobre las zonas oscuras de tu pensamiento y permite que brote un apetecer genuino, que te orienta hacia lo que es bueno, bello y verdadero para ti.

El temor al fracaso vital

Por profunda que sea nuestra comprensión de lo que somos; por mucho que nos comprometamos con la imagen nietzscheana del niño y nos esforcemos en jugar con la vida sin temerla, nos resulta muy difícil no estar aterrados ante la posibilidad del fracaso vital. Tememos «que nos descubran» en nuestra supuesta impostura, ver derrumbarse el proyecto que, intuíamos, daba sentido a nuestra vida y una identidad a la que nos aferrábamos. Nos cerramos al acontecimiento, y nos volvemos impermeables a las innumerables manifestaciones de nuestra verdad y valor. El miedo nos paraliza, y optamos por aferrarnos a ese bloqueo, ante el riesgo de iniciar un movimiento y acabar peor de lo que estábamos —o ver confirmados nuestros mayores temores—. Este es el precio que pagamos por no saber quiénes somos, temiendo no ser merecedores de aquello que ya poseemos, lanzados a una carrera en la que no nos inscribimos, pero en la que tampoco queremos quedar últimos.

En su obra *Resonancia. Una sociología de la relación con el mundo* (2016), el filósofo y sociólogo alemán Hartmut Rosa presenta un ejemplo muy representativo de lo que considera son las dos formas básicas de relación con la vida. Así, nos invita a imaginar a dos pintores. El primero está tan obsesionado con su ideal de perfección que teme cometer cualquier error, por su carácter irreversible. Si el trazo es erróneo, deberá cargar con él el resto del proceso y renunciar a la posibilidad de una obra exquisita. Con tal de evitarlo, mima cada detalle, con la intención de alcanzar una maestría que es imposible sin una práctica previa, algo absurdo. Pretende pulir su técnica sin llegar a ejercitarla. Así, se siente incapaz de empezar su obra, por miedo a estropearla, a pesar de que mantenerla en la inexistencia es infinitamente peor que hacerla real e imperfecta. Embriagado por la belleza de su obra imaginaria no realizada, se mantiene atrapado ante el temor de no estar a la altura y acaba por negarla, anclado en la parálisis.

Por su parte, el segundo pintor se permite interactuar con el lienzo sin miedo, o conviviendo con él, consciente de la inevitabilidad del error. Liberado de unas expectativas demasiado elevadas, se compromete con la excelencia de su obra, con dar la mejor versión de su técnica como artista, pero desde la aceptación de su carácter imperfecto. Así, logra dar cada pincelada disfrutando del proceso y de la creación sin verse atrapado por el temor al fallo. Claramente, a todos nos conviene aprender de este segundo pintor.

Sé que parece difícil, y no voy a engañarte, la verdad es que lo es. Aprender a vivir, a convivir con la incertidumbre, el dolor y el temor y, a su vez, lograr devolver algo propio a la vida es un arte cuya maestría requiere toda una vida de trabajo. Por eso, cuando le preguntaron al lama Khenpo Rinchen Gyaltsen, monje budista de origen uruguayo, cuál era la mejor forma de alcanzar la iluminación en nuestros días, su respuesta fue tajante: «Hazte monje». ¿Por qué? Porque a pesar de toda la renuncia que implica la vía del monacato, según él siempre será más fácil cultivar nuestro autoconocimiento desde el retiro y el silencio, que navegando en las aguas de la cotidianidad, llenas de esfuerzo, proyectos, éxitos y fracasos, amores y desamores, ilusiones y desazones. Sin embargo, tú quieres el pack completo: aspiras a una vida lúcida, profunda y consciente, pero quieres cultivarla dando tus propios pasos, mientras la conviertes en algo tuyo. Aplaudo tu decisión, ya que creo que es la existencia misma la que nos invita a un fin tan ambicioso. Tal es el reto al que aquí nos enfrentamos.

Por eso, a la hora de convivir con el fracaso, debemos asumir que la vida es un lienzo muy permeable, en el que cada trazo que demos permanecerá marcado de forma indeleble. Sin embargo, esa no es razón alguna para no plasmar nuestra propia obra, sino más bien para hacerlo con valentía, conscientes de que habrá innumerables errores y dispuestos a integrarlos en ella. No se trata de vivir con imprudencia, sino sencillamente de vivir, a sabiendas de que no es posible hacerlo sin codearnos con la constante presencia del fracaso. Pero... ¿y si sale mal?

La respuesta a esta pregunta la podemos encontrar en el centenario arte japonés de la «reparación con oro», el *kintsugi*. Para los artistas que lo practican, las líneas de quiebra y fractura de una pieza de cerámica, lejos de ser algo que las priva de su valor y utilidad, son lo que las hace únicas. Por ello, las honran al reconstruirlas, uniendo los fragmentos con oro fundido —búscalas en Google, son preciosas—. Así, en vez de ocultar sus imperfecciones, las colocan en primer plano, como señal de la experiencia y singularidad que portan. Imagina cómo sería nuestra relación con la vida si aprendiéramos a honrar nuestros fracasos, errores, cicatrices y heridas, y viéramos cómo resplandece en ellos su fulgor dorado. Seguro que así dejaríamos de cobijarnos en la confusión y nos lanzaríamos a hacer lo que sentimos que debe ser hecho.

Nietzsche nos invitó a hacer de nuestra vida una obra de arte. Estoy de acuerdo con su postura, pero considero que una tarea de tales dimensiones requiere de una profunda humildad. Por ello, más que como artistas, nos conviene concebirnos como artesanos del arte de vivir. Del artista se espera que sea revolucionario, que innove, que haga lo que nunca antes se ha hecho. Se le exige que tome el pulso al mundo del arte, y lo redefina una y otra vez. Algo admirable, sin duda, pero que, mal gestionado, puede llevarle a una egolatría y una excentricidad ajenas a cualquier autenticidad. Por su parte, el artesano profesa un enorme respeto por su arte, al que dedica toda su vida. Desde su humilde puesto o tiendecita ofrece al mundo obras que son únicas en sí mismas, a pesar de que todas ellas gozan de imperfecciones. Puede que haya artesanos mejores, o técnicas más eficientes, pero eso no lo aleja de su tarea. Por supuesto, solo él sabe los fracasos que han tenido lugar en su taller hasta alcanzar la maestría de la que hace gala, pero es el compromiso con ofrecer a otros esa belleza el que da sentido y propósito a su vida. Una imagen inspiradora, ¿verdad? No necesitamos volar alto para disfrutar de una vida plena.

El valor de existir

Vivir implica dialogar con la vida. A veces, hasta negociar. Otras, puede que incluso sintamos que nos estamos marcando un farol. Existir es conversar con la vida, declararle nuestras intenciones y estar dispuestos a trabajar con lo que nos ofrezca. Nosotros proponemos, pero al final siempre es ella la que decide.

Mientras que la filosofía estoica habla de la distinción de lo que depende de ti y lo que no —para que te desprendas de lo que escapa a tu control y te hagas cargo de lo que sí lo está—, la filosofía budista nos muestra la importancia del desapego. Se trata de dos caras de la misma moneda, que al combinarlas nos ofrecen una guía para la acción. No cultivar estos principios nos expone a toda clase de altibajos emocionales, inevitables cuando sentimos que el éxito de lo que hacemos tiene alguna repercusión en lo que somos. Por eso, hace un tiempo, elaboré un lema que trato de aplicar a todos mis proyectos de vida: «el máximo desempeño con el mayor desapego».

Créeme cuando te digo que es uno de los principios que ha estado presente en la elaboración de este ensayo. Desde el primer momento me comprometí a dar lo mejor de mí, eligiendo cuidadosamente los contenidos para cada capítulo, dejando fuera muchas cuestiones que eran relevantes, pero que podrían saturar al lector con un exceso de información. Está en mi mano elegir qué ignorar, qué incluir y tratar de hacerlo de la forma más cercana posible, sin que ello suponga una pérdida de rigor filosófico. No lo está, en cambio, que el libro sea reconocido, que llegue a otros países, que agrade a la comunidad filosófica, etc. Es algo que obviamente deseo, pero que queda fuera de mi alcance. Obsesionarme con ello solo me alejaría de mi tarea, que es elegir una de las infinitas versiones de este libro y bajarla a la realidad dentro del marco de mis circunstancias y posibilidades. No es el éxito editorial, sino tú, mi lector, quien ha estado en mi mente durante la escritura de esta obra. Así, cuido cada detalle con cariño, con la intención de aportarte a ti, que lo estás leyendo, lo máximo posible, desapegándome de cualquier deseo o expectativa que vaya más allá de la complicidad que ya se ha establecido entre nosotros.

Te pongo como ejemplo este libro, pero te aseguro que también me esfuerzo por aplicarlo al día a día de mi consulta, la crianza de mi hija, mi matrimonio, mis amistades y toda clase de metas personales. Hago lo posible por vivir según mis valores, volcándome en mis proyectos, poniendo todo lo que hay en mí en ellos y dejando que sea la vida la que elija el resultado de los mismos. Estoy convencido de que es la forma más auténtica de vivir.

Por eso creo que el esfuerzo existencial es lo que más sentido y propósito puede ofrecer a una vida. Elegir aquellas metas que resuenen en nosotros, y darlo todo por alcanzarlas, mientras elaboramos una relación cada vez más íntima con el error y el fracaso. Quien quería una vida en pareja, y por ello apostó por su matrimonio, comprometiéndose con el cultivo de la relación, la comprensión de las necesidades del otro y la superación de conflictos, entre otros retos, podrá ser feliz tras el divorcio, por la satisfacción de haber dado cuanto tenía. Es la coherencia entre lo que somos y lo que tratamos de construir lo que genera sentido en nuestra vida, no el éxito.

De igual forma le ocurrirá al deportista que anhela formar parte de la élite, o incluso lograr un título olímpico. Tendrá que orientar sus acciones hacia una meta tan exigente como elevada, y prescindir de muchos placeres y oportunidades por el camino. Si llega a lograrlo, sentirá una profunda satisfacción por la consecución de su objetivo, lo cual será maravilloso —aunque también deberá recordar que es mucho más que un deportista, para no identificarse en exceso con ello—. En cambio, si no lo lograse, tendrá la oportunidad de reconocer la dignidad de su esfuerzo y encontrar cobijo en él. El camino transitado hablará más de sus logros que la presencia o la ausencia de cualquier medalla. Podrá sentir el orgullo de una vida propia, bien vivida, a pesar de haber visto truncados sus sueños.

En consulta, tras haber realizado un concienzudo trabajo de autoconocimiento, en ocasiones se abre la posibilidad de esbozar un cambio de vida, a través de la creación o la reformulación de un proyecto existencial. En estas situaciones me gusta proponer un sencillo experimento mental. Así, le pido a mis consultantes que se imaginen en sus últimos años de vida, retirados, ancianos, observando el atardecer desde la terraza de una residencia, mientras revisan su vida al completo. Una vez puestos en situación, les pregunto: ¿qué querrías poder recordar?, ¿qué vida te gustaría haber vivido?, ¿qué dejaste de intentar, por miedo, y ahora te gustaría que hubiera ocurrido de otra forma?

Según Frank Ostaseski, maestro zen especialista en acompañamiento al final de la vida y autor del libro *Las cinco invitaciones* (2017), en el lecho de muerte, lo que más pesa en la conciencia del que va a partir es siempre el arrepentimiento por lo que no se ha atrevido a hacer. Me parece una lección tan dura como bella, y toda una invitación existencial a vivir una vida propia. Reconocer el valor de esta sabiduría revelada a aquellos que están a punto de poner el broche a su existencia es razón suficiente para justificar el esfuerzo por una vida bien vivida. Es importante que meditemos al respecto, hasta comprender que el sacrificio, incluso sin resultados, goza de más dignidad que cualquier logro. Es así, porque la única diferencia entre intentarlo de verdad y fallar, frente a intentarlo y tener éxito, es aquello que la vida pone de nuestra parte y que no depende de nosotros. Por ello, nos conviene desapegarnos de la obsesión por el éxito, comprometernos con dignificar el intento honesto y hacer de nuestra vida un culto al mismo.

EN CONSULTA
Romper(se) para volver a ser

Tal y como expresó en nuestra primera sesión, Verónica tenía dos cosas muy claras. La primera era que la vida no tenía sentido, por mucho que nos empeñemos en ello. La segunda, que no había nada en sí misma que la convirtiese en una persona mínimamente valiosa. Tras una infancia difícil y una serie de psicoterapias que le parecieron poco profundas, estos eran los dos axiomas que regían su día a día.

Aunque no percibía ningún sentido latente en la vida ni concebía forma alguna de construir uno propio, decidió entregarse al cuidado de aquellos a quienes sí que consideraba valiosos. En el sacrificio encontró una vía para sostenerse. Así, organizó sus rutinas para estar siempre disponible para sus padres —ya ancianos—, se volcó en su trabajo como docente y abrazó el veganismo, entre otras muchas acciones virtuosas. Si el mundo ya era injusto, no quería que su presencia en él lo empeorara. Actos tan éticos como bondadosos, del todo elogiables, que en el fondo escondían un autodesprecio profundo, ya que ella siempre quedaba excluida de esos listados de personas merecedoras de cuidado.

Vivía en pareja desde hacía años, atrapada en una relación en la que no se sentía vista, conformándose con sucedáneos de afecto real. Aunque su frustración le susurraba que ese no era el lugar en el que debía estar, y que había mucho más reservado para ella, la falta de amor propio borraba cualquier conato de ruptura. Estaba convencida de que fuera de esa relación estaría peor, ya que jamás encontraría a nadie que quisiera pasar la vida a su lado.

Cuestionar las raíces de su sacrificio le permitió empezar a conectar con todo lo que ignoraba de sí misma. De la certeza acerca de su falta de valor pasó a una mínima duda, la extrañeza ante un trato cruel hacia sí misma que siempre había considerado justificado y que ahora ya no tenía tan claro. Recordó a la Verónica de su infancia, toda espontaneidad y vida, expresión y creatividad en movimiento: una versión de sí misma que fue aplastada tras años de acoso escolar, y que ella misma sepultó en un lugar inaccesible para su memoria, con el fin de evitar que el recuerdo de lo que fue tratase de volver, y eso conllevase más sufrimiento y rechazo.

Poco a poco fuimos desmontando los muros que le impedían ver la luz que brillaba más allá de esas fronteras mentales. Aunque el miedo solía reconstruirlas tras cada sesión, esas fortificaciones se volvían cada vez más frágiles ante una verdad que luchaba por imponerse. Así fue como empezó a mirar la existencia con otros ojos. La voluntad de enfrentarse a todo aquello que le impidiese recuperar su vida puso su relación sentimental en el centro de nuestras conversaciones. La idea de dejar la casa que había construido con su pareja empezó a estar cada vez más presente, y se convirtió en un reto que no podía ignorar, pero al que no se atrevía a lanzarse.

Jamás olvidaré la sesión en la que todo cambió. Cuando se conectó, en vez del fondo de su sala de estar, el lugar en el que siempre teníamos nuestros encuentros, la encontré en el asiento del conductor de su coche. En la parte de atrás podían verse las maletas y las cajas en las que había guardado sus enseres. Aunque aún no confiaba en la vida, había decidido tener fe en ella y dar el salto.

El proceso continuó a través de la integración de todas las experiencias que la habían llevado a concluir su falta de valor, al ver el error latente en ellas y haciendo justicia con todo lo que estas la habían obligado a ignorar. Dimos con los juicios que le hacían sentir inadecuada, y comenzó a percibir su derecho a ser. Poco a poco, el disfrute que siempre se había negado empezó a imponerse como una realidad. Vio que había partes de sí misma que su discurso no le dejaba ver y se comprometió con traerlas al presente. Puso su inteligencia, que hasta ahora había sido presa de su herida, al servicio de su sanación. Un proceso de autoconocimiento que la llevó a redescubrirse en el día a día.

Verónica decidió apostar por la vida incluso antes de llegar a conectar con ella. Se atrevió a pelear por sí misma, a pesar de haber reconocido solo una parte ínfima de su valor. Sin embargo, ese salto fue el inicio de una transformación que la pondría en un camino que, hoy por hoy, continúa transitando de una forma que sigue inspirándome en cada uno de nuestros encuentros.

10
EL ARTE DE DESCUBRIR LA REALIDAD

> El pez nunca descubre que vive en el agua. De hecho, como vive inmerso en ella, su vida transcurre sin advertir su existencia.
>
> MICHEL FOUCAULT

Tanto la terapia filosófica como el compromiso con la verdad y el autoconocimiento que la impulsan tienen un único objetivo: ver más y mejor. No soy capaz de concebir otro propósito para la verdadera búsqueda filosófica, esa que trata de ayudarnos a descubrir quiénes somos y cuál es la naturaleza del lugar en el que nos vemos inmersos cada día y del que tan poco sabemos al respecto, al que llamamos «vida». Si el objetivo del capítulo anterior era darte herramientas para que sepas quién eres, el de este será hacer lo propio para que descubras la realidad en la que todo lo que es toma forma.

Ya sabes que el conocimiento de lo real depende de tu experiencia del mismo. Por eso será de vital importancia que comprendas cuáles son los límites de tu percepción, de tu manera de interactuar y configurar las ideas que tienes sobre aquello que te rodea. Lo es, principalmente, porque solo así podrás entender el origen de tu cosmovisión, de cómo vives y explicas cuanto te ocurre, pero más aún para que seas capaz de atisbar todo lo que se te escapa. Así, podrás palpar los límites de tu realidad y obtendrás lo necesario para comenzar a aventurarte más allá de ellos. La vida es mucho más amplia y compleja de lo que imaginas. Créeme cuando te digo que aún te queda mucho por descubrir.

Los límites de la percepción

Tomemos prestado del mundo de la informática el binomio *hardware/software* para ilustrar lo rudimentario de nuestra manera de tomar contacto con la realidad. Para que tenga lugar en nosotros la percepción más básica, como la recepción de una imagen o un sonido, es necesaria la concatenación de una complejísima serie de engranajes sensoriales y neurológicos. Como no solemos reflexionar al respecto, damos por sentado que lo que vemos en la calle cuando miramos por la ventana, por ejemplo, supone la totalidad de aquello que puede ser percibido, o lo que es lo mismo, de lo que existe en este momento frente a nosotros. Asumimos que nuestros sentidos reciben la información de todo lo que existe frente a nosotros, y nos lo presentan de forma completa y rigurosa. Sin embargo, aunque nuestro *hardware* ha necesitado evolucionar durante millones de años para alcanzar la precisión y la calidad experiencial de la que gozamos la mayoría de los seres humanos en la actualidad, la realidad es que solo captamos una pequeña parte de eso que está ocurriendo a nuestro alrededor.

Durante toda mi infancia y una parte de mi vida adulta, fui miope. Para mí eso significó que lo primero que hacía al levantarme era ponerme las gafas, y quitármelas, lo último antes de acostarme. Cuando mis ojos fueron lo suficientemente maduros y pude someterme a una cirugía láser correctiva, experimenté toda una revolución visual. Nunca antes, ni con gafas recién graduadas, había visto con tanta calidad y nivel de detalle. Sentí que podía captar cuanto ocurría frente a mí, que nada escapaba a la potencia de mi visión. Sin embargo, años más tarde fui consciente de mi ingenuidad al respecto.

En condiciones óptimas, el ojo humano solo puede detectar una pequeña porción del espectro electromagnético. La visión humana es capaz de percibir longitudes de onda que se sitúen por encima de los 380 nanómetros, pero no más allá de los 750. Todo lo que queda delimitado por estas fronteras es lo que denominamos «luz visible». Si nuestra visión se ha especializado en este espectro concreto, es porque en él suceden los eventos más pertinentes para nuestra supervivencia. Sin embargo, en este mismo instante estás interactuando con toda clase de microondas, ondas de radio, rayos ultravioletas, rayos X, gamma... por no mencionar los neutrinos y otros rayos cósmicos que te atraviesan de forma constante sin que seas consciente de ello. Todo un espectáculo difícil de imaginar, pero constantemente real, que tiene lugar en las afueras de tu percepción.

A nuestro oído le ocurre algo similar. Está diseñado para detectar vibraciones en el aire entre los 20 y los 20.000 hercios, la unidad de medida para los ciclos por segundo. Todo lo que esté por debajo de esa franja, como las vibraciones del océano o el viento, o por encima, pasa inadvertido a nuestro sistema acústico, pero puede llegar a afectarnos de forma contundente, provocándonos náuseas, presión u otro tipo de incomodidades. Además, como nuestro oído solo detecta vibraciones en el aire, ignora cualquiera que ocurra en otro medio, como las sísmicas, que también tienen lugar sin que las percibamos.

El resto de los sentidos no corren mejor suerte: son muchos los gases o las partículas inodoras que escapan al olfato humano, los sabores que nuestro gusto es incapaz de percibir e identificar, o las ondas, radiaciones y partículas que impactan en nuestra piel sin generar una sensación al respecto. Pese a lo evolucionado de nuestros sistemas de percepción sensorial, nos conviene aceptar que nuestros sentidos no son ventanas abiertas al exterior, sino más bien unos filtros bastante opacos que necesitamos para poder experimentar lo que nos rodea, pese a que ello implique obviar una parte enorme de esos fenómenos. Desgraciadamente, nuestra evolución está centrada en la supervivencia, no en la contemplación profunda de la realidad, por lo que esta mirada requerirá de cierto entrenamiento. Disponemos de los ingredientes para hacerlo, pero aún tenemos que elaborar la receta.

A pesar de lo acotado del *hardware* humano, diría que las limitaciones de nuestro *software* son aún mayores. Como afirmó el filósofo de la ciencia estadounidense Thomas Kuhn en su obra *La estructura de las revoluciones científicas* (1962), «lo que vemos depende de lo que creemos». Es lo que se ha llamado «carga teórica de la observación», la advertencia de la filosofía —y también ahora de la neurociencia— de que ninguna de nuestras observaciones es neutral, ya que están necesariamente mediadas por creencias, teorías, perspectivas culturales, preferencias, sesgos e incluso nuestro propio lenguaje, como muestra la hipótesis de Sapir-Whorf sobre la relatividad lingüística —en la que no vamos a entrar para no complicar la cuestión—. Puede que esto te suene un tanto complejo, y que creas que solo se aplica a discusiones que tienen más que ver con el ámbito de la ética o la interculturalidad que con tu experiencia cotidiana, pero no es así.

Seguro que alguna vez has mirado un avión atravesando el cielo. No me refiero a uno que acaba de despegar y ves desde las cercanías del aeropuerto, sino más bien a aquel que miras en la lejanía, una vez que ya ha alcanzado la altitud de crucero, por encima de los nueve mil metros. Pese a la altura, probablemente consideres que eres capaz de distinguir alguna parte del fuselaje, quizá incluso las alas y la cola, así como el reguero que la estela de condensación deja a su paso. Tienes claro que estás viendo un avión, y que es tu visión la que certifica la verdad de tu experiencia. Sin embargo, te equivocas.

A esa distancia, lo que percibes es un punto luminoso en mitad del cielo, que se desplaza dejando una estela blanca a su paso. Nada más. Si sientes que lo que estás viendo es un avión, y que además lo crees porque lo estás viendo con tus propios ojos, es porque, a esa percepción mínima, le añades de forma inconsciente toda la carga teórica de tu cosmovisión. Así, crees «ver» un avión, pero lo que en realidad estás haciendo es interpretar ciertas señales visuales, dotándolas de un sentido basado en tu experiencia y conocimiento del mundo. El avión es construido en tu mente, lo cual no quiere decir que no exista fuera de ella, y que no tengas razón al decir que está ahí arriba. Pero, en ningún momento, tus ojos están «viendo» un avión.

El hecho de que nuestra experiencia de la realidad esté enfocada a la supervivencia es algo que no solo supone una serie de sesgos que condicionan nuestra percepción, sino que, literalmente, llegan a alterarla. ¿Alguna vez has mirado alguna superficie inerte y has tenido la sensación de que tenía cara? Puede que una montaña con sus recovecos y estribaciones, o tal vez las dos ventanas superiores y la puerta de entrada de una casa sean suficientes para que captes en ella la presencia de un rostro. Pues bien, este fenómeno se conoce como «pareidolia», y es un sesgo que durante milenios nos ha ayudado a reconocer emociones en otras personas de forma eficiente y automática, sin necesidad de reflexión. Este acto de economía cognitiva no se limita a la proyección de rostros, sino que existen toda clase de patrones que nos ayudan a identificar mejor aquello que percibimos, pero que también suponen una yuxtaposición que añade a la realidad algo que no le pertenece de suyo.

Además, nuestra mirada es biográfica y está construida de forma subjetiva. Como vimos en el capítulo tres, toda experiencia humana se da desde la perspectiva del *para mí*, ya que es personal, privada y procesada desde la centralidad del yo. Disponemos de toda una serie de programas mentales que orientan la percepción de lo que ocurre a nuestro alrededor, filtrándolo según nuestras preferencias y esquemas personales. No es algo que afecte solo a la reflexión, ya que posee un impacto directo en nuestra experiencia más primaria.

Como ves, la obsesión del estoicismo por alcanzar una percepción de la realidad lo más neutra posible se debió al reconocimiento de unos sesgos perceptivos de los que aún adolecemos. Afortunadamente, la toma de conciencia de la programación que rige nuestra experiencia del mundo es la llave para poder trascenderla. Aunque poco podemos hacer con las limitaciones de nuestro *hardware*, sí que está en nuestra mano la intervención y la ampliación de los límites de nuestro *software*, para que se vuelva más permeable a todo aquello que no se refiere a nuestra supervivencia, pero que no por ello nos resulta menos humano. No hay una única senda para abrir lo que el escritor y filósofo británico Aldous Huxley llamó *Las puertas de la percepción* (1954), ya que existen diferentes tradiciones que toman la vía de la psicodelia, o de la meditación, entre otras, para lograr tal fin. Sin embargo, al ser nuestra búsqueda filosófica tan humilde como austera, nos serviremos de la única herramienta que está siempre disponible y a la espera de que la convoquemos para lanzarnos al mundo: la atención. Como verás, basta con educar la mirada para experimentar una profundización en la vida que nada tiene que envidiar a cualquier viaje lisérgico.

Somos incapaces de comprender la realidad

Aunque esto suene a conclusión derrotista, no lo es en absoluto. De hecho, es el inicio del pensamiento filosófico tal y como lo conocemos. Afirmar algo así exige que antes nos hayamos dado de bruces con la complejidad de la realidad, y que reconozcamos que su entramado supera con creces las competencias del pensamiento humano, por lo que siempre nos toparemos con unos límites del conocimiento y la experiencia que no dejarán de aparecer en nuestro camino. Sin embargo, ni estas fronteras son inamovibles ni la rendición ante la complejidad de lo real implica una actitud pasiva, ya que constituye el mayor de los acicates para la búsqueda filosófica.

Así lo entendió el filósofo italiano Giorgio Colli, al afirmar en *El nacimiento de la filosofía* (1975) que, si la tarea fundamental de la filosofía era la transformación existencial —como también la entendió Pierre Hadot—, su principal herramienta no podía ser la pregunta, o la duda, sino la *manía*, el proceso de trance o éxtasis experiencial en el que el individuo trasciende su experiencia habitual de la realidad. Es la fascinación del místico, y no la categorización del científico, la que nos abre a la experiencia profunda de la vida.

El propio Platón recoge en su *mito* de la caverna la complejidad de la apertura del sujeto a lo real. Como probablemente recordarás de las clases de Filosofía del instituto, este relato es la forma que Platón utiliza para explicar nuestras dificultades para acceder al conocimiento verdadero —*episteme*—, que se opone a la mera opinión o conocimiento superficial —*doxa*—, en el que solemos estar situados. En él se nos invita a imaginar a una serie de prisioneros encadenados desde su nacimiento de espaldas a la entrada, obligados a mirar una pared en la que se dibujan las sombras de unos objetos que otros pasean tras ellos, usando la luz de una hoguera para proyectarlas. Al ser su única experiencia de la realidad, los prisioneros no son conscientes de lo limitado de su percepción y consideran que esas sombras conforman la totalidad de la experiencia sensorial a la que pueden aspirar. Literalmente, creen que no hay nada más que puedan ver, oler o tocar, y que la sombra no es la proyección de algo, sino una realidad absoluta, que no refiere a nada más.

A pesar de lo macabro del planteamiento, su fuerza radica en lo que sigue. En un momento dado, uno de los prisioneros queda libre. En su ascenso hacia la auténtica realidad se siente constantemente violentado por el exceso de luz: primero de la hoguera, y después de la luz del sol. El liberado se ve sobrepasado a nivel sensorial y conceptual, y trata de asimilar experiencias para las que no tiene esquema alguno, tras una vida de inmovilidad y cautiverio. Sin embargo, en cierto momento llega a acostumbrarse a todo ello y, pese a lo impactante de la experiencia de iluminación —nunca mejor dicho—, se siente agradecido por ella, por lo que se compromete a descender de nuevo a la caverna, para tratar de iniciar a los demás en el mismo proceso de conversión, pese a estar casi seguro de que lo rechazarán. De hecho, incluso Platón coquetea con la idea de que, en algún momento, él mismo pudiera preferir que no lo hubieran liberado, y permanecer en el estado de ignorancia anterior.

Esta es la razón por la que en *Crepúsculo de los ídolos* (1889), cuyo subtítulo era *Cómo se filosofa con el martillo*, Nietzsche afirma que una de las tareas principales para las que necesitamos un exhaustiva educación y entrenamiento filosófico es, además de la tarea de pensar, el arte de mirar. Aunque el ejercicio del pensamiento se nos antoje mucho más complejo que el del simple observar, el arte de la contemplación al que aspiramos requiere de una comprensión, reflexiva y conceptual, tan profunda como para ser capaz de hacerse después a un lado y permitir el despliegue de una mirada que no impone conceptos, ya que es toda apertura, permeabilidad y disponibilidad ante la vida.

Trascender el pensamiento

En *Serenidad* (1960), Heidegger nos invita a distinguir el pensar más técnico y calculador, cuya única función es representar la realidad para ejercer un dominio sobre ella, del pensar meditativo o contemplativo, que no busca controlar, sino dejar aparecer lo que realmente es. Como dijo en *¿Qué significa pensar?* (1952): «El pensar que verdaderamente piensa no calcula. El pensar esencial es el pensar meditativo. No tiene prisa. No se precipita. No persigue resultados inmediatos. Se demora en lo esencial». Para Heidegger, el reto del pensar es comprender aquello que se manifiesta en la realidad, algo que va más allá de la mera adecuación de la teoría a la porción de la realidad que pretende representar. El reto es abrirse a lo que es.

También la filósofa andaluza María Zambrano se asomó a la necesidad de una mirada capaz de superar lo meramente racional, cuando nos presentó su idea de razón poética en *Claros del bosque* (1977): «Aquella que no se contenta con la claridad racional, sino que busca la verdad total, incluyendo lo que la razón pura deja fuera».

Si somos seres conceptuales, pensamos de forma lingüística y necesitamos de ese mismo lenguaje para comprender... ¿cómo es posible alcanzar ese lugar elevado en el que la mirada va más allá del concepto y logra mirar sin categorizar? Las tradiciones contemplativas orientales, como el Vedanta, nos hablan de la conciencia testigo, una presencia consciente o conciencia pura capaz de atestiguar todo cuanto ocurre a su alrededor de forma completa, incluidos pensamientos y emociones, debido a la falta de identificación con ellos. Es el lugar de nuestro intelecto que la filosofía estoica denominó *hegemonikon*. Así, podemos imaginar la posibilidad de un estado mental no narrativo, con capacidad para abrirse a lo que ocurra en el presente, con la esperanza de lograr trascender ese *software* de supervivencia que con tanta fuerza nos ancla a lo material e inmediato.

En su *Ética a Nicómaco*, el libro que Aristóteles escribió para su hijo, afirmó que la contemplación es la actividad más elevada a la que puede aspirar cualquier ser humano, la vía de conocimiento más exigente y, a la vez, el camino que conduce a la felicidad más plena, más humana y menos primitiva. Este ideal de conciencia contemplativa, tan elevado como alcanzable, atravesó filosofías árabes como la de Avempace —gran lector de Aristóteles— y la adoptó toda la mística occidental posterior. En la actualidad es un concepto que sigue dando sus frutos, y lo encontramos en propuestas como las del teólogo y filósofo Pablo d'Ors (*Biografía del silencio*, 2012) o la filósofa experta en mística Consuelo Martín, que en su obra *El arte de la contemplación* (2018) afirma que «la contemplación es una forma de conocimiento que va más allá de las palabras y los conceptos, es la experiencia directa de la realidad última».

Es la misma actitud contemplativa que encontramos en el *zazen*, la práctica de la meditación zen en la que se subraya que la tarea del meditador no es dejar de pensar, comprender o tratar de alcanzar iluminación alguna... sino sencillamente permanecer sentado y estar lo más presente posible, disponible para el acontecer de todo lo que ocurre tanto dentro como fuera de él; ese que el ruido de ideas, imágenes mentales, proyectos, anhelos y temores suele silenciar. En todos estos acercamientos a la contemplación late la premisa que recorre este ensayo, la idea de que no necesitamos que la realidad se adapte a nuestras preferencias personales para colmarnos de plenitud, ya que esta experiencia es alcanzable a través de una conexión profunda con ella, más allá de lo que esta sea o deje de ser.

Mirar lo que es

En la búsqueda de esta mirada profunda, capaz de jaquear la programación que la naturaleza y la vida en sociedad han impuesto a nuestra percepción de la realidad, el estoicismo cultivó la «mirada física». El compromiso con la *phantasia kataleptike*, la representación adecuada de aquello que estamos percibiendo, sin ningún tipo de añadido personal o cultural, cobra ahora un nuevo sentido. Aunque ya vimos en el capítulo dos la importancia de esta práctica en la senda de sabiduría del estoicismo, puede que te quedases con la sensación de que, al percibir la realidad tal cual es, la experiencia resultante sería un tanto pobre. Hay quien diría que ese es el papel de la ficción y que de ahí surge la necesidad del teatro o del cine, para ampliar una realidad que, tal y como es, podría parecernos demasiado árida.

Sin embargo, lo que te propongo es justo lo contrario. Mi intención es invitarte a la mayor experiencia de fascinación posible, sin el menor añadido. Te aseguro que la realidad, tal cual es, en crudo, constituye un plato sabroso que no necesita aderezo ni condimento algunos. Esta es la propuesta del estoicismo, y del resto de las vías de conocimiento que han colocado la contemplación en un lugar central en sus sistemas de pensamiento.

De nuevo, conviene recordar las palabras del filósofo francés Blaise Pascal, que afirmó que la mayoría de los problemas del ser humano provienen de su incapacidad de estar a solas en una habitación. Sinceramente, creo que tenía razón, y eso que no vivió en la época de los *smartphones*. Por eso quiero mostrarte la profundidad que hay a tu alcance ahora mismo, en el preciso instante en el que estás leyendo estas líneas. Puede que estés en la cima de una montaña, en un monasterio o en una exótica playa. Ojalá sea así. Sin embargo, voy a dar por hecho que te encuentras en una habitación normal, sentado en una silla o sillón corriente, vestido con ropa de andar por casa. Incluso si te has iniciado en prácticas de meditación que te hayan permitido experimentar la buena relación que es posible tener con el presente, te aseguro que en este momento se te están escapando una abrumadora cantidad de sentidos, significados y dimensiones latentes en el espacio que habitas. Incluso el más anodino de los despachos constituye una parte esencial del más fascinante de los universos. Si no me crees, y consideras que no hay nada más que ver en el lugar en el que estás, presta atención.

Somos polvo de estrellas

Dentro de todas las posibilidades que nos ofrece la ascesis contemplativa, vamos a hacer el ejercicio de practicar la mirada física del estoicismo. Podría ofrecerte otros formatos de contemplación que aborden la realidad desde una búsqueda más afectiva o existencial, entre otras, pero creo que es interesante que experimentes esta, ya que es la más básica de todas. Así, si verdaderamente conectas con tu entorno, estoy seguro de que no podrás resistirte y te lanzarás a profundizar en las diversas lecturas y búsquedas de sentido que hay a tu alcance. Párate un momento, respira hondo y tómate unos segundos para reflexionar sobre todos y cada uno de los átomos que son necesarios para formar tu asiento, la mesa en la que te apoyas o el propio cuerpo con el que lo haces. Piensa también en el recorrido que han tenido que realizar para llegar a ser lo que son ahora mismo.

Hubo un «momento» de la historia del cosmos en el que los átomos que te constituyen, así como todos los demás que existen a lo largo y ancho del universo, estaban contenidos en un «lugar» minúsculo. Entrecomillo el concepto de momento y de lugar, ya que, cuando ocurría esto, el tiempo y el espacio aún no existían. Todavía no sabemos por qué, pero toda la materia del cosmos se unió en un punto ínfimo, que alcanzó una densidad y temperatura inconcebibles para la física, esa ciencia que estudiaría después las leyes que, en ese instante, aún no estaban en funcionamiento: ni la teoría de la relatividad ni la física cuántica han logrado superar las limitaciones del pensamiento humano cuando trata de poner conceptos a un evento de este calibre. Una concentración de energía y materia, tan inexplicable como ilógica, dio lugar a la mayor explosión que ha existido en el universo: el Big Bang, el evento que hizo expandirse toda esa materia comprimida, hasta extenderla a lo largo y ancho de un cosmos que creaba con su movimiento.

En los primeros diez segundos que siguieron a esa explosión se definieron todas las leyes de la física que rigen la realidad, aunque hicieron falta unos mil millones de años más para que se formasen las primeras galaxias, y otros trece mil millones para que tomasen el aspecto que hoy conocemos. Quizá este relato te parezca una simple concatenación de datos científicos, que poco tienen que ver con tu vida. Y en cierto sentido lo son, y no dejarán de serlo si no te permites aproximarte a ellos de una forma contemplativa, sin buscar nada, tan solo asomándote a su verdad y dejándote empapar por ella.

Si tiras un poco del hilo cosmogónico que te propongo, aunque sea solo para realizar este ejercicio estoico de contemplación con base científica, llegarás a la conclusión de que, si antes del Big Bang toda la materia y energía del universo estaban concentradas en un único punto, entonces los átomos que ahora componen tu cuerpo, o este libro, estuvieron en contacto directo con los que forman las galaxias más lejanas o los agujeros negros más masivos. En un momento dado, todos fueron uno, antes de separarse millones de años luz de distancia. Además, esos mismos átomos que te permiten ser quien eres, y leer esto ahora mismo, se forjaron en el núcleo de estrellas que, a modo de incubadoras cósmicas, los lanzaron al universo al convertirse en potentes supernovas. En ese acto de morir, estas estrellas dieron a luz estos mismos átomos que ahora te permiten pensar sobre la muerte.

Cada vez que respiras, inhalas átomos de oxígeno y otras sustancias que estuvieron en otras estrellas. De hecho, los átomos se reciclan de manera constante, por lo que es estadísticamente probable que hayas inhalado alguno que fuera exhalado por Sócrates, Lao Tse o algún otro personaje histórico que te resulte inspirador. Además, esa respiración que te mantiene con vida permite a tu cuerpo realizar ciertos procesos metabólicos que tienen como resultado la generación de positrones, las partículas que componen la antimateria. Igual que las estrellas generaron tus átomos antes de morir, mientras vives estás produciendo antimateria, uno de los mayores misterios del universo.

Un último detalle más: a la vez que reflexionas sobre esto, todo lo que te rodea se está moviendo. No, no hablo del movimiento que el viento produce en las hojas de los árboles, del latido de tu corazón o el tictac del reloj que escuchas en la lejanía de la estancia donde te encuentras. Me refiero a que tanto tú como todo el planeta e incluso la Vía Láctea se están desplazando a través del espacio a más de dos millones de kilómetros por hora. Un movimiento vertiginoso que no percibes, pero que está ahí, ocurriendo a cada instante. No te das cuenta de ello, de la misma forma que no puedes ver la mayoría de los eventos que, a nivel físico, están ocurriendo a tu alrededor: no es que no prestes atención, es que hoy sabemos que el 95 por ciento del universo es invisible para nosotros. Solo percibimos una pequeña parte de sus eventos materiales, pero la materia supone solo el 5 por ciento de la composición del universo. El 95 por ciento restante responde a materia y energía oscuras. La mayor parte de lo que existe en la realidad no es visible a tus ojos.

Como acabas de observar, la más mínima aproximación a la constitución física de la realidad es capaz de producir la mayor de las experiencias de asombro y fascinación. Por supuesto, el hecho de que estemos constituidos por elementos físicos no implica que no seamos mucho más. Sin embargo, si lo más básico y elemental que hay en nosotros ya resulta abrumador, ¿qué podemos decir de todo lo que puede surgir de ello? La toma de consciencia cósmica que te propongo es solo un posible inicio para tu búsqueda filosófica, pero me parece de enorme valor, ya que es válida para cualquier ser humano, sin importar su procedencia o credo.

El astrofísico norteamericano Carl Sagan estaba convencido de ello. Por ello, en 1990 solicitó a la NASA que enviasen una orden muy concreta a la Voyager I, una sonda que, tras trece años de misión, se encontraba a más de seis mil millones de kilómetros de la Tierra —había sobrepasado ya la órbita de Neptuno—. Sagan pidió que girasen los instrumentos de grabación de la nave para tomar una fotografía del planeta Tierra antes de que la sonda se adentrase aún más en la profundidad del espacio. La nave estaba al borde de su vida útil, por lo que cada comando que se le enviase podía ser el último. Sin embargo, los líderes de la misión comprendieron la profundidad del propósito de Sagan: lograr una imagen de nuestro planeta, tan frágil como inmerso en la inmensidad del cosmos, para que todos los habitantes de la Tierra tuvieran acceso a una experiencia tan estética como existencial. Así, el 14 de febrero de 1990, se capturó la imagen, que desde entonces se denomina *pale blue dot*, 'punto azul pálido', en la que aparece la Tierra ocupando tan solo 0,12 píxeles de tamaño, visible gracias a un rayo de luz solar dispersa. Todo esto lo cuenta Sagan de forma magistral en *Un punto azul pálido: Una visión del futuro humano en el espacio* (1994). No dudes en hacer una pausa en la lectura y buscar la imagen en Google.

Convivir con el misterio

Estoy convencido de que lo dicho en el epígrafe anterior te habrá resultado conmovedor. Es maravilloso poder sentirnos embriagados por la complejidad y la belleza de la realidad, y hacerlo cuando únicamente nos hemos asomado a su estrato más básico y primario, el físico. La ciencia nos ofrece cifras que sobrepasan nuestro entendimiento, que colapsan nuestro pensamiento ante una inmensidad que nos hace intuir mucho, pero que no llega a afirmar nada. Estos datos son evocadores y pueden producir en nosotros experiencias de fusión con la realidad, de no dualidad, de pertenencia a un todo que sentimos que nos acoge, aunque no sepamos el cómo ni el porqué. El problema —o la suerte— es que estas no ofrecen ninguna conclusión definitiva, tan solo posibles vías de indagación, contemplación y experiencia.

Por eso debemos ser capaces de mirar la realidad, preguntarle y danzar con sus silencios y posibilidades, sin esperar una respuesta a cambio. Entiéndeme, tienes derecho a querer saber, pero no te conviene frustrarte si no alcanzas el conocimiento que anhelas, ya que hay muchas razones para ello. Puede que aún no estés en situación de entender lo que te propones, por tratarse de una toma de conciencia que requiera de cierto cultivo personal, pero también podría ser algo realmente incognoscible. Quizá no de forma permanente, pero al menos sí en la actualidad. Lo que está claro es que la búsqueda filosófica requiere de una profunda y estrecha relación con la ignorancia, con el no saber, con el estar en camino de algo que ignoramos si llegará, pero en cuya aspiración podemos vernos transformados. Es por esto que Heidegger afirmó en *¿Qué significa pensar?* (1952): «Con demasiada facilidad pensamos que el misterio está siempre muy lejos y escondido. Sin embargo, tiene un lugar esencial en la cercanía de todo lo presente».

El miedo a la vida

No son las limitaciones de nuestro córtex prefrontal lo que nos impide comprender la realidad. Tampoco las fronteras de nuestro pensamiento, encadenado a unos conceptos que no logran ampliarse lo suficiente como para acoger todo lo que acontece. El obstáculo que nos frena no es físico ni intelectual, sino existencial. Es el pesimismo metafísico, la presunción de que en el fondo de la realidad late un vacío desolador, del que procedemos y al que nos encaminamos, lo que impide que acojamos el misterio en nuestra vida. Es ante este temor que surge la espiritualidad paliativa, esa que finge buscar libremente, cuando en el fondo está obsesionada por encontrar respuestas rápidas y agradables que acallen la ansiedad que nos genera la falta de control sobre lo real. Es esa superficialidad metafísica la que abarrota las redes sociales, la que impulsa las diferentes modulaciones y ecos del movimiento de la Nueva Era, que no deja de reinventarse ante la creciente desorientación y temor a la vida de nuestra sociedad.

Sin embargo, hay esperanza más allá de la autoayuda ansiolítica, de esa espiritualidad temerosa de lo que es. En ti late la posibilidad de acoger todo aquello que no entiendes y convertirlo en el motor de tu indagación. Para entender esto, es importante que puedas reconocer los diferentes estados o niveles de tu conciencia. No hablo de iluminación, éxtasis u otros fenómenos de la tradición mística —aunque sean bienvenidos a nuestro propósito—, sino sencillamente de las claras diferencias en las formas con las que interactúas y experimentas tu vida. ¿Qué ocurre cuando estás en un estado afectivo más tendente al temor o a la tristeza? Que allá donde miras no logras sino reforzar tu sensación de incapacidad, de invalidez ante un mundo hostil y agresivo. ¿Qué sucede, en cambio, en aquellos momentos en los que sientes una mayor ligereza en tus planteamientos? Pues que logras reconocer en ti multitud de herramientas y aptitudes frente a retos que antes parecían insalvables, y ves más posibilidades de expresión y creación en la realidad.

Se trata de altibajos cotidianos, que transitamos de forma común en nuestro día a día, pero seguro que has vivido algunos momentos de mayor profundidad. Experiencias cumbre en las que te atraviesa una certeza mayor de la que podrías justificar, una comprensión profunda en la que sientes que las cosas se muestran ante ti tal y como son, y su forma de ser te parece adecuada, coherente, incluso si no es de tu agrado por ser contraria a tus preferencias. Hablo de experiencias de conexión con la vida, de intimidad ontológica, que podrían transformar tu forma de pensar, sentir y actuar, si no las rechazases una vez te abandonan. Tendemos a creer que se trata de exageraciones, de que lo que sentimos no era real, que estaba excesivamente edulcorado, y es ese temor a desilusionarnos, a creer en algo falso y después vernos privado de ello, lo que nos hace volver a desconectarnos de una vida que ya nos ha ofrecido un aperitivo de su verdad, bondad y belleza.

Esta es la mirada lúcida que permite que naveguemos en las aguas de la existencia sin brújula ni salvavidas. Es la que nos hace ir más allá de nuestros temores, guardarlos en el equipaje y permitir que nos acompañen sin que tengan ningún poder de decisión sobre nuestro rumbo. Es la conciencia que delata las limitaciones que impone el miedo, la rigidez de nuestro bloqueo, y nos muestra la legitimidad de todo aquello que sentimos en nuestros mejores momentos.

Si no aprendemos a estar en la vida, a ser en ella, no habrá nada que logre satisfacernos. Nada nos saciará, calmará o bastará. Todo será huida, temor y esquive. No es tanto que a la vida le falte algo, como que nosotros faltamos en nuestra vida. Esa es la crucial importancia de la presencia, de la disponibilidad, de la apertura. Por eso debemos preguntarnos... ¿Cómo podemos abrirnos a la verdad?

El acontecer del ser

Para Heidegger, la cuestión de la verdad no pertenece a la filosofía del lenguaje, sino a la ontología, al estudio del ser. La verdad no reside en la adecuación de juicios bien formados, capaces de representar de forma descriptiva las porciones de la realidad que pretenden definir. Para ir más allá de esa pretensión científica, el filósofo alemán retomó el concepto griego de *aletheia* y definió una experiencia de la verdad que nos habla de aquello que se muestra, que deja de estar oculto y que aparece ante nuestros ojos. Así, la verdad será el proceso mediante el cual algo se revela como lo que es.

Tanto en *Ser y tiempo* (1927) como en *De la esencia de la verdad* (lecciones dictadas entre 1931 y 1932), Heidegger defiende que la verdad de lo real es algo que se muestra al ser humano dentro de la propia experiencia de su existencia. Por el hecho de estar inmersos en la vida, estamos capacitados para abrirnos a su profundidad, siempre y cuando aprendamos a contemplarla como nos exige. Así, la revelación deja de ser el objeto de estudio de la teología, para convertirse en algo asequible a cualquier ser humano, por el hecho mismo de serlo.

En oposición a siglos de metafísicas trascendentales, que colocaban la verdad del mundo fuera del él, en la esencia de dioses huidizos o causas ignotas, la revolución ontológica de Heidegger nos muestra que la verdad profunda de la realidad es algo que late en ella; que todo eso que siempre se buscó en un más allá reside en el más acá y está a la espera de ser descubierto. Es la disponibilidad hacia la vida en la que nos coloca la mirada contemplativa la que permite el acontecer del ser. En esta cuestión, tanto Heidegger como el pensamiento místico y la filosofía del zen se dan la mano.

La idea de que la verdad o el sentido del mundo no es algo que esté fuera de él, sino que se trata de algo presente, latente y en constante manifestación nos lleva a la noción de inmanencia. Todo lo que la realidad es, es algo aprehensible a través de una experiencia contemplativa que requiere del cultivo adecuado. Por eso el filósofo holandés Baruch Spinoza afirmó en su *Ética demostrada según el orden geométrico* (1677) que, si Dios existe, entonces no es algo diferente de la naturaleza. Si existe algo que sea sagrado en la realidad, entonces todo en ella es sagrado. Si existe lo divino, no es necesario erigir templos o consultar a sacerdotes que intermedien con ello, ya que lo sagrado está presente en este instante, tal como es.

Ahora puedes comprobar que decidir no depender de un más allá divinizado para vivir con plenitud nuestra existencia no implica negar la vía espiritual. Si existe un absoluto, está disponible en este momento, a la espera de una atención radical capaz de desocultarlo y convertirlo en objeto de experiencia. Por eso, la filósofa francesa Simone Weil afirmó en *A la espera de Dios* (1949) que «la atención, absolutamente pura y sin mezcla, es oración»: no porque sea necesaria alguna fe para captar la verdad del mundo, sino porque la atención radical es de por sí un acto sagrado. La voluntad de mirar lo que es, y ser transformado por ello, es una forma de contacto con lo absoluto.

La mutua búsqueda del sentido de la vida

Las crisis existenciales llegan a nuestra vida para revolucionarla. Que estés atravesando una en este momento significa que tu anterior forma de comprender la vida se ha quedado pequeña. Si es así, entonces estás preparado para romperla, deshacerte de los límites que te aprisionan y dar el salto a una nueva comprensión, más profunda y compleja. Una crisis existencial puede ser dolorosa, e incluso podría hacerte creer que no hay salida para ella, que se trata de un limbo en el que te verás atrapado sin retorno. Quizá incluso añores tu anterior forma de comprender la vida, al no encontrar un nuevo horizonte que dote de propósito y sentido a tu día a día. Sin embargo, se trata de algo temporal, que dejarás atrás en el mismo momento en que te permitas aventurarte en el desafío que se alza ante ti.

Si aceptas la llamada, y te sumerges en esta experiencia, pronto comenzarás a ver nuevas posibilidades. Digo «ver», en vez de «pensar» porque, como has podido comprobar, el camino que lleva a la sabiduría se refiere principalmente a un trabajo con nuestra mirada. Así lo entendieron los primeros sabios que fundaron la filosofía, y así sigue siendo. La tarea es ver más y mejor, mirar lo que es tal y como es y avanzar en ello en la medida de nuestras posibilidades.

Si asumes que la búsqueda del sentido de la vida es un proyecto de transformación personal, entenderás que no hay ninguna conclusión que debas temer, ya que, sea lo que sea la vida, siempre supondrá algo que podrás aceptar e integrar en tu cosmovisión. No necesitas que la vida sea de una forma determinada para poder encontrar plenitud en ella. La búsqueda de la verdad es un camino de doble sentido porque, cuando aceptas la llamada y confías en la verdad, la bondad y la belleza presentes en la realidad, esta comenzará a manifestarse en tu vida. Si aceptas que estás perdido, algo más logrará encontrarte. Un sentido latente, inmanente a la vida, que te acompaña en cada momento y que está disponible en este preciso instante.

En *Siddhartha* (1922), Hermann Hesse nos ofrece el relato de un camino alternativo y complementario al del propio Buda. A lo largo de su periplo, el protagonista de esta obra persigue la llamada de la vida, y se permite perderse y reencontrarse en nuevas formas de ser de manera constante. Conoce a maestros y gurús, conversa con ellos y vive en primera persona la sensación de orfandad que todos sentimos por el mero hecho de estar vivos, para después encontrar un nuevo sentido, totalmente renovador, que revela una ampliación de la estructura de la realidad. Pese a ello, experimenta sucesivas recaídas, continuas pérdidas de sentido, crisis existenciales, cada una diferente de la anterior y aparentemente definitiva, aunque nunca lo son.

A pesar de que Siddhartha llega a conversar con el mismísimo Buda, siempre he sentido que la más sabia de las personas con las que se encuentra en su periplo es Vasudeva, el humilde barquero. Este personaje sin formación filosófica logra alcanzar un conocimiento superior de la realidad, que obtiene únicamente a través de la observación del río que atraviesa varias veces al día transportando gente de una orilla a otra. Del río aprende el funcionamiento de la vida, su fluidez y devenir, sin necesidad de nada más. Obtiene el más elevado de los saberes únicamente a través de la contemplación. Esa es la sabiduría a la que puedes y debes aspirar.

La historia del pensamiento humano está llena de grandes pensadores y sistemas filosóficos, tan fascinantes como reveladores. Sin embargo, quizá no sea necesario estudiarlos a todos. El autoconocimiento, el compromiso de trabajar con lo que somos y librarnos de aquello que nos impide comprenderlo y expresarlo, es una tarea fascinante a la que he decidido dedicar mi vida. No obstante, puede que todas las terapias existentes hasta la fecha, a pesar de ser enormemente enriquecedoras, lleguen a mostrarse como un camino meramente opcional. Puede que nada de eso sea necesario, y que el acto de abrirnos a la realidad y aceptarla tal y como es sea más que suficiente para transformarnos. Quizá, si nos entregamos a la vida y nos atrevemos a verla en sí misma, logremos encontrar el sentido que anhelamos. Es posible que, incluso, sea el propio sentido el que acabe por encontrarnos a nosotros. Esta es la invitación que la vida te ofrece en la forma de crisis existencial. Agradécela, acepta la llamada y verás como todo cambia. Te aseguro que no te arrepentirás.

EN CONSULTA
Si quieres dejar de temer la muerte, reconcíliate con tu vida

Enrique inició su proceso conmigo cuando se acercaba a los sesenta años. En la entrevista inicial me dijo que había encontrado mi web tan solo unos días atrás en una búsqueda rápida sobre terapia filosófica. Sin embargo, más adelante me confesaría que eso había ocurrido cinco años antes de ese primer encuentro, un tiempo en el que guardó mi contacto mientras se debatía sobre si atreverse a dar el primer paso. Tras casi una década de un psicoanálisis que sentía lo había dejado más roto y vulnerable que antes, temía volver a asomarse a sus profundidades y quedar más fragmentado aún. Además, consideraba que era demasiado lo que necesitaba examinar en su vida, y que ya era tarde para hacerlo, por lo que no concebía la posibilidad de vivir de otra manera. Por eso no le veía sentido a intentarlo. No obstante, la esperanza de estar equivocado, y de que aún hubiera un camino de transformación posible por transitar, le hizo enviarme ese primer email, con lo que inauguró un proceso de autoconocimiento que más tarde daría lugar a la amistad que aún hoy nos une.

Sobre sus hombros cargaba con una infancia emocionalmente complicada, aunque acomodada en lo económico. Los conflictos con diferentes miembros de su familia lo dejaron sin conexión con su origen, pero también lo incapacitaron para construir nuevas relaciones de confianza y apoyo. Su miedo a la soledad era total, así como el aislamiento social al que le empujaba. Temía que los demás no le aceptaran y se escondía de su mirada, y solo mostraba de sí aquello que consideraba que sería aceptado. Esto le sirvió para su carrera profesional, pero lo dejó desolado a un nivel íntimo y existencial.

Un profundo pesimismo teñía cada uno de sus pensamientos. Al creer ser el culpable del rechazo y la soledad que experimentaba, defendía no solo la imposibilidad de reconducir su vida, sino también la falta de merecimiento de dicho cambio de rumbo. Se dirigía hacia el abismo y lo hacía convencido de merecer tal destino. Como era de esperar, el miedo a la muerte empapaba toda su cosmovisión, ya que, al sentirse condenado a un fin inevitable, a la nada más profunda, no solo temía el fin de su vida, sino también seguir desperdiciándola y que se le escapara entre las manos, día tras día.

Con todo el cuidado que requiere una comprensión vital de este calibre, comenzamos a desenmarañar su pasado. Aunque en su presente ya teníamos toda la información necesaria para realizar nuestro trabajo, él estaba convencido de que eran los errores cometidos los que le impedían habitar su día a día y concebir un futuro medianamente halagüeño. El peso de la culpa y la vergüenza habían limitado tanto su mundo que ante él no se extendía horizonte de sentido alguno. Creía que no había mucho más por comprender, que no había nada más que captar en la vida. Con el tiempo, no solo se perdonaría por completo por aquellos fallos —mucho menores de lo que él consideraba—, sino que acabaría por celebrar otros, en agradecimiento de todo lo que se había visto obligado a desarrollar a partir de ellos.

El miedo a la muerte de Enrique se resolvió de forma inversa a la habitual. Como te explicaré en el siguiente capítulo, por lo general es necesario un trabajo de comprensión acerca de qué entendemos que es la muerte, qué implica para nosotros y en qué se basa todo lo negativo que consideramos que lleva asociado, para poder cambiar la relación con ella y, por lo tanto, con la vida. Es así como, al comprender el marco que la muerte ofrece a la vida, logramos comenzar a contemplarla como una obra de arte. Sin embargo, Enrique necesitó reconciliarse primero con su propia vida antes de poder ampliar su mirada existencial, para incluir después en ella la presencia de una muerte que ya no le asustaba, sino que le invitaba a vivir con plenitud el tiempo que le quedaba.

Integrar su propia vida, la estela de decisiones, aciertos y errores que le habían llevado hasta este presente, le permitió asumir su pasado sin remordimiento. Tras esto, la idea de la muerte encajó como una pieza más dentro de un rompecabezas que ahora veía con claridad. De forma natural, empezó a sentirse tentado a mirar en detalle cada una de sus experiencias, emociones y vivencias. La realidad le parecía cada vez más compleja, pero también más interesante. Las cuestiones existenciales que siempre dijo que quería trabajar, pero que con tanta astucia esquivaba en nuestros diálogos, comenzaron a ocupar una parte importante de los mismos. Lejos de convertirse en un quebradero de cabeza, estas reflexiones se convirtieron en su principal fuente de calma y bienestar.

La angustia, los ataques de pánico, los días grises en los que nada tenía sentido dieron paso a una actitud comprometida con la vida y el gozo que nos ofrece. De verse estancado en el «¿Por qué vivir?» o, más bien, «¿Para qué vivir?», pasó a empuñar su proyecto de vida desde la pregunta «¿Cómo puedo aprovechar mi vida?», convencido de que, en ese disfrute sencillo y auténtico de quien se siente uno con la vida, encontraría el sentido que tanto tiempo llevaba buscando —o, al menos, las claves para construir uno propio.

11
VIVIR SIN MIEDO A LA MUERTE

> No basta con pensar en la muerte, sino que se debe tenerla siempre delante. Entonces la vida se hace más solemne, más importante, más fecunda y más alegre.
>
> STEFAN ZWEIG

Hace años, un profesor de la facultad preguntó en clase si recordábamos el momento en el que tomamos conciencia de nuestra propia muerte. Nos contó que el suyo fue en la adolescencia, una noche como otra cualquiera, en la que su mente divagaba entre el repaso de lo ocurrido durante el día y lo que imaginaba que tendría lugar al día siguiente. Al ver que el sueño no llegaba, siguió avanzando en su proyección y visualizó cómo podría ser el próximo mes, el siguiente año, la década que le seguiría, la posterior a esta, etc. Sin darse cuenta, se percató de que su reflexión había caído en una pendiente que le arrastraba hacia un punto inevitable, del que en el fondo siempre había sido consciente, pero sobre el que nunca se había parado a pensar. Al final, no pudo evitar caer de bruces ante una conclusión abrumadora: no sabía cuándo, pero estaba claro que, en algún momento, la vida que vivía llegaría a su fin. Se recostó sobre la cama, sobrecogido, atónito por verse tan afectado ante algo que, se suponía, tenía asumido desde la infancia. Sin embargo, la idea de la muerte, tan evidente como pretendidamente ignorada, le golpeó con tal fuerza que le impidió conciliar el sueño esa noche y estuvo presente en sus reflexiones más temerosas los siguientes años.

El caso de mi profesor es semejante al de cualquiera que haya tenido el privilegio de tomar conciencia de su finitud de una forma casual, fruto del devenir de su propio pensamiento. Sin embargo, la vida no siempre es tan amable y a veces impone un contacto con la muerte del todo prematuro, que nos obliga a afrontar la idea del fin de nuestros días cuando aún carecemos de las herramientas necesarias para comprenderla, aceptarla e integrarla como parte de nuestra vida.

Para muchos, la muerte es el principal impedimento para vivir una vida plena. Te resultará fácil encontrarte con personas que hayan hecho de ese nihilismo reactivo su filosofía de vida. Están convencidos de que, como van a morir, no importa lo que hagan en vida, ya que nada les permitirá evitar ese destino. Es como si considerasen que el objetivo de la vida es perpetuarse, aferrarse a la existencia para no abandonarla jamás, y sucumbieran ante la tragedia de no poder lograrlo. Para ellos, la muerte es lo que vacía de sentido la vida, lo que la convierte en algo engañoso, casi maldito, al concebir la finitud que nos constituye como una patología incurable que acabará por aniquilarnos. De esta forma refuerzan la ya de por sí deficiente relación con la muerte de nuestra sociedad y secundan las palabras de Sileno, el padre adoptivo de Dioniso, el dios del vino en la mitología griega, según el cual lo mejor que nos puede pasar es no nacer y, si ya hemos tenido la desgracia de nacer, entonces morir cuanto antes. Una alegría de persona, desde luego.

Nada te obliga a temer la muerte

Te invito a hacer un experimento mental. Si te parece, trae a tu mente la imagen de alguien que disfruta de su vida. Puede ser una persona que conozcas o alguien a quien te inventes. Imagínalo sano, con amigos y familia, asentado en un trabajo que le agrada, que le permite pagar sus facturas y costear sus inquietudes personales, esas que le llevan a leer, viajar, hacer deporte y, en general, gozar de una vida satisfactoria. En principio, tiene mucho que agradecer, ¿cierto? Imagina ahora que esta persona comienza a sentir ciertas molestias físicas y que, tras acudir al médico, las pruebas determinan que padece un cáncer terminal que acabará con su vida en aproximadamente un año. Es una imagen cruda, lo sé, pero ten paciencia, ya que nos lleva a una conclusión liberadora.

La perspectiva es demoledora, por lo que, de forma automática, es posible que imagines a esta persona totalmente devastada por la noticia. Podría sentirse huérfano ante un universo que lo abandona, que le demuestra que nada tiene sentido, al verse víctima de un acto de crueldad e injusticia cósmica. Se preguntaría de forma recurrente «¿por qué a mí?», sin encontrar respuesta al respecto. Al hacer repaso de todos sus logros y proyectos, podría percibirlos como algo fútil y carente de significado, ya que ¿para qué tanto esfuerzo, tanto sacrificio en el día a día, si todo habrá sido para nada? Sería fácil imaginarlo corroído por el dolor, dedicando cada uno de sus últimos días a negar su realidad, o a combatir con ella, maldiciendo su suerte y destino. Es una posibilidad, desde luego, pero no es la única.

Si dedicas un momento a frenar el automatismo de esta mirada dramática, a la que tan acostumbrados estamos, tendrás la oportunidad de vislumbrar otras reacciones posibles. Ante tal diagnóstico, lo normal sería vivir un periodo de impacto, obviamente, que podría dar paso a una nueva perspectiva sobre la vida y la muerte, más lúcida y serena. Esta persona podría aceptar que ha llegado su momento, y comprometerse con el proceso personal que le preparará para concluir su vida de forma digna y auténtica. Su disposición podría llevarle a desarrollar una espiritualidad que le ayudase a transitar el proceso y a encajarlo en un marco metafísico mayor. De no ser así, igualmente podría encontrar en la vida, tal y como la percibe, todas las herramientas que necesita para encaminarse hacia la muerte, sin necesidad de un sentido o trascendencia posterior a ella. Tendría la oportunidad de agradecer cuanto ha vivido, a todas las personas que ha conocido, cada una de las experiencias que ha disfrutado y de los aprendizajes que ha obtenido, valorándolos en sí mismos, sin necesidad de exigirles una continuación o un rendimiento mayor del que ya le ofrecieron. Podría aprovechar sus últimos días para ponerlo todo en orden, disfrutar de la compañía de los suyos y captar un significado nuevo en cada vivencia. Seguro que, desde su perspectiva, el sabor del café de la mañana o el aroma de la tierra tras la lluvia alcanzarían una profundidad y belleza que somos incapaces de imaginar desde el lugar que ocupamos ahora mismo.

Tal es la potencia reconciliadora que late en la experiencia de la muerte. Esta es la semántica que la acompaña, que nos permite transformar radicalmente nuestra forma de vivir a través de la preparación para el morir. Son muchos los obstáculos que hemos colocado frente a esta comprensión. Tantos, que nos hemos acostumbrado a ver la muerte como algo en lo que no conviene pensar, a riesgo de vernos expulsados de nuestra vida, arrebatados de ella, ante la incapacidad de disfrutarla una vez que hemos tomado conciencia de que podría tener un final. Sin embargo, nuestra mortalidad es la semilla que nos abre a la más profunda de las sabidurías: aquella que nos enseña que podemos afirmar la vida tal y como es, incluso sin llegar a entenderla y a pesar de que pueda acabarse para no volver a repetirse jamás.

La sabiduría clásica frente al reto de la muerte

En realidad, somos conscientes de esto desde hace mucho. De hecho, podría decirse que el reto de la muerte es uno de los ejes fundacionales del pensar filosófico. Para Platón —al igual que para Cicerón, Montaigne y otros— la filosofía es, en sí misma, una preparación para la muerte. Así lo afirma en el *Fedón*, la obra que dedicó a las cuestiones relacionadas con el alma, la relación que mantiene con el cuerpo y su destino supraterreno. En ella nos dice que la filosofía, en tanto que búsqueda de la verdad, es un entrenamiento que se consuma con la muerte. En vida, el estudiante de filosofía se esfuerza en desligar su pensamiento de toda clase de inclinaciones cotidianas y corporales, por el riesgo de que estas desvíen el curso de su reflexión y lo alejen de la contemplación de la verdad a la que está destinado. En este sentido, la muerte es la consagración de la tarea filosófica, ya que implica el desarraigo respecto de las limitaciones del cuerpo y la liberación del alma, lo que le permite alcanzar el mundo de las ideas y captar la verdad en sí misma.

Sin embargo, no es necesaria la creencia en la existencia del alma, o del más allá, para reconocer que la filosofía tiene herramientas para reconciliarnos con la vida a pesar de la incómoda presencia de la muerte. Así lo entendió Epicuro de Samos y todos los que siguieron los preceptos existencialistas de su hedonismo. A pesar de ser considerada el peor de los males, para él la muerte no es algo que debamos temer en absoluto, ya que solo importa la vida que vivimos en el presente, la posibilidad que tenemos de disfrutar el instante que habitamos y hacerlo de la forma más lúcida, plena y auténtica posible. No importa cuándo llegue la muerte ya que, como expresa en las *Máximas capitales*, «no es nada para nosotros, porque cuando nosotros existimos, la muerte no está presente, y cuando la muerte está presente, entonces nosotros no existimos».

Aunque a Epicuro parecía importarle poco la cuestión de la muerte, la escuela estoica encontró en ella una de las fuentes principales de sabiduría y transformación filosófica, como nos recuerdan sus tres maestros más emblemáticos. Para Séneca, «quien sabe morir ya no sabe ser esclavo», porque la contemplación de la muerte eleva nuestra conciencia al más alto nivel. Según Epicteto, la muerte es un fenómeno natural que, como parte de la naturaleza que es, debe ser aceptado y afirmado y contra el que no nos conviene rebelarnos, a riesgo de perder nuestra vida —en sentido literal y figurado— intentándolo. Por su parte, Marco Aurelio vio en la convivencia lúcida con la muerte la clave para desapegarnos del miedo a la pérdida y la dependencia de lo material, al recordarnos constantemente que nada de lo que poseemos nos define ni nos acompañará tras nuestra partida. Los tres estuvieron de acuerdo con la idea de que es la continua cercanía de la muerte y su impacto en nuestro día a día lo que más valor añade a nuestra existencia. De esta forma, la posibilidad de que el momento que vivimos ahora mismo sea el último de nuestra vida, lejos de ser algo deprimente, se consideraba la razón de su valor absoluto. Tal es la fuerza de la contemplación de la muerte en la filosofía antigua.

El anhelo de salvación

Desde hace siglos, las filosofías ancestrales de Oriente y Occidente se esmeraron por mostrarnos que la muerte no solo no es una desgracia, sino que puede ser el mayor de los motores para gozar de una vida plena. A pesar de sus esfuerzos, si algo ha caracterizado nuestra relación con ella ha sido el temor y el rechazo de la misma. Como señaló el antropólogo estadounidense Ernest Becker en el ensayo galardonado con un Pulitzer *La negación de la muerte* (1973), no fue la búsqueda de sentido, sino la voluntad de negar la muerte, de paliar la enorme angustia que sentimos ante nuestra existencia y el fin de la misma, lo que dio lugar al surgimiento de las religiones. Puede que no le falte razón.

Las tradiciones orientales suelen sentirse más cómodas apostando por la reencarnación. Para el hinduismo, cada uno de nosotros poseemos un alma que necesita sublimarse a través del *samsara*, el ciclo de nacimiento, muerte y resurrección necesario para purgar toda imperfección. Si te comprometes con esta tarea espiritual y dedicas tu vida a la mejora de lo que eres, lograrás equilibrar tu karma, alcanzar la *moksha* —la liberación del ciclo de reencarnaciones— y fusionarte con *Brahman*, lo absoluto.

Por su parte, el budismo discrepa en la cuestión del alma, ya que no considera que dispongamos de un alma única, fija y permanente, por lo que nos propone un concepto de identidad basado en un cúmulo de tendencias y energías. Más allá de esta diferencia, se inclina también por un ciclo de reencarnaciones con un propósito kármico, que se sucederán hasta lograr el *nirvana*, la disolución del yo y el fin del sufrimiento. El jainismo hace más hincapié en la vertiente ética del karma y subraya la importancia del *ahimsa*, la no violencia —presente también en estas tradiciones—, pero lo hace igualmente comprometido con una trascendencia derivada de la purificación y la iluminación personales.

El judaísmo, el cristianismo y el islam, las grandes religiones monoteístas —conocidas también como «religiones del libro»—, están de acuerdo con la necesidad de una purificación moral y espiritual para alcanzar el más allá, pero te ofrecen para ello un único intento. Según estas, contamos solo con una vida para llegar a la pureza necesaria para esquivar la aniquilación de nuestras almas y, si fallamos en nuestro propósito de mejora espiritual —o no profesamos la fe verdadera—, perderemos la oportunidad no solo de salvarnos, sino de descansar en paz.

A partir de aquí encontrarás diferentes versiones de un infierno reservado para todos aquellos que no sigan a rajatabla las peculiares ortodoxias de estas religiones, condenados a un estado de impureza y culpabilidad originarias que, por lo visto, nos caracteriza desde el momento de nuestro nacimiento —lo que el cristianismo llamó el «pecado original»—. Una mirada a la trascendencia un tanto tétrica, que explica el interés de muchos occidentales por las doctrinas de las religiones orientales en busca de teologías y cosmogonías menos temibles, aunque quizá igualmente criticables.

Como el tema que nos ocupa aquí es la experiencia existencial de la muerte, entendida esta como elemento estructural de la vida, considero que las respuestas tradicionales de la religión, aunque sean dignas de mención, no son tan relevantes para nuestro cometido. No lo son por su exigencia previa de fe, por el dogmatismo de sus preceptos y por la constante presencia de la amenaza y la condena metafísicas ante la falta de obediencia. No obstante, tampoco pretendo negar el valor latente en cada una. A pesar de las derivas erráticas que suelen padecer las instituciones religiosas, en las intuiciones originarias de muchas de ellas podemos encontrar una espiritualidad bienintencionada y comprometida con la vida, totalmente ajena al uso político o económico que se les ha podido dar en siglos posteriores. Por ello, si cualquiera de estas ideas te resulta atractiva, te invito a que las conozcas. De nuevo, como afirmó Immanuel Kant: «*Sapere aude!* Ten el valor de servirte de tu propio entendimiento».

La búsqueda de la trascendencia

Si hay algo realmente transversal a todos los planteamientos religiosos, espirituales o metafísicos de la historia de la humanidad, es la cuestión de la trascendencia. Ya sea una propiedad inherente a la vida, o un anhelo de los seres condenados a la finitud, la realidad es que nos preocupa la continuidad de nuestra existencia y nos resistimos a concebir la posibilidad de que un día dejemos de ser lo que somos —o, al menos, lo que creemos que somos.

Es posible encontrar muchas formas de aferrarse a la vida. Y digo «aferrarse», en vez de «disfrutar», «vivir» o «sacarle provecho», porque pretender vivir intensamente con la intención de ignorar la presencia de la muerte es uno de los mayores errores que podemos llegar a cometer. Cuando actuamos de esta forma, el sufrimiento no tarda en aparecer, porque aquello que tratamos de ignorar siempre surge en el horizonte. Entendida así, la muerte empapa la vida y arruina toda esperanza de inmortalidad. Sin embargo, también nos ofrece un tesoro mayor que la trascendencia, pero no solemos ser capaces de verlo.

Si te paras a pensarlo, verás que nuestra sociedad está totalmente orientada a la negación de la muerte. Por todos lados se nos invita a comprometernos con proyectos megalómanos, de superación personal, extremadamente individualistas y centrados solo en la promoción y la magnificación de un ego que está lejos de reflejar nuestra identidad más esencial. Parece que todos debiéramos acumular riqueza, propiedades y seguidores en redes sociales, como si hubiésemos vuelto a las antiguas costumbres de los faraones egipcios, que pretendían burlar la muerte gracias al culto de sus súbditos, la grandeza de sus templos y la opulencia de los tesoros acumulados en ellos. No parece que haya pirámides para todos ni es probable que estos altares del yo nos eviten enfrentarnos a la realidad de nuestra finitud.

Cuando abordo la cuestión de la trascendencia con mis consultantes, siempre me viene a la mente la frase del poeta y filósofo cubano José Martí, que hoy por hoy parece haberse convertido en el estándar popular de la vida bien vivida: «Hay tres cosas que cada persona debería hacer durante su vida: plantar un árbol, tener un hijo y escribir un libro». Como es evidente que ninguna de estas tres tareas es obligatoria, ya que podemos aprovechar nuestra vida sin llevarlas a cabo, no me detendré en ello. La cuestión no es cuál es la lista de hitos vitales a cumplir para considerar que hemos vivido bien nuestra vida, sino el hecho de que los tres que elige este autor representan intentos desesperados de trascender la propia muerte. Plantar un árbol, tener un hijo o escribir un libro son proyectos que buscan la permanencia, que se lanzan a la tarea alquímica de transmutar nuestra esencia en una materia distinta de la propia, para que sea preservada y siga existiendo una vez que nosotros hayamos cruzado el umbral.

En este sentido, la modernidad está ofreciendo nuevas líneas de negación de la muerte gracias a la tecnología. Llevamos décadas fantaseando con la posibilidad de crear copias digitales de lo que somos para volcarlas después en una nube que hará las veces de sucedáneo del cielo teológico, sostenida por unos servidores que pretenden ser la actualización de la promesa religiosa de la vida eterna. Sin embargo, estos planteamientos caen en múltiples reduccionismos, ya que pretenden limitar nuestra identidad al pensamiento que emana de ella —como si no fuésemos nada más que eso—, y reducir a su vez ese pensamiento a algoritmos que, de esta forma, puedan reproducirse en otros formatos. Frente a este optimismo científico, no es necesario ser un defensor de la existencia del alma ni poseer una fe religiosa para darse cuenta de lo limitado de esta perspectiva. A pesar de ello, es posible encontrar hoy miles de millones en financiación y enormes equipos de genios de la informática y la neurociencia volcados en una tarea que, en última instancia, supone la actualización contemporánea de un miedo a la muerte que nos acompaña desde las cavernas.

Esto ocurre en relación con nuestra propia permanencia, pero la tecnología también nos ofrece hoy propuestas para evitar el necesario duelo tras la pérdida de un ser querido, forzando la presencia en nuestra vida de quien ya no está de formas bastante inauténticas. La promesa de contactar con los fallecidos, que desde el siglo XIX había sido promovida por toda clase de movimientos espiritistas, entra ahora en la era digital. Los nuevos avances de la inteligencia artificial —y la oportunidad que las empresas tecnológicas han visto en la explotación económica del dolor de quienes han perdido a alguien cercano— han llevado a la proliferación de empresas que ofrecen productos que simulan la pervivencia de los ya fallecidos. Chats entrenados con conversaciones del difunto e inteligencias artificiales generativas con cada vez más nivel de detalle, que se esfuerzan en fingir que esa persona aún está disponible para el cliente, al que le ofrecen una carcasa digital, estanca y monolítica, de lo que esa persona fue en vida. Estos proyectos no son solo el sueño de unas cuantas *start-ups* que fracasan antes de salir al mercado: gigantes tecnológicos como Amazon o Microsoft ya cuentan con patentes al respecto y no tardarán en ofrecernos productos relacionados con la monetización del temor a la mortalidad.

Inexpertos ante la muerte

Aunque no conozco tus circunstancias personales, estoy seguro de que no has tenido muchas oportunidades para cultivar una buena relación con la muerte. Lo sé, porque eso no depende de tu edad, estudios o condición social, sino de la cultura en la que todos estamos insertos. La muerte por lo general se ignora y después se evita en una huida activa, aunque inconsciente, o maquillada de forma infantil, como si ofreciese un rostro terrible que precisa de toda clase de pigmentos para poder mirarlo sin acabar horrorizados.

Puede que la cuestión de la muerte sea la que más impacto tenga en nuestra vida. Incluso es probable que el sentido de la vida, esa otra gran pregunta con la que llevamos siglos lidiando, respondiéndola y volviéndola a formular, no sea más que un subproducto derivado de la cuestión de la muerte. Lo que sí tengo claro es que una relación inadecuada con ella es lo que más daño puede generarnos, hasta llegar a incapacitarnos para vivir una vida normal.

A mi consulta llegan personas que llevaban décadas atascadas con esta cuestión, convencidas de que la existencia de la muerte suponía la prueba de que nada en la vida tenía sentido. Se sienten anclados en un nihilismo reactivo que les vuelve incapaces tanto de cuestionar sus conclusiones negativas como de producir alguna alternativa enriquecedora al respecto. También he acompañado a consultantes muy jóvenes, que tomaron conciencia de su finitud de forma natural, en el transcurso de su infancia, pero que, ante la falta de un abordaje adecuado de la cuestión que les permitiese integrarlo como parte natural de la vida, acaban viéndose abrumados, con el enorme impacto para su concepción de la vida que ello conlleva. Se convierten así en personas con dificultades para disfrutar del día a día, que ven la muerte en el horizonte como el que observa acercarse el tsunami desde la playa, rodeadas de otras que siguen jugando en la arena, como si nada, incapaces de escapar a lo que consideran es el más brutal de los destinos. Incluso algunos de mis consultantes habían heredado esta cuestión, como una especie de legado generacional maldito, al tener en su familia a personas que, ante lo insoportable de su miedo a la muerte, habían optado por el suicidio, pese a lo trágico, irreversible y paradójico de dicho acto.

Se trata de individuos inteligentes, lúcidos e incluso optimistas en otros ámbitos, que acumulan psicoterapias en las que han aprendido a gestionar la ansiedad generada por su temor, los ataques de pánico en mitad de la noche ante la idea de su propia muerte o la cotidianidad de pensamientos intrusivos y obsesivos —todas ellas técnicas fundamentales a la hora de afrontar este fenómeno—, pero a los que nadie había acompañado en el camino de mirar a la cara a la muerte. Recuerdo con cariño a Julián, uno de estos consultantes, que en nuestra primera sesión se presentó yendo directo al grano:

«Me llamo Julián, soy psicólogo clínico desde hace más de treinta años y tomo Orfidal cada noche para evitar el miedo a la muerte». Llegan agotados tras años de angustia existencial, pero también ilusionados, ya que, en el fondo de su ser, saben que es posible una relación diferente con la muerte, que no solo sea inocua, sino también enriquecedora. Lo saben, pero eso no siempre es suficiente para salir del bucle.

Aunque te parezca extraño, morir no es lo que causa tu miedo a la muerte, sino la falta de una experiencia adecuada de la misma. Muy pocos pueden experimentar la muerte y volver para contarlo, pero, afortunadamente, no necesitamos atravesar el umbral y ver lo que hay más allá para reconciliarnos con ella, ni es imprescindible creer en que exista ese otro lado para poder soportarla. Basta con hacerle a la muerte un espacio en nuestra vida y reconocerla en ella para que, por sí misma, nos ofrezca el bálsamo que hemos estado buscando en otros lugares. Como tal, nuestra mortalidad no tiene nada de malo, negativo o reprochable, pero nadie nos ha enseñado a vivir contemplando otras opciones. Da igual que ignoremos qué o quiénes somos. No importa que tampoco tengamos mucha idea acerca de lo que la vida es o deja de ser. La realidad es que nos hemos convencido de que solo es posible convivir con la muerte siempre y cuando haya un más allá, y que sea mejor que este más acá. Afortunadamente, nada de esto es necesario, ya que la vida siempre ofrece más de lo que vemos.

Mientras pensemos la muerte desde el miedo y la negación, no encontraremos en ella más que un destino cruel e inevitable. Como ocurre en todo fenómeno ansioso, siempre que tratemos de huir del objeto que creemos que causa nuestro temor, recibiremos una dosis mayor de ansiedad, que fortalecerá las creencias limitantes que nos convencen de que es algo que debe evitarse a toda costa, y de que no hay otra reacción posible al respecto. Sin embargo, ¿qué pasaría si, aunque fuera por un momento, nos abriésemos a la idea de que nuestra finitud no tiene que ser algo malo en sí mismo? Puede que entonces leyésemos con otros ojos los fragmentos de esas filosofías que, durante siglos, nos garantizaron que podíamos afrontar la muerte con valentía, incluso con alegría. Lo que antes parecía poesía ingenua, autoconvencimiento erudito, podría mostrarse ahora como sabiduría y lucidez. Quizá, si le damos la oportunidad a la muerte de ofrecernos otras caras, encontremos en ella, o en la vida, todo cuanto necesitamos para estar en paz.

Cómo acoger la muerte en nuestra vida

En *Ser y tiempo* (1927), Martin Heidegger nos dice que la finitud no es para nosotros una propiedad como otra cualquiera, sino que se trata de algo mucho más profundo y transformador. Según él, somos *seres-para-la-muerte —Das Sein zum Tode* en alemán—. Es decir, no somos individuos que mueren al final de su vida, sino que estamos, existencial y ontológicamente hablando, constituidos por la mortalidad. Dicho en otras palabras: no seríamos quienes somos, ni nuestra vida sería como es, si no fuésemos a morir.

Para Heidegger, la «ocasionalización» de la muerte es una de las principales causas, y a la vez consecuencia, de nuestra relación huidiza con la finitud. Ocasionalizar la muerte significa convertirla en una ocasión, en un evento que ocurre justo al final de la vida, que le sirve de cierre, con lo que se insinúa que, el resto del tiempo, no es posible percibirla en forma alguna. Sin embargo, quien se enfrenta a la angustia ante la muerte es consciente de su constante presencia en nuestras vidas, solo que lo es en un formato temeroso, trágico, que no le permite captar de ella más que su inevitabilidad.

Esta ocasionalización de la muerte es algo que puedes reconocer cuando asistes al velatorio de alguien que acaba de fallecer. Entre los más cercanos al difunto encontrarás pesar, el dolor natural que acompaña a la pérdida e inicia el duelo. Sin embargo, si aguzas el oído, podrás captar discursos que hacen hincapié en lo fortuito de la situación, lo inesperado e impredecible de un final así. Pero ¿cómo es posible que nos sorprendamos ante el acontecer de algo que sabíamos que, por la más absoluta necesidad, ocurriría antes o después? La pérdida nos afecta, desde luego, y lo hace más aún cuando le sucede a seres queridos que consideramos aún eran jóvenes. Nadie quiere despedirse del ser amado, y todo el dolor del mundo está justificado cuando uno transita el proceso del duelo. Sin embargo, la presencia de la sorpresa, de lo impensable en un evento tan natural como la muerte, no hace sino retratar nuestra huida voluntaria ante la misma. Si la tuviésemos más presente, la pérdida seguiría doliendo, pero seguro que podríamos enmarcarla en un proceso existencial mayor, en el que la muerte ya está integrada de antemano. Nos sorprendería el *cuándo*, o el *cómo*, pero nunca el *qué*.

Por mucho que la nueva medicina antiedad se empeñe en ello, la muerte no es una enfermedad, sino un fenómeno natural que nos constituye. Aunque hemos aprendido a ver en ella la prueba del carácter trágico de la existencia, lo único que podemos concluir de su presencia es la profunda continuidad que vertebra todo lo existente. Thích Nhất Hạnh nos dice «una nube nunca muere. Puede convertirse en lluvia, en nieve o en hielo, pero no puede desaparecer en la nada». Si le damos una oportunidad a esta idea, al margen de nuestra simpatía o distancia con los fundamentos del budismo zen, podremos captar una verdad que va más allá de cualquier credo religioso.

Todo cuanto existe forma parte de un complejo entramado que evoluciona, en constante cambio, hacia algo diferente de lo que es en la actualidad. Es una premisa presente en cualquier ámbito de la realidad, desde la física o la biología hasta las relaciones humanas y sociales. Incluso las ideas evolucionan, insertas en lo que el filósofo francés Edgar Morin llamó la «noosfera». Puede que no siempre veamos mejoras, o que incluso percibamos un claro retroceso. A pesar de todo, es posible captar la fuerza de este movimiento impulsando todo cuanto ocurre. También nosotros, cuando nos comprometemos con nuestra autenticidad y autoconocimiento, somos testigos de una constante criba y purga de lo que nos limita, en un flujo que busca que seamos lo que realmente somos. No es necesario creer en Dios, o en un diseño inteligente que dictamine cada uno de los pasos de este desarrollo, para constatarlo. Lleva operando a nivel vital desde la aparición de las primeras moléculas orgánicas hace algo más de 3.600 millones de años, actualizándose desde ese «caldo primigenio», como lo denominó el biólogo ruso Aleksandr Oparin en 1924.

Lo que nos constituye a nivel biológico fue, es durante nuestra vida y será, tras ella. Sin embargo, sentimos que lo que nos define a un nivel profundo y esencial es la consciencia desde la que comprendemos, esa que nos permite afirmar que tenemos una vida, y que existe algo como un «yo» que la está viviendo. Son múltiples las creencias que nos hablan de la preexistencia del alma y su independencia respecto del cuerpo, y otras tantas las que vinculan la conciencia al cerebro, sin hacerla depender de él. Todas respetables, todas fascinantes. No obstante, como el objetivo aquí es construir una salida de nuestra crisis existencial desde la comprensión y la afirmación de lo que es, sin atribuir verdad a nada que no podamos experimentar, nos toca asumir el reto nihilista de reconciliarnos con la posibilidad de que, tras nuestra muerte, no quede ni rastro de lo que fuimos. De esta forma, debemos convocar las palabras del emperador estoico Marco Aurelio: aceptar la muerte es la consecuencia que se deriva de comprender la vida. También señaló que morir, eso que tanto tememos, no es más que la devolución de un préstamo que recibimos al nacer.

Una transformación más de lo que somos, entre otras muchas previas y posteriores.

Frente a la obsesión por permanecer en lo conocido, ya sea en vida o tan solo en recuerdo, solo hay un bálsamo posible: asumir que todos seremos olvidados. Sé que parece deprimente, pero créeme cuando te digo que lo afirmo desde el más sincero compromiso con la vida, y lo hago porque pienso que hay algo profundamente liberador en ello.

Nuestro impulso de trascendencia nos arrastra. Nos pesa sentir que dejaremos de ser lo que somos, aunque no sepamos bien qué somos, si hubo un antes, habrá un después y si, de haberlo, este podría ser mejor que lo que lo precedió. Nuestra sociedad premia la fama, como las culturas antiguas valoraban los honores. Tanto es así, que acabamos por creer que es algo realmente importante, cuando no lo es. Si lo piensas, todos aquellos que idolatras caerán en el olvido. Incluso grandes mentes como Albert Einstein, o clásicos como Aristóteles, algún día dejarán de rememorarse. Puede que los sustituyan otras personas más valiosas para ese momento, o que su olvido sea injusto. Da igual. Nada resiste el paso del tiempo, no al menos cuando este saca músculo y nos transporta miles de años hacia el futuro.

Quizá te sientas apesadumbrado al leer esto, pero ahora tienes herramientas para darte cuenta de que es justo esta pulsión de trascendencia de la que te hablo la que te hace atribuir un fondo gris a toda esta cuestión. Está bien querer vivir más, y anhelar que esto ocurra en un más allá, de haberlo. Sin embargo, es un error olvidar el más acá que habitamos, ya que podría ser la única realidad de la que disponemos; o peor aún, desperdiciar nuestro tiempo aquí lamentando que nadie nos haya garantizado que haya algo después. Sabernos mortales debe ser la razón principal para sacarle el máximo partido a nuestra existencia: no porque sepamos que no hay nada más —ya que lo desconocemos—, sino porque hacerlo es posible ahora, en este preciso instante.

La vida es un regalo

Te propongo otro experimento mental. Imagina por un momento que recibes una entrada gratuita para acudir a un parque de atracciones. No sabes por qué te han elegido para tal obsequio y, sin lugar a dudas, sería fascinante ahondar en ello para comprender todo cuanto rodea al misterio de la invitación. Sin embargo, eso no te frena y decides aceptarla, a sabiendas de que yendo allí y sacando el máximo partido a la experiencia, será más factible dar respuesta a estas cuestiones. Tienes claro que entender el porqué de la invitación es compatible con disfrutarla, por lo que te presentas en el parque, dispuesto a experimentarla. Esperas en la cola, llegas a la taquilla, recoges tu entrada y cruzas las puertas de acceso. Ante ti se abre un enorme parque temático, tan grande que, de un primer vistazo, ya sabes que no vas a poder disfrutar de todo lo que te ofrece, por lo que te verás obligado a elegir, sin certeza alguna sobre si tus decisiones serán las adecuadas, o harán que te pierdas experiencias mejores. Con esta disposición, recoges un mapa del puesto de información y estudias las diferentes zonas. Así, puedes decidir cuáles te resultan más atractivas y descartar aquellas que te parecen menos interesantes. Tras un breve vistazo, decides lanzarte a explorar.

A lo largo del día disfrutas de las atracciones, acudes a algún espectáculo, te topas con pasacalles y husmeas algunas tiendas de regalos. También te paras a descansar, asimilar lo vivido, tomar aire y volver a la carga. Aunque tu entrada era individual y llegaste solo, te vas encontrando con gente afín, que te acompaña en tus aventuras, aunque te reservas algunas experiencias para vivirlas en privado. Finalmente, el sol comienza a caer, por lo que decides subir a uno de los miradores, para tomarte una taza de té —o una jarra de cerveza— mientras contemplas el atardecer.

Cuando llega la noche, escuchas por megafonía que el parque va a cerrar. Sin prisa, te encaminas hacia las puertas de salida, rememorando todo lo acontecido durante el día y dejando aflorar una pequeña sonrisa de satisfacción, que asoma en un rostro un tanto agotado. Tras todo este día, lo normal sería que lo que reinase en ti fuese una sensación de profundo agradecimiento por todo lo vivido, una enorme satisfacción por la posibilidad de haberlo experimentado, ¿cierto? Entonces, ¿por qué no nos relacionamos así con nuestra vida?

Al plantear esta imagen mental, hay quien podría argumentar que la analogía no es válida, ya que la vida no es en sí misma un parque de atracciones, al no estar centrada —que sepamos— únicamente en el disfrute. Totalmente cierto, pero estoy seguro de que podemos hacer el ejercicio de apreciar lo vivido y encontrar mucho que agradecer al respecto. Ojalá haya más elogios que reproches. Desde luego, toda analogía tiene sus limitaciones —que algo sea análogo a otra cosa implica que en parte es diferente de ella—, pero lo que pretendo subrayar no son tanto las oportunidades de disfrutar, sino más bien la actitud inherente al propio disfrute. Sé que la vida no es un parque de atracciones, sería tremendamente simplista afirmar algo así, pero puede que concebirla de esta manera, aunque solo sea durante un par de minutos, te permita conectar con la disposición con la que afrontas la tuya. Quizá así encuentres algunas áreas de mejora en ella, y comprendas que no son las cuestiones existenciales como la muerte o el sentido las que te atormentan, sino tu temor previo a ellas, lo que te hace huir de experiencias que podrían estar impulsando tu vitalidad y haciéndote profundizar en tu existencia, al margen de que logres darles respuesta o no.

Lo que está claro es que te parecería del todo ilógico que, al entrar en este parque de atracciones, te encontrases a un manifestante con una pancarta en la que pudiera leerse ESTO ES UNA ESTAFA, mientras grita: «¡Nos están engañando! ¡Te invitan al parque, pero al final del día cierran y te tienes que ir! ¡No entréis!». Es una escena un tanto absurda, lo sé, pero seguro que alguna vez te has descubierto preguntándote: «Si voy a morir, entonces, ¿para qué vivir?». Quizá ya tengas tu respuesta, o la semilla de algo que podría llegar a serlo.

El derecho a no vivir

Que la vida es un regalo es algo que Elvira, una de mis consultantes, aprendió unos veinte años antes de iniciar su proceso conmigo. Una lección muy exigente, a la que llegó tras transitar una intensa depresión y sobrevivir a un intento de suicidio. Fue este evento, del que afortunadamente salió ilesa, a pesar de su clara intención de poner fin a su vida, el que le mostró de forma más clara y distinta lo errado de su acción, su pertenencia a la vida y la importancia de seguir en ella. Tras años de diferentes terapias, pudo reconciliarse con la vida, pero no siempre ocurre así.

El suicidio es un tema tabú en muchos sentidos. Nos incomoda hablar de ello, como si el mero hecho de pensarlo fuese a hacer más probable que nos veamos asomados a ese abismo. Sin embargo, decir que la vida es un regalo, o intuir en ella la presencia de lo sagrado, no es razón para concluir que tenga algo de obligatorio. Por eso decía Albert Camus que responder a la cuestión de si la vida merece ser vivida es la pregunta fundamental de la filosofía, ya que, si contestamos negativamente, la conclusión coherente es el suicidio. También el maestro estoico Epicteto mencionaba que es posible y recomendable esforzarse en vivir a pesar de la incomodidad inherente a la vida, haciendo una analogía con una casa llena de humo, en la que uno puede abrir una ventana para dejarlo salir, que entre aire fresco y mejorar la calidad del aire. No obstante, subrayó el hecho de que, de ser realmente irrespirable, siempre tenemos la opción de abrir la puerta e irnos. Sobran las palabras.

Todos tenemos derecho a definir qué vida queremos vivir, cuáles son nuestros mínimos para que merezca la pena hacerlo y, en caso de no obtenerlos, elegir dejar de hacerlo. Personalmente, me inclino a pensar que cualquier ser humano que se haya comprometido con su autoconocimiento y comprensión de la vida escogería permanecer en ella al margen de sus circunstancias. Considero que lo haría porque, a pesar del sufrimiento que experimentase, sería capaz de ver en él la presencia de la vida y afirmarla. Esta es la razón por la que intuyo que todo individuo en situación de sufrimiento podría optar por seguir con su vida, si contase con el apoyo necesario para ello.

Más allá del que nos brindan familiares o amigos, hay apoyos de muchos tipos. Uno sería ese acompañamiento terapéutico que está disponible solo para aquellos que pueden pagarlo, que deja fuera a quienes habitan los márgenes de nuestra sociedad, a la espera de una asistencia psicológica en una sanidad pública que no da más de sí. También incluyo aquí el respaldo social que todo el mundo merece, que incluye el derecho a una vivienda digna —y, por tanto, a no ser desahuciado— o a un trabajo estable —o lo que es lo mismo, a no vivir en una situación de precariedad permanente—, entre otros.

En el caso de la enfermedad y la asistencia al enfermo terminal, requeriría seguir profundizando en la mejora de las prácticas clínicas en tratamientos paliativos, para que una persona tenga la opción de extender su vida de forma digna tanto como su cuerpo lo permita, mientras mantiene un nivel de bienestar mínimo. Estoy seguro de que, recibiendo todo esto, muchas personas decidirían quedarse entre nosotros. Sin embargo, que yo piense esto no implica que esté dispuesto a obligar a otros a actuar según mis creencias. Que yo intuya que cualquiera preferiría quedarse, de contar con las condiciones mínimas para hacerlo, no significa que quiera forzar a nadie a hacerlo. Es mi obligación como ser humano respetar lo que cada uno desee hacer con su cuerpo y con su vida, y movilizarme como ciudadano para que el Estado y la ley garanticen esta libertad de elección. Suena muy coherente, ¿verdad?

A pesar de ello, hoy por hoy son muy pocos los países que cuentan con una ley de eutanasia. Aunque sus detractores más sutiles arguyen que su oposición se basa en la defensa del enfermo y se autoproclaman abanderados de sus derechos, estoy convencido de que su negativa se mantendría incluso si lograsen el mejor sistema de tratamiento médico y paliativo que pudiera imaginarse. Lo creo porque, en el fondo, sus argumentos no son humanistas, sino espirituales. Para la mayoría de ellos, es su creencia en el carácter sagrado de la vida lo que les hace creerse con la legitimidad para abanderar un fascismo religioso que impone creencias particulares sobre el bienestar y el sufrimiento de los demás. Algo así como «yo creo que no deberías poner fin a tu vida, así que haré todo lo posible para que la legislación te obligue a vivir y morir según los dictámenes de mi fe». Esta es una de tantas razones por las que es tan importante el laicismo: para permitir que cualquier ciudadano pueda llegar al fin de su vida de forma acorde a su libertad y valores, sin que se lo impida este paternalismo místico vestido de humanitarismo.

Honrar la finitud

Decía Marco Aurelio en sus *Meditaciones* que la muerte, igual que el nacimiento que nos permitió llegar a la vida son un misterio. Todos estamos llamados a disfrutar de este misterio, a sumergirnos en él y convertirlo en una potencia capaz de impulsar nuestras vidas particulares. Tanto la vida como la muerte nos interpelan para ello, pero tendrás que ser paciente si aún no te ves con fuerza para hacerlo. Mientras mantengas tu compromiso de mirar las cosas tal y como son, este llegará de forma natural.

Por el momento, lo que está claro es que la vida es finita y que, por tanto, tiene un final. Si más adelante consideras coherente creer en la reencarnación, la resurrección, la fusión con lo absoluto o el ser elevado digitalmente a una nube *post mortem*, estupendo. Sin embargo, puede que ninguna de estas posibilidades te resulte seductora ahora mismo, y te enfrentes al reto de aceptar la muerte, y vivir tu vida, desde la certeza de que, una vez mueras, no haya absolutamente nada más. Si ahora mismo estás en este punto, no desesperes, ya que no tiene por qué ser la última etapa del camino ni un callejón sin salida. Te aseguro que se trata de un buen lugar desde el que construir una vida plena, una profunda búsqueda de sentido e incluso cultivar una espiritualidad capaz de abrirte a todo, sin necesidad de caer en dogmas u otros elementos religiosos, y sin que por ello pierda luminosidad alguna.

El budismo tibetano realiza una práctica que me parece fascinante y que esconde una mirada metafísica totalmente reveladora. Como acto artístico y espiritual, eligen un espacio amplio en el suelo de un templo, de varios metros cuadrados, y dibujan en él lo que será el esbozo de un enorme mandala. Una vez hecho, toman arena teñida con diferentes colores, y comienzan a rellenar el dibujo cargando un pequeño embudo metálico con esta arena y golpeándolo para que vaya dejando salir los granos. Es una tarea minuciosa y compleja, muy detallista, que puede tomar semanas.

La obra representa todo lo que ha sido necesario para que tenga lugar nuestra existencia concreta. Cada grano tiene su procedencia, su historia, así como el color que lo tiñe o el dibujo concreto en el que se integra. Así, se rinde homenaje a todo lo que nos precedió, en un ejercicio que busca la transformación filosófica a través del esfuerzo físico y la contemplación estética.

Sin embargo, aún no te he contado lo mejor. Tras realizar esta enorme labor, que implica cientos de horas de dedicación, uno podría imaginarse que harán lo posible por tratar de preservarlo, como la obra de arte que es. Aquí es donde llega lo revolucionario. Para estos monjes, este mandala también representa la finitud de la vida, el fin de un proceso que estuvo llamado a morir desde el momento mismo en que tuvo un origen. Por ello, una vez finalizado, dedican un breve tiempo para contemplarlo y meditar frente a él, para después destruirlo. Como lo oyes, lo barren en cuestión de segundos. ¿Por qué? Porque no tendría sentido realizar una obra de arte que pretende ser un tributo a la vida, para luego tratar de hacerla ajena a las leyes que la rigen. Si algo tiene un inicio, tendrá también un final, y esto no es negativo. De hecho, es algo que puede y debe celebrarse, como afirma esta práctica budista.

Es cierto que estos monjes creen en la reencarnación, por lo que su celebración de la finitud podría parecerte un poco más *light* que la que te estoy proponiendo ahora mismo. Sin embargo, no es necesario mantener ninguna creencia en la trascendencia del espíritu para honrar la finitud de la vida —de hecho, podríamos decir incluso que no tenerla es la única forma de honrarla completamente.

En *El mito de Sísifo* (1942), Albert Camus afirma que el sufrimiento que experimentamos por suplicar un sentido a la vida, y no recibir respuesta por ello, podría sanarse si tomásemos conciencia de que, en el fondo, lo que rige la realidad no es la trascendencia o la divinidad, sino el absurdo. Para él, lejos de suponer una tragedia, la afirmación de que la vida no es más que lo que vemos en ella es la mejor de las noticias. Lo es porque, sin un sentido previo, no tenemos que adecuarnos a ningún destino prediseñado, por lo que podemos ser, crearnos, basándonos únicamente en la libertad radical que nos constituye. Al no haber manual de instrucciones, podemos crear lo que queramos. De esta forma, la vida puede ser ese lienzo en blanco en el que plasmar nuestra propia obra de arte

—como vimos con Nietzsche en el capítulo nueve—, y exprimir cada uno de sus trazos sin temor a un final, sino más bien por el hecho de que sabemos que habrá uno.

Libres frente a la muerte

Afortunadamente, no hace falta que te comprometas con la negación del sentido a la que nos invita Camus para hacer de tu vida un tributo a la finitud. Como sabes, no es necesario que creas nada al respecto, ya que lo que te propongo es una búsqueda de sentido personal, en la que caben creencias de toda índole y origen, siempre y cuando provengan del compromiso con la verdad y no del temor a la vida.

Quiero que sepas que es posible tener una vida trascendente, incluso en el caso de que finalmente nada de nosotros trascienda. Está en tu mano comprometerte con una existencia auténtica, real, dedicada a aquello que consideres digno del valor de tu tiempo y esfuerzo. Hay quien escala montañas y supera desafíos a los que solo unos pocos humanos se atreven. También hay quien no se exige nada, pero lo hace desde una conciencia lúcida, arraigada en la vida. Puedes buscar el sentido o puedes lanzarte a crearlo, a construirlo con cada una de tus acciones. Puedes intentar hacerlo todo, o no hacer nada. Lo que está claro es que llegará un día en el que esto acabe, en el que nos iremos sin saber si habrá continuación, y que en ese momento habremos deseado haber aprovechado nuestra vida.

A este respecto, te propongo dos estrategias. La primera nos la ofrece Nietzsche. En *La gaya ciencia* (1882) nos plantea la posibilidad de que nuestra biografía, tal y como la hemos vivido hasta ahora, se repita una y otra vez, de igual manera, en sucesivas encarnaciones. Es lo que llamó el «eterno retorno», una tesis que ha dado lugar a ríos de tinta. Lejos de suponer una posición metafísica —Nietzsche no cree que tu vida vaya a repetirse hasta el infinito—, se trata de un ejercicio existencial que nos invita a tomar conciencia del peso de nuestros actos y de las posibilidades de nuestra libertad. Si cada decisión que tomes; si todas y cada de tus acciones fueran a repetirse, encadenadas de forma idéntica, en sucesivas vidas, por toda la eternidad... ¿cómo te gustaría vivir?

Puede que el experimento mental de Nietzsche te abrume un poco, por lo que te ofrezco la versión descafeinada de Viktor Frankl. En *El hombre en busca de sentido* (1946) nos invita a pensar que disponemos de dos vidas, que se suceden una tras la otra sin conexión causal entre sí. Es decir, lo que hagas en una no repercutirá en la siguiente, ya que será un reinicio completo. El ejercicio parece más desahogado, pues nos reconoce la posibilidad de equivocarnos sin revisitar ese error en futuras vidas. Con el karma desactivado, todo es más liviano. Sin embargo, Frankl añade una cláusula: debes saber que de tus dos vidas ya has vivido la primera, por lo que ahora mismo en la segunda... estás a punto de hacerlo igual de mal que en la anterior. ¿Qué vas a hacer con el tiempo que te queda?

Te he hablado de las estrategias que nos ofrecen estos dos maestros, pero habría muchas otras. Lo crucial es que encuentres la tuya propia. Si tuviera que elegir una única idea de este capítulo —quizá incluso de todo el libro— para que te quedases con ella, sería esta: no necesitas creer que la vida tenga sentido para vivirla con sentido. Créeme cuando te digo que esta posición filosófica no es un final, sino el más prometedor de los principios.

Frente al nihilismo reactivo, que no ve sentido a nada y renuncia a la vida, te invito a hacer de este nihilismo activo una escuela de vida. Adopta una mirada capaz de encontrar belleza en lo que capta en el presente, sin exigirle ser nada más de lo que ya es, mientras te permites otear el horizonte, por si hubiera un sentido mayor, no necesario, pero igualmente deseable, que pudiera estar asomándose en él. Afirma la vida en sí misma, sin maquillaje ni aderezo, experimentando en ella su verdad, una verdad que enamora sin necesidad de esfuerzo alguno. Mira lo que es, y acógelo porque es, e inicia desde esa aceptación la búsqueda de otros sentidos, si es que sientes la llamada. Solo así podrás afrontar la muerte e integrarla en tu vida. Solo así es posible vivir plenamente, a sabiendas de que moriremos. Solo así es posible asomarse a ese más allá, una vez que habitamos con plenitud este más acá.

Ahora que ya lo sabes, está en tu mano comprometerte con el camino filosófico que te llevará a ser quien realmente eres y te abrirá a la vida para que la recorras libremente. Es complejo, pero reconocerás que también es sencillo, ya que esta verdad, que seguro ya intuyes, se te ha mostrado de forma incisiva en todos y cada uno de los momentos de plenitud que has vivido. Sabes que ese brillo es real, que es esa belleza la que vertebra la realidad, y que todo lo demás son obstáculos que te alejan de ella. La vida te está esperando y solo faltas tú en ella.

EN CONSULTA
La fascinación que nos abre al sentido

Desde que tenía memoria, Alaia había sentido un miedo atroz a la muerte. Desde pequeña se preguntaba por el sentido de su existencia y qué sería de ella una vez que su vida llegase a su fin. Concebir que el paso del tiempo la encaminaba de forma inexorable hacia una nada eterna le impedía disfrutar de la vida. De hecho, le resultaba bastante difícil aguantar el día a día. Aunque había trabajado con psicólogos que la ayudaron a gestionar sus crisis de ansiedad, persistía en ella un profundo pesar que le impedía conectar con lo que la rodeaba. Ningún evento tenía la fuerza suficiente para hacerle olvidar que iba a morir, por lo que nada más importaba. Solo cabía esperar la muerte, que concebía como la mayor de las tragedias posibles.

Por ello, lo primero que hicimos fue profundizar en la experiencia que tenía sobre la muerte para clarificarla. Así, pudo comprender que no era la muerte la que provocaba su miedo, sino más bien al contrario: había un miedo previo en ella, una desconexión con la vida, que se proyectaba sobre cualquier elemento de la misma que no estuviera bajo su control. Como suele ocurrir en estos casos, su temor encontraba su mayor resonancia en la experiencia humana que más incertidumbre y falta de control nos impone, la de la propia muerte. De esta forma, reconoció que su necesidad de respuestas metafísicas no estaba motivada por una búsqueda genuina de la verdad, o por una auténtica vocación filosófica o espiritual, sino por una necesidad compulsiva de encontrar un ansiolítico metafísico que le permitiese reposar ante tanta inseguridad.

Poco a poco comprendió que no es necesario obtener respuestas para encontrar la calma y que tampoco es imprescindible comprender el funcionamiento de algo para dejar de temerlo. Que es posible dejarlo ser, aunque no sepamos con certeza si actuará a favor o en contra de nuestras preferencias. También entendió que, en el día a día, el estado de ignorancia es más común que el de conocimiento, ya que es mayor lo que ignoramos que lo que conocemos. Así, dejó de exigirse saber qué es la vida y qué hay tras la muerte, para poder confiar en ellas. Aunque te parezca un detalle sin importancia, esto lo cambió todo. No es que dejase de cuestionar la vida, al contrario, pero sus preguntas nacían ahora de un lugar totalmente nuevo: ya no brotaban del miedo, sino de la curiosidad.

Asumir que no tenía por qué conocer todas las respuestas, que podía reposar en aquello que estaba viviendo sin necesidad de saber su origen, esencia y destino, le permitió mirar su vida de una forma totalmente distinta. Así, comenzó a apreciar la complejidad de lo que la rodeaba. De hecho, era algo que la asaltaba sin previo aviso. Desde la estructura de una célula hasta el amor de una madre por su bebé o el movimiento de los astros en el universo. Todo era resultado de intrincados procesos que no comprendía en profundidad, pero que le parecían fascinantes. Empezó a experimentar una inteligencia latente en todo aquello, un ritmo armónico en el movimiento de la vida. Fue la contemplación de la realidad, y no tanto el cuestionamiento de sus temores, lo que revolucionó su vida.

Aunque no era la primera vez que se veía asaltada por experiencias tan elevadas, en el pasado estas habían sido meras anécdotas, que se sostenían unos pocos minutos antes de derrumbarse y volver a dar paso a una profunda angustia existencial. Sin embargo, en esta ocasión su mirada contemplativa logró una mayor altura y se extendió progresivamente en su día a día, hasta reconquistar el terreno que el temor a la muerte le había robado y que había instaurado en su lugar una semilla de admiración por lo que presenciaba. De hecho, se sentía parte integrante de todo aquello, experimentaba una sensación de acogida y pertenencia que hacía que viera su antiguo temor a la muerte como algo fuera de lugar, fruto de la ignorancia y no de una mayor conciencia existencial.

Alaia nunca consideró que se tratase de una experiencia divina, ya que no sentía que fuese la divinidad o la providencia lo que se manifestaba en la realidad. Más bien, la entendió como una experiencia estética, por su belleza, que estaba cargada de una verdad radical, ante la que era imposible no rendirse y experimentar por ello serenidad y aceptación. Ni siquiera necesitó traducir esta experiencia en palabras: no hace falta teorizar para poder sentir, ni es adecuado pretender hacerlo de forma prematura, solo por elaborar alguna conclusión a la que aferrarnos. Así, decidió sostener esa mirada y convivir con el miedo a la muerte que a veces la visitaba, siendo testigo de cómo la contemplación de lo que es iba sanando cada una de las partes de sí que el temor le había arrebatado.

Alaia entendió que solo es necesario querer vivir, y querer que la vida sea tal y como es, para encontrar una paz y una plenitud profundas en el día a día.

BIBLIOGRAFÍA

Filosofía antigua

ARISTÓTELES, *Ética a Nicómaco*, Madrid, Gredos, 2014.
COLLI, Giorgio, *El nacimiento de la filosofía*, Barcelona, Tusquets, 1977.
EPICURO, *Obras completas*, Madrid, Cátedra, 1995.
GARCÍA GUAL, Carlos, *Epicuro*, Madrid, Alianza, 2013.
—, *La filosofía helenística: Éticas y sistemas*, Madrid, Cincel, 1986.
—, *La secta del perro*, Madrid, Alianza, 2014.
HADOT, Pierre, *Ejercicios espirituales y filosofía antigua*, Madrid, Siruela, 2006.
—, *La filosofía como forma de vida*, Barcelona, Alpha Decay, 2009.
—, *¿Qué es la filosofía antigua?*, México, Fondo de Cultura Económica, 1998.
KIRK, Geoffrey S.; RAVEN, John E., y M. SCHOFIELD, *Los filó-*

sofos presocráticos. Historia crítica con selección de textos, Madrid, Gredos, 2008.
LAERCIO, Diógenes, *Vidas y opiniones de los filósofos ilustres*, Madrid, Alianza, 2008.
LAÍN ENTRALGO, Pedro, *La curación por la palabra en la Antigüedad clásica*, Madrid, Revista de Occidente, 1958.
LLEDÓ BALDÓ, Emilio, *El epicureísmo. Una sabiduría del cuerpo, del gozo y de la amistad*, Barcelona, Montesinos, 1984.
LONG, Anthony A., *La filosofía helenística. Estoicos, epicúreos y escépticos*, Madrid, Revista de Occidente, 1975.
MAS, Salvador, *Sabios y necios. Una aproximación a la filosofía helenística*, Madrid, Alianza, 2011.
MELERO BELLIDO, Antonio, *Sofistas. Testimonios y fragmentos*, Madrid, Gredos, 1996.
NUSSBAUM, Martha C., *La terapia del deseo. Teoría y práctica en la ética helenística*, Barcelona, Paidós, 2003.
ONFRAY, Michel, *Las sabidurías de la Antigüedad. Contrahistoria de la filosofía I*, Barcelona, Anagrama, 2007.
—, *Sabiduría. Saber vivir al pie de un volcán*, Barcelona, Paidós, 2021.
PLATÓN, *Platón I*, Madrid, Gredos, 2011.
—, *Platón III*, Madrid, Gredos, 2011.
UŽDAVINYS, Algis, *La filosofía como rito de renacimiento*, Barcelona, Atalanta, 2023.
VARA, José (ed.), *Epicuro. Obras Completas*, Madrid, Cátedra, 2012.
VEDAVYASA, *Mahabharata*, Buenos Aires, Hastinapura, 2011.

Filosofía contemporánea

BEAUVOIR, Simone de, *El segundo sexo*, Madrid, Cátedra, 2017.

BLACK, Bob, *La abolición del trabajo*, Logroño, Pepitas de Calabaza, 2013.

DEBORD, Guy, *La sociedad del espectáculo*, Valencia, Pre-Textos, 2005.

DEWEY, John, *Cómo pensamos*, Barcelona, Paidós, 2007.

—, *La reconstrucción de la filosofía*, Barcelona, Planeta-Agostini, 1986.

FISHER, Mark, *Realismo capitalista: ¿no hay alternativa?*, Buenos Aires, Caja Negra Editora, 2016.

FOUCAULT, Michel, *Hermenéutica del sujeto*, Madrid, Endymion, 1994.

—, *Historia de la locura en la época clásica*, Ciudad de México, Fondo de Cultura Económica, 2021.

—, *Tecnologías del yo y otros textos afines*, Barcelona, Paidós, 1990.

HAN, Byung-Chul, *La sociedad del cansancio*, Barcelona, Herder, 2012.

—, *La sociedad paliativa*, Barcelona, Herder, 2021.

HEIDEGGER, Martin, *De la esencia de la verdad*, Barcelona, Herder, 2007.

—, *¿Qué significa pensar?* Madrid, Trotta, 2005.

—, *Ser y tiempo*, Madrid, Trotta, 2012.

—, *Serenidad*, Barcelona, Ediciones del Serbal, 1994.

HUSSERL, Edmund, *La crisis de las ciencias europeas y la fenomenología trascendental*, Barcelona, Crítica, 1991.

HUXLEY, Aldous, *Las puertas de la percepción*, Barcelona, Edhasa, 2009.

KUHN, Thomas S., *La estructura de las revoluciones científicas*, Madrid, Fondo de Cultura Económica, 2005.

MORIN, Edgar, *El método IV: Las ideas*, Madrid, Cátedra, 1992.

NARBONA, Rafael, *Maestros de la felicidad: De Sócrates a Viktor Frankl: Un viaje único por la historia de la filosofía*, Barcelona, Roca Editorial, 2024.

NIETZSCHE, Friedrich, *Así habló Zaratustra*, Madrid, Alianza, 2017.
—, *Crepúsculo de los ídolos o Cómo se filosofa con el martillo*, Madrid, Alianza, 2005.
—, *Ecce homo. Cómo se llega a ser lo que se es*, Madrid, Alianza, 2005.
—, *El Anticristo*, Madrid, Debate, 1998.
—, *El nacimiento de la tragedia*, Madrid, Alianza, 2011.
—, *La gaya ciencia*, Madrid, Alianza, 2012.
—, *Más allá del bien y del mal*, Madrid, Alianza, 2012.
ONFRAY, Michel, *Decadencia: vida y muerte de Occidente*, Barcelona, Paidós, 2018.
—, *La fuerza de existir: Manifiesto hedonista*, Barcelona, Anagrama, 2008.
POPPER, Karl, *Conocimiento objetivo: Un enfoque evolucionista*, Madrid, Tecnos, 2005.
ROSA, Hartmut, *Resonancia. Una sociología de la relación con el mundo*, Buenos Aires, Katz Editores, 2019.
ZAFRA, Remedios, *El entusiasmo. Precariedad y trabajo creativo en la era digital*, Barcelona, Anagrama, 2017.
ZAMBRANO, María, *Claros del bosque*, Madrid, Cátedra, 2011.

Filosofía moderna

DESCARTES, René, *Discurso del método*, Madrid, Tecnos, 2006 (texto original de 1637).
KANT, Immanuel, *Antropología desde un punto de vista pragmático*, Madrid, Alianza, 1991 (texto original de 1798).
—, *Contestación a la pregunta: ¿Qué es la Ilustración?* Madrid, Alianza, 2004 (texto original de 1784).

PASCAL, Blaise, *Pensamientos*, Madrid, Alianza, 2010 (texto original de 1670).
SPINOZA, Baruch, *Ética demostrada según el orden geométrico*, Madrid, Alianza, 2011 (texto original de 1677).
WOLLSTONECRAFT, Mary, *Vindicación de los derechos de la mujer*, Madrid, Taurus, 1994 (texto original de 1792).

Enfoques científicos

CHRISTIAN, David, *Origin Story: A Big History of Everything*, Nueva York, Little, Brown and Company, 2018.
GREENE, Brian, *El universo elegante: supercuerdas, dimensiones ocultas y la búsqueda de una teoría final*, Barcelona, Crítica, 2006.
KRAUSS, Lawrence M., *Un universo de la nada*, Barcelona, Pasado & Presente, 2013.
SAGAN, Carl, *Cosmos*, Barcelona, Planeta, 1982.
—, *Un punto azul pálido: Una visión del futuro humano en el espacio*, Barcelona, Planeta, 2003.

Enfoques contemplativos

BRACH, Tara, *Aceptación radical: abrazando tu vida con el corazón de un buda*, Madrid, Gaia Ediciones, 2022.
—, *Compasión radical*, Madrid, Urano, 2021.
CASTELLANOS, Nazareth, *El puente donde habitan las mariposas: biosofía de la respiración*, Madrid, Siruela, 2025.
—, *Neurociencia del cuerpo: cómo el organismo esculpe el cerebro*, Barcelona, Kairós, 2022.
DŌGEN EIHEI, *Shōbōgenzō: Tesoro del Verdadero Ojo del Dharma*, Barcelona, Sirio, 2013.

D'ORS, Pablo, *Biografía del silencio*, Madrid, Siruela, 2012.
GENPO MERZEL, Dennis, *Gran Mente, Gran Corazón. Descubriendo tu propio camino*, Barcelona, La Liebre de Marzo, 2008.
HAN, Byung-Chul, *Filosofía del budismo zen*, Barcelona, Herder, 2015.
—, *Vida contemplativa: Elogio de la inactividad*, Madrid, Taurus, 2023.
HẠNH, Thích Nhất, *El arte de cuidar a tu niño interior: Reencontrarse con uno mismo*, Barcelona, Paidós, 2017.
—, *El milagro de mindfulness*, Barcelona, Zenith, 2014.
—, *La muerte es una ilusión*, Barcelona, Oniro, 2004.
—, *Miedo: Vivir en el presente para superar nuestros temores*, Barcelona, Kairós, 2013.
—, *Sin barro no crece el loto: El arte de transformar el sufrimiento*, Barcelona, Kitsune Books, 2018.
JALICS, Franz, *Ejercicios de contemplación: Introducción a la vida contemplativa*, Salamanca, Sígueme, 2017.
KABAT-ZINN, Jon, *Vivir con plenitud las crisis: Cómo utilizar la sabiduría del cuerpo y de la mente para afrontar el estrés, el dolor y la enfermedad*, Barcelona, Kairós, 2016.
KILLINGSWORTH, M. A., y D. T. GILBERT, «A Wandering Mind Is an Unhappy Mind», *Science*, vol. 330, núm. 6006 (2010), p. 932.
MAHARAJ, Nisargadatta, *Yo soy eso*, Málaga, Editorial Sirio, 2003.
MARTÍN, Consuelo, *Bhagavad Gita*, Barcelona, Herder, 2005.
—, *El arte de la contemplación: La aventura de vivir con lucidez*, Madrid, Gaia Ediciones, 2007.
NARBONA, Rafael, *Peregrinos del absoluto: La experiencia mística*, Madrid, Taugenit, 2020.
VILLALBA, Dokushô, *¿Qué es el Zen?: Introducción a la meditación Zen*, Madrid, Miraguano, 1997.

—, *Vida simple, corazón profundo: Enseñanzas del maestro zen Dokushô Villalba*, Madrid, Miraguano, 2013.

Zeidan, F.; Grant, J. A.; Brown, C. A.; McHaffie, J. G., y R. C. Coghill, «Mindfulness meditation-related pain relief, evidence for unique brain mechanisms in the regulation of pain», *Neuroscience Letters*, vol. 520, núm. 2 (2012), pp. 165-173.

Enfoques existenciales

Ávila Crespo, Remedios, *El desafío del nihilismo. La reflexión metafísica como piedad del pensar*, Madrid, Trotta, 2005.

Becker, Ernest, *La negación de la muerte*, Barcelona, Kairós, 2003.

Camus, Albert, *El mito de Sísifo*, Madrid, Alianza, 1995.

Chopra, Samir, *Ansiedad: Una guía filosófica*, Barcelona, Paidós, 2025.

Cioran, Emile M., *Del inconveniente de haber nacido*, Barcelona, Taurus, 2024.

Frankl, Viktor, *Ante el vacío existencial*, Barcelona, Herder, 2003.

—, *El hombre en busca de sentido*, Barcelona, Herder, 2004.

—, *La presencia ignorada de Dios*, Barcelona, Herder, 2011.

Fromm, Erich, *Del tener al ser*, Barcelona, Paidós, 2007.

—, *El miedo a la libertad*, Barcelona, Paidós, 2005.

Maslow, Abraham, *El hombre autorrealizado. Hacia una psicología del Ser*, Barcelona, Kairós, 2009.

May, Rollo, *El dilema del hombre. Respuestas a los problemas del amor y de la angustia*, Barcelona, Gedisa, 2000.

May, Rollo *et al.*, *Existence. A New Dimension in Psychiatry and Psychology*, Nueva York, Basic Books Publishers, 1958.

Ostaseski, Frank, *Las cinco invitaciones: Lecciones para la vida a partir de la muerte*, Barcelona, Océano, 2017.

Sartre, Jean-Paul, *El ser y la nada. Ensayo de ontología fenomenológica*, Barcelona, Altaya, 1993.

Seligman, Martin, *Helplessness: On Depression, Development, and Death*, Nueva York, W. H. Freeman, 1975.

Tillich, Paul, *El coraje de existir*, Barcelona, Estela, 1968.

Unamuno, Miguel de, *Del sentimiento trágico de la vida*, Madrid, Alianza Editorial, 2013.

Yalom, Irvin D., *Mirar al sol: superar el miedo a la muerte*, Barcelona, Destino, 2008.

—, *Psicoterapia existencial*, Barcelona, Herder, 1984.

Espiritualidad

Byrne, Rhonda, *El secreto*, Madrid, Urano, 2007.

Eliade, Mircea, *Historia de las creencias y las ideas religiosas*, Barcelona, Paidós, 1999.

—, *Lo sagrado y lo profano*, Madrid, Guadarrama, 1973.

—, *Ocultismo, brujería y modas culturales*, Madrid, Paidós, 1997.

Purser, Ronald, *McMindfulness: cómo el mindfulness se convirtió en la nueva espiritualidad capitalista*, Madrid, Alianza, 2021.

Rodríguez, Maribel, *Más allá del narcisismo espiritual*, Bilbao, Desclée de Brouwer, 2021.

Weil, Simone, *A la espera de Dios*, Madrid, Trotta, 2009.

Welwood, John, *Psicología del despertar: Budismo, psicoterapia y transformación personal*, Barcelona, Kairós, 2002.

Estoicismo

Cid Luna, P., «Materia y forma de la consolación senequiana I», *Cuadernos de Filología Clásica. Estudios Latinos*, núm. 15 (1998), pp. 231-245.
—, «Materia y forma de la consolación senequiana II», *Cuadernos de Filología Clásica. Estudios Latinos*, núm. 16 (1999), pp. 107-140.
Delgado Antolín, S. M., «Séneca, apoteosis de la perfección y la muerte», *Thémata: Revista de filosofía*, núm. 7 (1990), pp. 51-65.
Elorduy, Eleuterio, *El estoicismo*, Madrid, Gredos, 1972.
Epicteto, *Disertaciones por Arriano*, Madrid, Gredos, 1983.
—, *Manual para la vida feliz*, Madrid, Errata Naturae, 2015.
García Gual, C.; Hernández de la Fuente, D., y J. Gomà, *El estoicismo romano*, Barcelona, Arpa, 2024.
García Rúa, José Luis, *El sentido de la interioridad en Séneca*, Granada, Universidad de Granada, 1976.
Grimal, Pierre, *Cicerón*, Madrid, Gredos, 1984.
Hadot, Pierre, *La ciudadela interior. Introducción a las Meditaciones de Marco Aurelio*, Barcelona, Alpha Decay, 2013.
Marco Aurelio, *Meditaciones*, Madrid, Gredos, 1983.
Pohlenz, Max, *La Stoa. Historia de un movimiento espiritual*, Madrid, Taurus, 2022.
Séneca, Lucio Anneo, *Diálogos. Consolaciones a Marcia, a su madre Helvia y a Polibio, Apocolocintosis*, Madrid, Gredos, 1996.
—, *Epístolas morales a Lucilio*, Madrid, Gredos, 1986.
Veyne, Paul, *Séneca y el estoicismo*, Ciudad de México, Fondo de Cultura Económica, 1995.

Literatura

ALIGHIERI, Dante, *La Divina Comedia*, Madrid, EDAF, 2010 (texto original de 1321).

CAMUS, Albert, *El extranjero*, Barcelona, Debolsillo, 2021 (texto original de 1942).

HESSE, Hermann, *Demian*, Madrid, Alianza, 2014 (texto original de 1919).

—, *Siddhartha*, Barcelona, Debolsillo, 2012 (texto original de 1922).

HÖLDERLIN, Friedrich, *Poesía completa*, Madrid, Libros Río Nuevo, 1984 (texto original de 1808).

HUXLEY, Aldous, *Un mundo feliz*, Barcelona, Debolsillo, 2020 (texto original de 1932).

KUNDERA, Milan, *La insoportable levedad del ser*, Madrid, RBA, 1992 (texto original de 1984).

SARTRE, Jean-Paul, *La náusea*, Madrid, Alianza, 2013 (texto original de 1938).

Salud mental y teoría de las emociones

ADLER, Alfred, *The Practice and Theory of Individual Psychology*, Nueva York, Harcourt, Brace & Co., 1924.

AMERICAN PSYCHIATRIC ASSOCIATION, *Manual diagnóstico y estadístico de los trastornos mentales*, Madrid, Editorial Médica Panamericana, 2022 (texto original de 1952).

CABANAS, Edgar y Eva ILLOUZ, *Happycracia: cómo la ciencia y la industria de la felicidad controlan nuestras vidas*, Barcelona, Paidós, 2019.

CYRULNIK, Boris, *La maravilla del dolor: El sentido de la resiliencia*, Buenos Aires, Granica, 2006.

DĄBROWSKI, Kazimierz, *Positive Disintegration*, Boston, Little Brown & Co., 1964.

DAMASIO, Antonio, *En busca de Spinoza. Neurobiología de la emoción y los sentimientos*, Barcelona, Crítica, 2005.

DAVIES, James, *Sedados. Cómo el capitalismo moderno creó la crisis de salud mental*, Madrid, Capitán Swing, 2022.

EHRENREICH, Barbara, *Sonríe o muere. La trampa del pensamiento positivo*, Madrid, Turner, 2012.

GOLEMAN, Daniel, *Inteligencia emocional*, Barcelona, Kairós, 1996.

HARI, Johann, *Conexiones perdidas: causas reales y soluciones inesperadas para la depresión*, Madrid, Capitán Swing, 2020.

KRAEPELIN, Emil, *Compendium der Psychiatrie*, Leipzig, J. A. Barth, 1883.

LANE, Christopher, *Shyness. How Normal Behaviour Became a Sickness*, Londres, Yale University Press, 2007.

MONCRIEFF, Joanna, *Hablando claro: una introducción a los fármacos psiquiátricos*, Barcelona, Herder, 2013.

MONCRIEFF, J.; COOPER, R. E.; STOCKMANN, T.; AMENDOLA, S.; HENGARTNER, M. P., y M. A. HOROWITZ, «The Serotonin Theory of Depression. A Systematic Umbrella Review of the Evidence», *Molecular Psychiatry*, vol. 28, núm. 8 (2023), pp. 3243-3256.

NUSSBAUM, Martha, *Paisajes del pensamiento. La inteligencia de las emociones*, Barcelona, Paidós, 2008.

PINEL, Philippe, *Tratado médico-filosófico de la enajenación del alma*, Madrid, Imprenta Real, 1804.

PUGMIRE, David, *Rediscovering Emotion*, Edimburgo, Edinburgh University Press, 1998.

—, *Sound Sentiments. Integrity in the Emotions*, Nueva York, Oxford University Press, 2005.

SARTRE, Jean-Paul, *Bosquejo de una teoría de las emociones*, Madrid, Alianza, 2005.

SCHEFF, Thomas J. (ed.), *Labeling Nadness*, Englewood Cliffs, N.J., Prentice-Hall, 1975.

SOLOMON, Robert, *Ética emocional. Una teoría de los sentimientos*, Barcelona, Paidós, 2007.

—, *The Passions. Emotions and the Meaning of Life*, Indianápolis, Hackett Publishing Company, 1993.

SZASZ, Thomas S., *El mito de la enfermedad mental: bases para una teoría de la conducta personal*, Buenos Aires, Amorrortu, 1973.

Terapia filosófica

ACHENBACH, Gerd, *Philosophische Praxis*, Colonia, Dinter, 1984.

BAÑERAS, Nacho, *Acompañamiento filosófico. Un ejercicio vital hacia el autoconocimiento*, Barcelona, Comanegra, 2017.

BARRIENTOS-RASTROJO, José, *Introducción al asesoramiento y la orientación filosófica: de la discusión a la comprensión*, Sevilla, X-Xi, 2004.

BRENIFIER, Oscar, *Filosofar como Sócrates. Introducción a la práctica filosófica*, Valencia, Diálogo, 2011.

CARLISLE, C. y J. GANERI (eds.), *Philosophy as Therapeia*, Cambridge, Cambridge University Press, 2010.

CAVALLÉ CRUZ, Mónica, *El coraje de ser*, Barcelona, Kairós, 2024.

—, *La sabiduría recobrada. Filosofía como terapia*, Barcelona, Kairós, 2002.

CAVALLÉ Cruz, Mónica y Julián Domingo MACHADO FERNÁNDEZ (eds.), *Arte de vivir, arte de pensar. Introducción al asesoramiento filosófico*, Bilbao, Desclée de Brouwer, 2009.

CENCILLO, Luis, *Asesoramiento: qué técnicas, qué filosofías*, Santa Cruz de Tenerife, Idea, 2005.

COHEN, Elliot D., *Logic-Based Therapy and Consultation: Theory and Applications*, Nueva York, Academic Press, 2023.

CURNOW, Trevor (ed.), *Thinking Through Dialogue: Essays on Philosophy in Practice*, Surrey, Practical Philosophy Press, 2001.

DUANE, Daniel, «The Socratic Shrink», *The New York Times*, 21 de marzo de 2004.

KOESTENBAUM, Peter, *The New Image of the Person: the Theory and Practice of Clinical Philosophy*, Westport, Greenwood Press, 1978.

LAHAV, Ran, *Contemplación filosófica: teoría y técnicas para el contemplador*, Hardwick, Loyev Books, 2018.

— (ed.), *Essays on Philosophical Counseling*, Lanham, University Press of America, 1995.

—, *Saliendo de la caverna de Platón: Consejería filosófica, práctica filosófica y autotransformación*, Hardwick, Loyev Books, 2018.

LINARES HUERTAS, Omar, *Filosofía como terapia: la actitud vital estoica frente al malestar existencial*, Granada, Universidad de Granada, 2019.

MARINOFF, Lou, *Más Platón y menos Prozac: Filosofía Para La Vida Cotidiana*, Barcelona, Ediciones B, 1999.

—, *Philosophical Practice*, San Diego, Academic Press, 2006.

—, *Pregúntale a Platón*, Barcelona, Penguin Random House, 2005.

SUÁREZ, Éric, *Filoterapia*, Barcelona, Octaedro, 2014.

TORRALBA, Francesc, *La filosofía cura: herramientas para el bienestar del alma y del mundo*, Lleida, Milenio, 2016.